*Né en 1927 à Bois-Colo[...]
Jacques Lanzmann comm[...]
l'Ecole de Paris) qu'il aban[...]
Il gagnera sa vie comme ouvrier dans une mine d[...]
Chili, joueur professionnel, contrebandier, homme de ménage,
camionneur, peintre en bâtiment, et rapportera de ses expéditions des romans-reportages pleins de verve et de couleur.
Principaux livres : La Glace est rompue (1954), Le Rat d'Amérique (1956), Cuir de Russie (1957), Les Passagers du Sidi-Brahim
(1958), Un Tyran sur le sable (1959), Viva Castro (1959), Qui vive !
(1965), Le Têtard (1976), Les Transsibériennes (1978), Rue des
Mamours (1981).
Critique dramatique aux Lettres françaises de 1955 à 1958, fon-
dateur avec Daniel Filipacchi du magazine Lui (1963-1969) et
d'Edition spéciale avec Jean-Claude Lattès (1968-1973), il a écrit
divers scénarios pour le cinéma et la plupart des chansons de
Jacques Dutronc.*

Ne cherchez pas de baleines aux royaumes de l'Himalaya : vous
n'en trouverez pas davantage que de yétis. Les baleines aux-
quelles l'auteur fait allusion sont obsessionnelles, ce sont celles
que l'on poursuit toute sa vie, telle la fabuleuse Moby Dick du
capitaine Achab. La baleine blanche du petit Alex, le nouveau
héros de Jacques Lanzmann, n'est autre que Vince, son propre
père, parti « faire une marche » d'un mois au Népal et qui, trois
ans plus tard, n'est toujours pas revenu.
Alex, treize ans, fasciné par ce père devenu mythique, partira
donc pour le Népal accompagné de Léon, quatre-vingt-deux ans,
son vieux grand-père qui, faute de jambes et de souffle, possède
un cœur grand comme le monde.
*La Baleine blanche* conte avec une verve incomparable l'extraordinaire aventure de ce gosse et de ce vieillard liés à la vie à la
mort, qui n'arrêtent pas de s'épater, de se jouer la comédie, et
qui s'aiment...
On rit et on pleure d'une page à l'autre, sans même y prendre
garde. Mais ne vous y trompez pas : derrière ce récit hors du
commun où l'on va de surprise en surprise, se dressent en toile
de fond les plus hauts sommets du monde, vers lesquels ce
diable de Lanzmann nous entraîne au pas de charge.

# ŒUVRES DE JACQUES LANZMANN

# JACQUES LANZMANN

# La Baleine
# blanche

ROMAN

LAFFONT

*En 1972, dans la collection « Le Chemin » des Éditions Gallimard, René Pons a publié un roman sous le titre « La Baleine blanche ». Nous remercions l'auteur et l'éditeur de cet ouvrage de nous avoir autorisés à utiliser de nouveau cette expression pour le roman que voici.*

*A Romain Gary*

UN jour mon père nous a dit :

« Au revoir les enfants, portez-vous bien et à dans trois semaines ! »

J'avais onze ans et maintenant j'en ai treizé. Vince n'est pas encore revenu.

Mon père, il était grand, fort et très viril, très macho argentin quoi ! Et quand il m'a soulevé dans ses bras pour m'embrasser sur le nez, façon esquimau, car entre lui et moi « s'embrasser à l'esquimau brûlant » c'était un jeu de tendresse, j'ai tout de suite senti qu'il avait pris des vitamines et que donc il était déjà dans la haute montagne.

Mon père, il s'appelait Vincent mais tout le monde disait « Vince » à cause du sang et des chiffres qu'il n'aimait pas.

Ses enfants : c'étaient ma mère Nora, et moi-même Alex. Chaque fois qu'il partait marcher dans le monde sous-développé il prenait ses distances avec ma mère en l'appelant « son enfant ». C'était une manière de lui faire oublier que c'était le mari qui s'en allait, parce qu'un mari qui abandonne sa femme pour son plaisir, c'est moins moral qu'un père qui s'en irait tout là-bas au bout du monde sous prétexte d'y découvrir l'inspiration puisque, il faut le dire, c'est vraiment son inspiration à lui qui nourrit toute la famille.

Lorsque ma mère a compris qu'il ne reviendrait pas au bout de trois semaines, comme il l'avait promis, et que j'en avais gros sur le cœur d'être abandonné, elle m'a expliqué que l'inspiration ne se trouve pas comme cela sous une pierre ou sur un nuage, et qu'en conséquence mon père la cherchait encore et qu'il risquait même d'y passer un bon moment.

Donc, Nora et moi-même on s'était installés dans l'attente, si bien qu'on avait même organisé cette attente, moi en ne fichant rien au lycée sous prétexte que papa avait fait philo à la Sorbonne pour finir marcheur en Himalaya. Quant à ma mère, elle avait continué à illustrer sa collection de contes pour enfants jusqu'au jour où, comme il n'y avait plus d'homme à la maison, elle s'était mise à vivre son conte de fées à elle avec Rodolphe, un illustrateur pauvre et illuminé qui tendressait comme un misérable car pour tendresser il n'y a rien de tel qu'un homme qui a souffert et qui n'a pas mangé à sa faim tous les jours.

Une fois tous les deux ou trois mois, lorsqu'il trouvait une boîte aux lettres, Vince nous écrivait en racontant qu'il pensait à nous et qu'on lui manquait beaucoup, mais on se rendait compte tout de même qu'il était assez malheureux de nous avoir échangé contre une inspiration qui était devenue sa baleine blanche et à laquelle il livrait un combat sans merci. De cette inspiration, il en parlait dans chacune de ses lettres et ça revenait comme un leitmotiv tellement il en décorait sa conscience. A l'entendre c'était pour notre bien qu'il était parti marcher si loin et si haut et l'on ne devait pas le juger en mal car si on avait de quoi vivre en ce moment, c'était grâce à ses droits d'auteur qui nous sont répartis par la Sacem. C'est vrai, il avait raison, papa, c'était grâce à son ancienne inspiration, qui nous tombait dessus par virement bancaire quatre fois l'an, qu'on pouvait mener une existence de bourgeois sans être obligés de faire des dettes chez l'épicier comme les parents de mon copain Nico, lequel s'humiliait à chaque fois qu'on l'envoyait aux commissions étant donné que sa mère payait la note en retard et que l'épicier, qui était sadique et raciste, le réflexionnait devant tout le monde en lui disant des vexations. La mère de Nico, c'était une vraie salope d'envoyer son fils plutôt que d'y aller elle-même ; n'empêche qu'elle savait ce qu'elle faisait car l'épicier, au fond, il était davantage catholique que sadique et raciste, alors il cédait aux sentiments vu que ça lui faisait mal à la clientèle de renvoyer un gosse qui avait l'estomac dans son sac à provisions.

Nous évidemment on n'avait pas ces problèmes-là puisque ma mère avait calculé que papa pouvait rester marcher quinze ans avant qu'on soit ruinés sans compter qu'elle gagnait aussi pas mal avec ses dessins lorsque ses albums marchaient bien en librairie. Bien sûr, il vaut mieux marcher en librairie plutôt qu'au Népal, parce que c'est moins loin pour en revenir, mais ça n'empêchait pas ma mère de passer des journées entières à se monter la tête. Nora, elle ne marchait pas à l'inspiration mais plutôt à la rêverie. Elle se disait qu'elle allait finir par créer un nouveau Babar, et que ça lui décrocherait une fortune comme au Loto, et c'est pour ça qu'elle rencontrait sans cesse de nouveaux artistes et qu'elle les vampirisait en leur laissant entendre que dessiner un nouveau Babar c'était non seulement facile mais qu'en plus ça pouvait rapporter gros. C'est comme ça, à cause de son Babar qui était sa baleine blanche à elle, qu'elle s'était mise en couple avec Rodolphe et que finalement, sans vraiment le vouloir, elle s'était arrangée pour le ramener à la maison, bien qu'il me soit très pénible de supporter quelqu'un d'autre dans l'appartement du boulevard Saint-Michel.

Au début de leur liaison, Rodolphe et Nora se voyaient dehors. Ils tendressaient près du Sénat, au Jardin du Luxembourg, et sexamouraient en face du Panthéon, à l'hôtel des « Grands Hommes ». C'est Nico qui les avait aperçus entrer à l'hôtel. Nora portait une grosse valise vide pour faire croire qu'ils étaient en voyage. Lui, Rodolphe, il s'abritait lâchement derrière son carton à dessin, au cas où sa copine, une Vietnamienne serveuse de restaurant, les aurait surpris.

Aussitôt Nico était venu me prévenir et on avait attendu tous les deux qu'ils ressortent. Plus on attendait, plus j'avais mal. C'était pas comme une vraie douleur bien sûr, mais plutôt comme une fausse joie. D'un côté j'étais content pour ma mère, de l'autre, j'étais malheureux pour mon père. Voyant qu'ils s'éternisaient, j'avais emmené Nico un peu plus bas au Grillabœuf, et là angoissant à mort, j'avais commencé à manger sans même goûter ce que j'avalais. J'avais englouti deux hot-dogs, trois croque-monsieur et aussi deux sandwiches à la rillette et encore un autre hot-dog avec plein de moutarde très forte, si bien que je m'étais mis à pleurer sans savoir si c'était à cause d'un gros chagrin, ou à cause de la moutarde qui était vraiment très forte.

Je crois que je n'avais jamais eu aussi faim ni aussi peur depuis le week-end où j'avais suivi mon père à Chamonix et où on s'était perdus en tournant deux jours et deux nuits dans la neige à la recherche d'un refuge.

Assis à la terrasse du Grillabœuf, on avait fini par voir revenir ma mère. Elle était seule et vachement belle dans sa robe d'été. Elle marchait comme si de rien n'était, sans avoir l'air d'être heureuse, sans avoir l'air non plus d'être malheureuse. Elle marchait normalement quoi et je n'arrivais pas à comprendre comment on pouvait faire surface aussi rapidement quand on a sexamouré clandestinement des heures durant et prêté son corps à un homme qui n'est pas son mari. En apercevant Nora si naturelle, descendre ainsi la rue Soufflot, j'avais ressenti un grand trouble, un brouillage et il y avait eu en moi une sorte de trou noir subit, comme si tous les atomes qui composaient mon corps s'étaient retrouvés aspirés par une émotion dévoreuse. Je me souviens, j'avais voulu courir après elle et la prendre par la main, mais j'étais resté planté devant la terrasse, les jambes coupées, complètement anéanti. En fait, j'avais surtout peur qu'elle ait trouvé sa baleine blanche à l'hôtel des Grands Hommes, pas celle après laquelle depuis si longtemps elle courait en se babardisant ou en se Belle-au-bois-dormisant, mais l'autre, celle après laquelle tous les adultes ont besoin de s'accrocher quand leur océan déjà si immense devient complètement démonté.

Je me trompais. La tempête ne faisait pas rage dans l'océan de ma mère. C'était tout juste un souffle sur le lac de sa vie, un souffle qui sentait bon l'amour, bien sûr, mais qui n'amenait pas en elle de grandes exaltations tourbillonnantes. Nora, elle était pareille aux mouettes blanches qui survolent les bateaux de pêche. Elle avait faim d'amour, quoi ! Alors elle était descendue en piqué pour choper son poisson. L'ennui, c'est qu'elle l'avait ramené à la maison.

Au début, ils allaient à l'hôtel des Grands Hommes. C'était pratique parce qu'il était situé entre le bureau et l'appartement, mais comme je n'avais pu m'empêcher de révéler à ma mère que je connaissais son secret, elle s'était dit que ce n'était pas la peine de se cacher et donc elle avait ramené Rodolphe à l'appartement où il s'était installé avec ses gouaches et ses aquarelles dans le bureau de mon père. C'est là, dans ce même bureau, que Vince avait écrit ses plus belles chansons que beaucoup d'idoles chantaient encore à la radio et à la télé.

Mon père, il était un parolier très recherché parce qu'il faisait presque toujours des succès avec ses mots. Ses mots et ses phrases, il ne les sortait pas de son chapeau, comme le prestidigitateur sort les lapins ou les colombes car Vince, lui, ne truquait pas son chapeau. D'abord, il n'en portait pas, ensuite ses mots et ses phrases accouchaient directement de ses entrailles, exactement comme une mère qui aurait mis un enfant au monde. Jamais

Vince n'avait écrit un texte sur commande parce qu'il disait qu'on ne peut pas créer en faisant le trottoir ou monter comme cela avec n'importe quel chanteur et mamourer sur n'importe quelle mélodie à la mode. Vince, pour trouver l'inspiration, il avait besoin de tendresser avec son interprète. Pas avec son corps à la maman et à la Rodolphe, mais de tendresser par l'esprit un peu comme à l'église quand le curé fait l'intermédiaire entre le Bon Dieu et soi-même et qu'on reste là avec sa langue tirée en attendant qu'il vous pose l'hostie dessus. Évidemment, ça ne marchait pas toujours très bien. Des fois Vince se faisait avoir par les méchants qui entourent le chanteur, soi-disant pour veiller à sa carrière, mais qui en fait en profitent pour lui faire enregistrer des trucs qui ne collent pas du tout avec son physique. Les directeurs artistiques, ils essaient surtout de modeler le chanteur à leur propre image et comme, la plupart du temps, ils sont eux-mêmes des chanteurs ratés, alors ils les banalisent vu qu'il n'y a rien de plus banal qu'un directeur artistique même s'il s'habille avec des chemises rouges et des cravates jaunes. Mon père, lui, il défendait toujours le chanteur contre le directeur artistique étant donné qu'il était de gauche et que ceux qui sont de gauche ont une préférence pour l'opprimé. Seulement ça n'est pas facile de défendre un opprimé qui se prend pour un opprimant et même pour une grande vedette sous prétexte qu'il a vendu deux cent mille 45 tours et que la presse a commencé à écrire des tas de choses fausses sur lui, histoire de créer un personnage assez intéressant pour qu'elle puisse en parler. Le malheur avec les chanteurs, et Bobby Laser était pareil aux autres, c'est qu'ils se mettent à croire non seulement à ce qu'on raconte sur eux alors qu'ils savent que tout est inventé, mais qu'en plus ils s'identifient à leurs chansons comme moi quand je vais voir un film et qu'en sortant du cinéma je me prends pour le héros.

Au début, le chanteur préféré de mon père, celui avec lequel il a eu ses plus gros succès, c'était un type très timide qui ne buvait jamais, qui ne fumait pas, qui sexamourait juste pour la santé. Et puis, comme il a eu du succès avec une chanson qui racontait le contraire de ce qu'il était, c'est-à-dire l'histoire d'un type très vivant, très macho, très tombeur de filles, très amateur d'alcool et très fumeur de cigares, alors il s'est mis à sortir de sa personnalité et il est devenu exactement ce que la chanson racontait.

Mon père, il assistait toujours aux séances d'enregistrement car c'est la coutume pour un parolier d'aller se faire engueuler par les directeurs artistiques sous prétexte que quelque chose cloche dans le texte et qu'il faut l'arranger au dernier moment.

M. Mandel, le directeur artistique de Bobby Laser, il était comme notre épicier, très sadique et très raciste, sauf que lui il était raciste à l'envers car tout en étant juif il les détestait.

Ce soir-là, Vince avait retapé ses textes en avalant des tas de couleuvres. Quand on pense qu'il les avait conçus dans l'amour en avalant plein d'hosties imaginaires, on peut se figurer de quelle humeur il était sans compter que de l'autre côté de la vitre de la cabine du preneur de son, le gentil, le timide Bobby Laser, enfin l'ex-gentil, l'ex-timide, l'ex-Bobby Laser que Vince avait sorti de son H.L.M. avec *Le tombeur de ces dames*, son premier tube, se faisait sexaboucher par la fille de la concierge, une vraie cinglée du music-hall, qui préférait se faire des chanteurs plutôt que de faire l'escalier. Régine, elle était agenouillée sous le pupitre où Bobby apprenait son nouveau texte, et pendant qu'elle le sexabouchait comme ça devant tous les musiciens, les preneurs de son, les assistants, les secrétaires et les parasites, lui il tirait sur son cigare et buvait son whisky.

Le cigare, le whisky et les filles, tout était arrivé

en même temps avec le succès du *Tombeur de ces dames* et franchement mon père il était comme le savant qui avait inventé Frankenstein, complètement dépassé. Il avait essayé de dire quelque chose de brutal au directeur artistique mais M. Mandel l'avait aussitôt traîné dans la boue en répondant que s'il n'était pas content il pouvait aller se faire voir ailleurs vu que ses textes c'était du chiotte.

Peut-être que les couleuvres avaient mangé toutes les hosties, toujours est-il que Vince n'avait pas été se faire voir ailleurs. M. Mandel s'était mis à gueuler en disant que la Sacem ça n'était pas éternel et que s'il voulait continuer à se la couler douce en écrivant de la merde et permettre à sa famille de nager dans le bonheur, il ferait mieux d'écraser et d'aller se faire sexaboucher à son tour.

C'est vrai, Régine, la fille de la concierge du studio, était venue s'agenouiller devant chacun d'eux, et tous autant qu'ils étaient, excepté Vince je pense, en tous les cas, il ne l'a pas dit à Nora, avaient trouvé une espèce de plaisir sadique à laisser croire à cette fille qu'elle devait forcément en passer par là pour arriver à enregistrer un disque.

Elle n'allait pas bien dans sa tête, Régine, pas bien du tout même, mais de temps en temps elle avait une lumière qui éclairait sa raison comme quand on ouvre la portière d'une voiture et que le plafonnier s'allume. Alors, soudain, elle refusait de sexaboucher davantage vu que c'était trop dégoûtant et que sans doute on lui racontait des histoires en lui laissant croire que c'était bon pour la voix et que les grandes chanteuses d'opéra en font autant lorsqu'elles ont des problèmes aux cordes vocales. Tout de suite, on la rassurait, et pour chasser le dégoût on éteignait son plafonnier en l'obligeant à continuer dans le noir.

Cette nuit-là, entre les prises, les coups de gueule de Mandel, les rots, les pets de Bobby et les parasites débilos, qui n'arrêtaient pas de tourner autour de la star, elle avait bien dû sexaboucher une vingtaine de bonshommes, peut-être pas tout à fait quand même, parce que Cathy, une fan de Bobby qui n'hésitait pas à escalader son hôtel particulier par les gouttières lorsque les secrétaires l'empêchaient de rentrer par la porte s'était mise à aider Régine, sauf que Cathy, elle, ne s'agenouillait pas devant n'importe qui.

Les heures et les heures passant et les chansons s'enregistrant malgré les pets, les rots, le whisky et les bouchamourades des filles, une troisième s'y étant mise elle aussi, on avait fini par oublier Régine.

C'est Vince qui l'avait trouvée à trois heures du matin en décrochant son imper de la penderie. Elle s'était taillladé les veines et tout son sang avait coulé sur les photos et les affiches de son idole entreposées là par sa mère, laquelle nettoyait et rangeait les cochonneries des artistes qui enregistraient leurs cris du cœur et leurs rires jaunes pendant la nuit pour distraire un public qui se réveillait fatigué.


Je crois que c'est à partir de ce moment-là que papa s'est mis à marcher, à la fois par nervosité et aussi parce que l'air des studios était vraiment très pollué depuis que le rouge du sang de Régine clignotait dans sa tête comme la petite lampe indiquant qu'il faut respecter le silence. Plus jamais il n'avait écrit pour Mandel et Bobby Laser, ce qui d'ailleurs leur était égal, vu qu'il existait une foule de paroliers capables d'imiter les textes de Vince. Quant au scandale, il avait été étouffé à coups de billets de banque et c'est comme ça que la concierge du studio avait pu, grâce au suicide de sa fille, prendre sa retraite à la campagne.

Mon père, il avait été s'acheter toute la panoplie du marcheur au Vieux Campeur, rue des Ecoles :

knickers, gourde, sac à dos, grosses chaussures, longues chaussettes de laine, avec en plus bien sûr un couteau suisse, une boussole et des topo-guides, qui servaient à se diriger sur les GR. Quand il était habillé tout en marcheur, il paraissait déguisé car lui, à l'époque, c'était plutôt le type golfeur avec pull et veste en cachemire que le type randonneur avec des laines qui étaient peut-être vierges mais qui grattaient drôlement le cou et les mollets. Il avait commencé à partir seul en semaine, après avoir bien préparé son itinéraire à l'aide de son topo-guide et il lui arrivait de téléphoner le soir d'une auberge ou d'un gîte de France pour dire qu'il ne rentrait pas car la région était trop belle. Au début, Nora râlait drôlement car elle le suspectait de rencontrer des maîtresses dans les auberges. Pas des maîtresses de maison bien sûr, ni des maîtresses d'école, mais des femmes qui sont en même temps maîtresses de leur corps et esclaves de leur chair.

Il avait beau nier et la rassurer en lui disant que sa vraie maîtresse c'était la marche à pied et qu'il pouvait la sexamourer indéfiniment par tous les temps vu qu'elle n'avait jamais ses règles et qu'en plus il l'aimait autant sous la pluie et dans les tempêtes que dans ses grands froids et ses chaleurs; cela n'empêchait pas Nora de prendre son Austin et de s'en aller vérifier à l'auberge si Vince ne lui mentait pas. Lorsqu'elle arrivait ainsi à l'improviste en s'étant imaginé, le long de la route, que Vince avait acheté son sac à dos pour le remplir de mensonges et qu'elle le trouvait seul au lit, les muscles douloureux et des ampoules plein les orteils, elle se mettait à bafouiller comme une petite fille prise en train de voler dans le sac à main de sa maman.

Maintenant que je la vois si calme, si reposée près de Rodolphe, je me demande si elle ne cherchait pas alors à prendre Vince en flagrant délit comme la dame du troisième quand elle a fait venir

16

le commissaire de police pour constater que son mari s'était fait garder toute la nuit par la baby-sitter anglaise. Bien sûr c'est difficile à imaginer qu'une femme travaillant dans la littérature enfantine puisse avoir en elle des idées de commissaire de police, mais comme ça n'était pas l'amour qui poussait Nora, de nuit, vers ces auberges de province ou ces gîtes ruraux parce que leur amour il était aussi passé que les doubles rideaux du salon, je me demande, oui, s'il n'y avait pas déjà des échafaudages contre la façade de leur couple.

Mes parents ils ne se disputaient que très rarement et la plupart du temps pour des riens mais quand les riens finissent par devenir des touts, c'est peut-être plus grave que ça en a l'air puisqu'on ne prend même plus la peine d'en discuter, préférant se refermer sur soi plutôt que de s'en ouvrir en laissant entrer le vent et lui permettre de balayer un grand coup les ressentiments car dans un couple, lorsque le ressentiment a remplacé les sentiments, c'est que le chewing-gum qui colle les cœurs ensemble n'a déjà plus de sucre à force d'avoir été trop mastiqué.

En apparence mes parents s'entendaient bien, bien mieux même que tous leurs amis qui n'arrêtaient pas de se quitter et de se remettre ensemble pour finalement divorcer. Mon père, il avait écrit dans l'une de ses chansons « qu'un couple qui bat de l'aile c'est comme un pigeon blessé, que plus jamais il guérit et qu'il vaut mieux l'achever plutôt que de lui mettre une attelle ».

Ça l'engageait à fond d'écrire des paroles taillées sur mesure pour un autre et même si ça n'était pas lui qui les chantait. Les gens du milieu et les amis savaient qu'il puisait l'inspiration dans son couple. Ma mère aussi elle le savait mais elle ne disait rien, préférant laisser courir jusqu'à l'asphyxie. Tous les deux, ils étaient comme des joggers super-entraînés, amis en surface mais ennemis dans la compétition sauf qu'au lieu de courir sur la même ligne, ils se couraient l'un derrière l'autre à l'affût de la moindre défaillance. C'était très épuisant évidemment, très éprouvant pour eux mais aussi pour moi car je me doutais bien qu'ils continuaient ainsi la grande course de la vie uniquement pour qu'Alex, leur fils chéri, ait une chance de garder ses parents au moins jusqu'à l'adolescence. C'était un espoir tout à fait illusoire puisque je m'étais retrouvé ni tout à fait orphelin ni tout à fait fils de divorcés ; une situation des plus inconfortables car ma mère vivait avec un illustrateur installé dans le bureau de mon père et que le mien, de père, parti trois semaines avec un tour opérator, marchait depuis deux ans devant et derrière lui, quelque part dans un de ces royaumes de l'Himalaya, là où les hommes sont restés des hommes à force de vivre pareils aux bêtes, s'endormant avec les poules et se réveillant au chant du coq.

Dans l'une de ses dernières lettres, Vince racontait qu'au lieu de trouver l'inspiration, il avait trouvé la plénitude et qu'il était donc à présent parfaitement heureux d'être libéré de sa recherche. En conséquence de quoi, nous devions, à notre tour, apprendre à nous passer de lui, comme il avait appris, lui, à se passer de nous. Il laissait entendre qu'il allait peut-être continuer à errer ainsi durant toute son existence, de village en village, de vallées en vallées, de cimes en cimes, jusqu'à ce qu'il se décide un jour à tenter son ultime escalade.

On avait beaucoup discuté du sens de cette lettre avec Nora et Rodolphe. Vraiment j'avais de quoi être inquiet parce que papa c'était sûrement un très grand marcheur mais ça n'était pas ni un grand alpiniste ni un grand croyant et je ne le voyais pas davantage au sommet de l'Everest que dans un temple bouddhiste, le crâne rasé et vêtu d'une robe jaune. Moi, je pensais plutôt que Vince, à force de marcher et de mal s'alimenter, n'avait plus tout à fait sa tête à lui ou alors qu'il avait écrit cette lettre en altitude là où le manque d'oxygène vous rend euphorique.

Je m'étais mis à pleurer très fort au cours de la discussion parce que ça me faisait mal de voir que Vince était peut-être en danger de mort et que si j'avais été là auprès de lui avec ma trousse de secouriste j'aurais pu essayer de le sauver, ne serait-ce qu'en lui faisant avaler des vitamines de levure de bière qu'il prenait pendant ses marches.

Papa, quand il marchait, ça n'avait rien à voir avec la promenade, la balade ou la flânade, mais ça avait plutôt quelque chose à voir avec la guerre et même la guérilla, tellement il fonçait, tellement il bouffait le paysage, tellement il effarouchait les kilomètres. Papa, il perdait tellement sa sueur qu'il en arrosait les chemins et que la poussière ne se soulevait même plus.

Oui, j'avais d'abord pleuré pour tout ça sachant, sentant et pressentant qu'il était en danger de folie parce qu'il ne s'alimentait plus assez et qu'à force de se lever comme les coqs et de se coucher comme les poules il risquait d'y laisser plein de plumes dans la montagne. Ensuite j'avais pleuré parce que ma mère, au lieu de prendre immédiatement l'avion pour le Népal, avait pris Rodolphe par le cou.

Pour Nora, Vince n'était qu'un monstre d'égoïsme qui s'arrangeait pour lui empoisonner la vie lettre après lettre et l'empêcher de la refaire. Elle disait qu'il faisait exprès de la miner à distance pour se venger d'un coup de canif dans le contrat jamais pardonné. Le coup de canif, il avait été donné par maman alors que Vince trekait au Pérou. Nora, qui en avait eu marre de coucher en solitaire, s'était mise à sexamourer avec Bertil, le voisin de palier, un Suédois photographe entièrement play-boy et pas seulement sur les bords. Ma mère, elle avait eu un vrai coup au cœur pour Bertil, qui n'était pourtant pas prince bien que suédois, mais qu'elle prenait tout de même pour son prince charmant à elle tant elle était flattée qu'il l'ait choisie comme cela au milieu des Caroline, des Bettina et des Fabiola. Comme elle commençait à s'accrocher à lui tel le petit Poucet à ses cailloux il avait battu en retraite jusque sur un boat-people où son magazine l'avait envoyé et puis là il avait attrapé la diphtérie vietnamienne et en était mort.

Au lieu de se taire, Nora en avait parlé à Vince. C'était plus pour se mettre en valeur que pour le peiner, mais comme il était très fatigué par son trek et qu'en plus il avait attrapé des champignons de Lima entre les doigts de pied et sous les testicules, ça l'avait énervé qu'elle ait fait ça avec le voisin de palier, alors il s'était mis à la battre. C'était la première fois que ça arrivait mais comme le voisin de palier était sur son boat-people, personne n'avait entendu et donc personne n'était venu au secours de ma mère et moi non plus parce que, au fond, j'étais assez content qu'il la punisse ainsi de s'être trompée de porte d'appartement sans compter que pendant ce temps elle me faisait garder par une baby-sitter mais qu'elle aurait pu en faire l'économie puisqu'on entendait tous les bruits à travers les cloisons.

Nora pensait vraiment que Vince lui en voulait encore après des années et des années et qu'il la pourchassait de menteries uniquement pour la torturer et lui faire croire que peut-être, juste à cause de cela, d'une entaille de rien du tout, elle avait cassé le couple, et rejeté à tout jamais son bonhomme qui s'en était allé au bout du monde, au Népal, au Zanskar ou bien même au Sikkim, au Mustang et au Bhoutan, pour vivre en malheureux parmi les malheureux.

Ma mère, qui n'était pas du tout marcheuse, ne croyait pas à ce qu'il racontait dans ses lettres. Pour elle, la plénitude de papa c'était plutôt un mélange de débilité, de méchanceté et de lâcheté vu que pour divorcer il faut être deux. En refusant de rentrer à la maison il empêchait son avocate de faire une demande en séparation de corps et cela était d'autant plus délicat qu'il n'avait pas abandonné le domicile conjugal en s'en foutant de nous autres, mais bien au contraire. Comme l'avocate ne pouvait pas lui couper le corps en morceaux, et procéder à la répartition, elle avait été obligée de reconnaître qu'il n'était pas parti égoïstement afin de satisfaire son plaisir mais bel et bien parti à la recherche de son inspiration, de cette inspiration qui nous alimentait Nora et moi, mais aussi Rodolphe maintenant qu'il partageait notre pain quotidien en laissant d'ailleurs plein de miettes dans le lit. Le salaud, dans ce lit, il y prenait non seulement ma mère mais encore son petit déjeuner. Avant qu'il ne vienne habiter à la maison, j'allais parfois tendresser près de Nora, m'amusant à jouer le père et l'amant, me serrant contre elle jusqu'à nous étouffer, mais à présent, auprès de maman, il y avait l'autre avec ses bras rachitiques et ses miettes de pain. En plus, je savais qu'ils attendaient l'heure de l'école pour se mettre à sexamourer car ma mère avait le plaisir plutôt matinal. Bien sûr, je ne dis pas qu'elle n'y arrivait pas le soir ou la nuit mais c'était bien plus long, bien plus difficile, même que Rodolphe râlait et qu'il était obligé de lui raconter des histoires assez cochonnes afin d'activer sa jouissance. Pour une illustratrice de livres d'enfants c'était plutôt très déplacé, plutôt très malpoli, plutôt très polluant comme atmosphère mais grand-père Léon, le père de Vince, qui logeait à Bougival dans trois chambres de bonne aménagées en observatoire et qui était radio-amateur en même temps que micro-mateur il disait que c'était un vice courant et qu'aucun cinéma ne pourrait jamais remplacer celui qu'on tournait dans sa tête étant donné que la figuration y est gratuite et l'imagination scénaristiquement délirante. C'est grand-père Léon qui m'avait obligé à fixer sous le sommier de Nora un appareil miniaturisé dont les ondes portaient au moins à deux cents mètres, ce qui lui permettait de rester planqué dans sa voiture garée en bas de l'immeuble, ou d'enregistrer comme ça mine de rien, un soir par-ci, par-là, un rapport ou une bande destinés à Vince pour le cas où il reviendrait avec l'idée de divorcer. Grand-père, il n'avait aucune imagination à lui et c'est pourquoi il volait celles des autres en holduppant les voix qui lui parvenaient du monde entier, en écoutant les flics sur ondes courtes, des cibistes, des taxis et aussi tous ceux qui ont le téléphone dans leur bagnole. Chez lui, là-haut à Bougival, ça ressemblait à une tour de contrôle tellement il possédait de matériel mais c'était plutôt comme si un avion était entré en collision avec la tour vu que tout son équipement traînait partout et qu'on ne pouvait pas faire un pas sans se prendre les pieds dans les fils et les bandes. En plus d'être sans arrêt à l'écoute du monde secret, grand-père aimait aussi regarder les autres et participer à leur intimité au travers d'un puissant télescope conçu pour examiner les étoiles et la lune mais qui le soir venu transperçait rideaux et fenêtres de la résidence et grossissait mille cinq cents fois les derrières, même que c'était si grossissant que ça en devenait flou et que grand-père, lui, devenait fou en tentant de faire le point. Il avait pourtant des objectifs et des lentilles en veux-tu en voilà mais je crois que ce qu'il aimait surtout, grand-père, ça n'était pas vraiment d'utiliser des jumelles ou des longues vues normales mais plutôt d'essayer d'adapter son télescope lunaire à la vie quotidienne de ses voisins les Terriens. Lui aussi il était à la recherche de sa baleine blanche et comme il avait quatre-vingt-deux ans, on peut dire sans se tromper qu'il ne tenait absolument pas à la trouver.

Un soir que je revenais du cinéma j'avais aperçu sa 2 CV verte garée devant l'immeuble. En m'approchant tout doucement j'avais pu entendre les soupirs de ma mère qui semblaient sortir de son coffre et la voix de Rodolphe qui cochonnait les pires malpolitesses en la sexamourant. C'étaient des choses trop insanes pour qu'on puisse les écrire mais ça n'empêchait pas grand-père de les noter à toute vitesse sur un carnet, car à quatre-vingt-deux ans il avait encore toutes ses oreilles et son permis de conduire.

J'avais beau me répéter que Rodolphe faisait ça pour le bien de ma mère et grand-père pour le bien de papa, ce soir-là j'étais franchement dégoûté. Dès le lendemain, j'ai ôté l'émetteur du sommier et le lui ai renvoyé par la poste en disant que si des fois il aurait l'idée, en nous visitant, d'en placer un dans ma chambre, je le dénoncerais à la police.

Grand-père il s'était mis à pleurer au téléphone en m'accusant de tous les noms et au bout d'un moment, comme je ne cédais pas à son caprice de replacer son oreille d'espion sous le lit de ma mère, il avait fini par me faire du chantage en m'avouant qu'il avait enregistré presque tous les sexamou-rages de Nora et que donc il allait lui envoyer une bande en racontant la vérité, c'est-à-dire que j'avais moi-même dissimulé l'appareil. On s'était engueulé très fort avec grand-père, si fort, si méchamment, que je n'avais pas entendu rentrer Nora et qu'elle s'était assise derrière moi sur le canapé Chester-field acheté par Vince à l'Hôtel des Ventes et qu'elle avait écouté la conversation non pas avec un poste émetteur comme grand-père mais bel et bien en prise directe.

Voilà, c'est comme cela que j'ai été obligé de raconter la vérité et comme la vérité n'est pas toujours bonne à dire, il paraît, ça lui a fait un mal fou de savoir que grand-père connaissait le point faible de sa libido et qu'en plus il devait s'en régaler là-haut dans son observatoire de Bougival sans compter qu'il n'hésiterait pas à s'en servir au cas où son fils rentrerait du Népal avec un désir de divorce.

Je m'étais attendu à une colère terrible, à un

ouragan qui aurait dévasté notre affection mais ce fut exactement le contraire qui arriva. Notre affection fut désagrégée sans qu'il y eût le moindre souffle de colère. Voix calme et calme plat, elle dit :

« Puisque c'est comme ça, mon petit Alex, et que tu espionnes ta mère au profit d'un grand-père gâteux, tu passeras les vacances de Pâques en sa compagnie. »

Comme je ne disais rien elle ajouta :

« Maintenant je vais prendre mon bain. Si tu veux me regarder par le trou de la serrure, profites-en ! »

C'était très vache de sa part car elle savait très bien que grand-père ne m'avait pas fait écouter les bandes ; il n'empêche que, non contente de me prendre pour ce que je n'étais pas, elle en remettait en me traitant de voyeur. D'une voix aussi neutre que la sienne j'ai dit :

« Je te préviens, à Pâques je n'irai pas chez grand-père mais j'irai chez papa.

— Chez ton père ?

— Oui. A Katmandou. »

C'était à elle d'être surprise :

« Et comment, s'il te plaît, iras-tu à Katmandou ?

— Par avion.

— Et avec quel argent s'il te plaît ?

— Avec le nôtre.

— Le nôtre ?

— Oui. Celui de papa. »

Ça n'était plus tout à fait le calme plat. D'ailleurs, dès qu'elle commençait à s'énerver Nora envoyait des « s'il te plaît » pour un oui, pour un non. Elle entra dans la salle de bain et claqua la porte derrière elle.


Bien sûr que j'y pensais depuis longtemps à ce voyage de Katmandou mais cette fois-ci j'avais dit ça uniquement pour ennuyer Nora, juste pour lui rappeler que si Vince était son mari et qu'elle le trompait dans sa propre maison, Vince c'était aussi mon père et que j'existais à travers lui comme il existait ici même à travers moi. Vince, elle le savait, c'était ma baleine blanche à moi et plus les jours passaient, plus mon désir de le revoir grandissait. Mon père, naturellement, il était un peu comme l'infini, un peu comme l'horizon. C'était quelqu'un de mythique comme disait le fils de la bouchère, un C.R.S. qui avait été blessé à la tête en mai 68. Mon père, on pouvait toujours essayer de courir dans sa direction mais on ne s'en rapprochait jamais à cause des distances qu'il mettait exprès entre nous comme pour mieux se faire aimer d'être inaccessible. C'était un mythe, d'accord, mais moi je n'étais tout de même pas le fils d'un mythe né comme Jésus d'une Sainte Vierge car ma mère elle n'avait rien ni d'une sainte ni d'une vierge. Alors, parfois, juste pour l'amour, juste pour la tendresse, il m'arrivait de rêver que je m'envolais en 747 et qu'on percutait contre l'Annapurna mais que tout se passait bien parce que Vince qui grimpait pendant qu'on s'écrasait arrivait juste à temps pour sortir son petit garçon du fuselage en feu. C'est vrai, Vince, je le voyais un peu comme un sauveur, un peu Tarzan, un peu Zorro, un peu Superman, sauf que ces derniers temps, comme ses lettres sentaient la déprime malgré qu'il y affirmait avoir trouvé la plénitude au lieu de l'inspiration, je m'étais mis dans la tête que c'est lui qui avait besoin d'être sauvé.

Si la lettre de Vince m'avait rendu aussi malheureux, c'était avant tout parce qu'elle exprimait son bonheur et que je n'arrivais pas à comprendre comment un père pouvait être heureux d'écrire à son petit garçon qu'il valait mieux l'oublier et que plus jamais il ne reviendrait à la maison étant donné qu'il avait réussi à remplacer la tendresse de son fils par celle que lui procurait cette espèce de vieille sorcière de plénitude rencontrée dans la montagne déguisée en fée Carabosse.

Comme Pâques n'en finissait pas d'arriver vu qu'on était début mars et qu'il giboulait sans arrêt pluie et grêle, Nora m'avait tout de même envoyé passer le week-end à Bougival chez grand-père, pour me faire les pieds qu'elle avait dit, mais moi j'avais pris sa phrase au mot comme quand on prenait des lapins au lacet avec Vince lorsqu'on vadrouillait dans l'Ardèche. Au lieu d'aller chez Léon bien trop occupé à attraper les secrets des gens de sa résidence pour s'apercevoir de mon absence, je m'étais mis en route sur le GR 1 qui traverse la forêt domaniale de Louveciennes et j'avais continué ainsi par le parc de Marly, Saint-Nom-la-Bretèche et Beyne jusqu'à Neauphle-le-Château, là où avait habité l'ayatollah. En tout, ce premier jour de marche ça faisait exactement trente-trois kilomètres. Bien sûr, je connaissais le parcours par cœur car avec Vince on s'y était entraîné je ne sais combien de fois, montre en main, à foncer de plus en plus vite, même que souvent on ne s'arrêtait pas pour manger histoire de tenir la moyenne. Ce week-end-là, j'avais emmené tout ce qu'il fallait avoir pour la croûte et à la nuit tombée j'avais tendu mon hamac sur le terrain de foot entre les poteaux du gardien de but. Ça n'était évidemment pas un hamac ordinaire puisque c'est papa qui l'avait fabriqué. C'était un sac de couchage complètement imperméabilisé qu'on pouvait attacher comme un hamac et dans lequel on se glissait jusqu'aux cheveux en tirant sur soi la fermeture à glissière. Une fois bien installé, dans le noir, au milieu de toutes les étoiles qui éclataient quand on pressait bien fort les paupières ça me faisait comme un vrai feu d'artifice, comme une vraie fête pour moi tout seul.

J'avais bien moins peur de dormir sur un terrain de foot que dans les bois et quand j'en avais marre de la fête en solitaire, j'ouvrais les yeux pour apercevoir au travers de la lucarne de plastique les lumières dansantes des maisons. J'imaginais, pas comme grand-père heureusement, ce à quoi pensaient les autres enfants douillettement couchés dans leur chambre, les uns blottis contre leur mère, les autres contre leurs oursons en peluche. Je me représentais aussi les cousins et les cousines, les copains et les copines venus pour se visiter le samedi soir et qui sortaient en douce de leurs lits, les uns juste pour se tenir par la main sous les draps avec des cerfs-volants dans la tête qui les faisaient aller très haut malgré la timidité, les autres moins timides ou plus habitués en train d'explorer leurs corps et d'y descendre très prudemment, pareils à des spéléos pas très sûrs de leur matériel et qui auraient eu des vertiges.

Des vertiges, j'en avais déjà éprouvés avec Laurence ma cousine. D'abord, on avait débuté comme les autres en accrochant l'imagination derrière les cerfs-volants et puis à force de tirer sur la ficelle pour mieux les replacer dans le vent, ils s'étaient perdus tout en haut du ciel, restés peut-être suspendus à une navette spatiale ; toujours est-il qu'on s'était mis à faire de la spéléo en descendant tout au fond des draps et que l'on avait fini par atteindre le gouffre et que même on avait eu peur d'y avoir abandonné un bébé étant donné qu'on ne s'était pas contentés de frôler les parois mais qu'on avait eu tous deux au même moment des frissons de chaleur et qu'on s'était retrouvés en pleurs, absolument terrorisés par l'existence de ce bébé qui nous tétait la tête au point d'en devenir fous.

C'est grand-père qui m'avait rassuré parce que grand-père c'était peut-être un voyeur de nudités, un écouteur de murs, mais c'était aussi un être rare qui savait voir ce qui n'allait pas chez les autres et qui n'avait pas son pareil pour les amener à la confession. C'est vrai qu'il ressemblait à un curé, grand-père, avec son teint pâle et ses costumes noirs, à un curé dont l'église était faite de trois chambres de service remplies d'objets impies. Un mercredi où il était venu visiter Nora et lui demander si des fois elle n'aurait pas eu des nouvelles de papa, il avait tout de suite remarqué ma tête de déterré et il s'était arrangé pour m'emmener promener au jardin du Luxembourg. Là, en marchant au milieu des étudiants qui se branchaient et s'investissaient, les mots étaient presque sortis tout seuls de mes lèvres. C'est comme ça, parmi les étudiants qui échangeaient leurs fantasmes contre des hot-dogs et les gosses qui faisaient des pâtés de sable avec les leurs que j'avais raconté mon problème à grand-père et qu'il m'avait désangoissé en m'expliquant qu'il ne suffisait pas de s'engouffrer dans une fille pour avoir un bébé mais qu'il fallait encore laisser sa semence dans un ovule lui-même disposé à l'accueillir. Sans semence et sans ovule on obtenait du plaisir mais pas de bébé. Grand-père Léon, il avait dit plein de choses assez dégoûtantes sur le sperme et les règles mais malgré la saleté des propos j'avais compris que Laurence et moi on pouvait continuer à mamouriser tant que j'aurais pas du vrai sperme bien blanc et elle de vraies règles bien rouges.

Cette nuit-là, à Neauphle, je m'étais caressé sous le sac de couchage en pensant à ma cousine Laurence devenue polio en quelques jours après s'être baignée dans une rivière polluée par des déchets industriels si actifs qu'elle en avait perdu son activité. Évidemment je ne pensais pas à la cousine d'aujourd'hui mais à celle d'hier car la Laurence d'aujourd'hui elle n'inspirait pas l'amour mais la pitié. Papa, il avait écrit une chanson dans laquelle il disait « qu'il vaut mieux faire envie que pitié et qu'on est jamais si bien servi que par les autres ». Bien sûr c'était une boutade, cependant Laurence faisait vachement plus pitié qu'envie et on devait se forcer d'avoir l'air un peu heureux alors qu'on avait plutôt tendance à pleurer. J'aimais beaucoup Laurence mais je la voyais moins depuis sa maladie, ayant très peur de me retrouver contaminé à mon tour par des déchets et posé à tout jamais peut-être sur un fauteuil roulant. Laurence, elle avait huit mois de plus que moi mais à cause de son accident récent on aurait dit que les mois s'étaient mis à compter dix fois plus tant elle paraissait changée en pire.

A douze ans, Laurence, c'était déjà une vraie adulte car avec la polio, son métabolisme de base s'était déplacé vers le haut, modifiant sa silhouette et son caractère. On ne savait pas si c'était la silhouette qui avait suivi le caractère ou alors le caractère qui avait déformé la silhouette, toujours est-il qu'elle avait attrapé ses règles en même temps que la polio et qu'elle se demandait, la pauvre, à quoi dorénavant elles pourraient bien lui servir.

Couché entre les poteaux du gardien de but, j'avais sexamourisé longtemps dans ma tête avec la Laurence d'avant et tandis que j'essayais de shooter dans le plaisir comme dans un ballon et de m'envoyer loin en l'air de l'autre côté du terrain et du mystère, Nora avait téléphoné chez grand-père.

Après m'avoir cherché partout et même dans ses placards bourrés de magnétophones, lesquels n'arrêtaient pas de tourner, étant jour et nuit à l'écoute d'un monde secret et souterrain où surgissaient surtout les ronflements des voisins immédiats, Léon avait été forcé de répondre à ma mère que je n'étais pas chez lui. D'abord elle crut qu'il s'agissait d'une vengeance, que grand-père profitait pour jouer avec son inquiétude, mais lorsqu'elle perçut à son tour l'angoisse de Léon elle se mit à ameuter tout l'immeuble et pas seulement la concierge, la mère de Nico qu'était standardiste à la Samaritaine, les voisins immédiats, mais aussi les flics du commissariat de la rue Soufflot attenant à l'hôtel des Grands Hommes.

Mais là, pour Nora, il n'était plus question de mamourinades et de béatitude charnelle mais d'une panique viscérale comme aurait dit M. Lourmel le psychiatre du quartier où l'on habitait avant. M. Lourmel, il avait mis au point une expérience extraordinaire avec certains clients qu'il invitait chez lui à la campagne dans une maison sans W.-C. Quand les clients étaient pris d'une envie d'aller aux toilettes, M. Lourmel leur indiquait soit un champ de maïs, soit un champ de blé et pendant qu'ils s'y dirigeaient en tâtonnant, M. Lourmel, armé d'une pelle à très long manche, les précédait sans se faire remarquer. Lorsque le client avait enfin choisi son coin à lui et tourné parfois quelques minutes en reniflant le sol, exactement comme le font les chiens, M. Lourmel se planquait et avançait très lentement sa pelle juste à l'endroit où le client s'accroupissait. A peine l'excrément était-il tombé dans la pelle que le psychiatre la retirait tout doucement d'entre les maïs ou les blés.

En se relevant, le client de M. Lourmel jetait un coup d'œil machinal sous lui pour voir s'il avait fait un gros ou un petit caca, un mou ou un solide et comme il ne voyait rien, qu'il avait beau chercher partout à terre et même jusque dans son pantalon, il se mettait à avoir un comportement extrêmement bizarre. M. Lourmel, il n'avait rien inventé, il avait mis au point son test de panique viscérale après avoir vu un film de Pascal Thomas qui traitait un peu du même sujet, il n'empêche que certains de ses clients perdaient la tête à force de chercher l'excrément disparu comme par enchantement et que cette absence d'excrément provoquait en eux de graves troubles du comportement. Pendant qu'ils patrouillaient ainsi dans les blés ou le maïs, les uns s'arrachant les cheveux de désespoir, les autres essayant de se réflexionner pareil à un détective privé aux prises avec une affaire très compliquée, M. Lourmel, lui, prenait des notes et en tirait des conclusions psychanalytiques.

Or, cette nuit-là, en plein milieu du commissariat

de la rue Soufflot, ma mère était comme les clients de M. Lourmel sauf que son excrément à elle il était fait de la chair de sa chair et qu'il s'était ramassé lui-même à l'aide d'une pelle déjà pleine de rancune. L'affolement de Nora avait été si intense que les flics de la rue Soufflot avaient téléphoné à ceux de Bougival et ceux de Bougival à ceux de Saint-Nom-la-Bretèche et ceux de Saint-Nom à ceux de Beyne et ceux de Beyne à ceux de Neauphle et ainsi de suite, je crois, et non seulement dans les Yvelines mais encore bien plus haut vers l'Eure et l'Eure-et-Loire.

Mon père, il avait écrit une chanson à la gloire des Yvelines dont les paroles disaient :

*Yvelines, Yvelines, tu as le port royal et le bassin*
*[parisien,*
*tu as le lit fluvial et puis le sein germain,*
*tu vas de place en place mais tu jouy en josas.*

Les Yvelines, Vince et moi on les connaissait très bien et c'est pourquoi je n'ai eu aucun mal à me cacher quand j'ai vu et entendu arriver une patrouille de l'autre côté du terrain de foot. Les gars, ils inspectaient l'herbe avec des torches électriques comme si j'avais été un excrément et qu'ils craignaient de me marcher dessus.

J'ai tout de suite compris qu'il s'agissait des gendarmes au raffut qu'ils faisaient et à leur accent du Midi parce que c'est bien connu, si on envoie les gendarmes des Yvelines travailler sur la Côte d'Azur, on fait monter ceux de la Côte d'Azur sur le Bassin parisien. Il paraît que c'est mieux pour la sécurité du territoire, cela évite fraternisation et trahison.

Pendant qu'ils avançaient en regardant où ils mettaient leurs pieds, j'ai pris le temps de décrocher mon hamac et même de bien le plier dans le sac à dos, et puis j'ai battu prudemment en retraite rejoignant le GR 1 en direction de Thiverval. Je

31

connaissais le parcours par cœur et je m'y serais retrouvé les yeux fermés. Parvenu à la voie ferrée, j'ai emprunté le tunnel de droite et pris la bifurcation jusqu'au chemin asphalté qui mène à Villiers-Saint-Frédéric. Je l'ai suivi sur cinquante mètres et de là j'ai coupé à travers champs jusqu'au carrefour de Saint-Germain-de-la-Grange. Ensuite j'ai traversé la petite route, je suis passé près du boqueteau de pommiers où on avait cassé la croûte un été avec papa et de là, comme ça descendait, je me suis mis à courir jusqu'à l'Aqueduc de l'Avre. Je savais qu'il y avait une ferme dans les parages mais je ne me rappelais plus son nom. Le nom d'ailleurs n'avait aucune importance parce que le jour commençait à se lever et que bientôt j'ai pu apercevoir la ferme et pénétrer malgré les chiens dans un hangar rempli de machines agricoles.

C'est là, planqué au fond d'une remorque, que l'idée de faire du mal à Nora m'était venue. Si j'avais été content de voir arriver les gendarmes sur le terrain de foot parce que l'arrivée des gendarmes voulait dire que ma mère se préoccupait encore de moi, j'avais aussitôt pensé, en revanche, à me rendre intéressant, à la fois pour ne pas la décevoir d'avoir organisé toute cette battue, mais aussi pour mesurer son amour à la durée de sa souffrance.

M. Lourmel, il disait que les rapports de forces sont essentiels à l'équilibre d'un couple, alors comme Nora et moi on formait le couple à notre façon, il fallait bien que j'y aille également de mon rapport de forces d'autant qu'elle avait commencé la première en m'envoyant pour le week-end chez grand-père Léon.

Comme je n'étais pas pressé de sortir de ma cachette, je l'avais donc laissée mariner dans son chagrin toute la journée du dimanche sans compter son angoisse de la nuit précédente. Sur le coup de midi, j'ai entendu un véhicule de la gendarmerie s'arrêter dans la cour de la ferme. Les idiots, ils étaient arrivés en klaxonnant tant que ça pouvait mais comme il n'y avait personne à la ferme en dehors des chiens, car les paysans maintenant ils prennent leur week-end et font du ski à Courchevel, les flics étaient descendus faire un tour pour la forme même que l'un d'eux était entré visiter le hangar et que le salaud, je le voyais à travers les fentes des planches disjointes, s'était mis à pisser sur la terre battue, une terre qui était tellement dure à force d'être battue que le pipi du flic rebondissait et que ça lui mouillait le bas du pantalon sans qu'il s'en aperçoive.

Au bout d'un moment, un deuxième gendarme entra et pissa à son tour. En se secouant, le premier gendarme dit :

« C'est la fugue classique quoi. La mère a dû faire chier le gosse... »

Le deuxième gendarme, qui urinait dru comme un cheval, approuva de la tête mais il était bien trop occupé à diriger son jet pour répondre. Le premier continua :

« A moins que ça ne soit une affaire de mœurs. Dis, tu te rappelles dans quel état on a retrouvé le petit Boisnard ? »

Du petit Boisnard, tous les journaux en avaient parlé. C'était l'horrible histoire d'un enfant kidnappé par un sadique et auquel on coupait un doigt de temps en temps pour rappeler à la famille qu'elle devait payer la rançon.

Non seulement le gosse avait perdu trois doigts, mais en plus on l'avait horriblement violé parce que les kidnappeurs restés cachés un mois dans un souterrain avaient oublié d'emmener leurs femmes.

Le deuxième gendarme, qui avait du mal à caser son sexe de l'autre côté de la braguette, regarda dans ma direction comme s'il me voyait et dit :

« La mère doit se faire un vache de mouron. »

En sortant du hangar le premier gendarme lança :

« Remarque, tant qu'il n'y a pas demande de·

rançon faut pas dramatiser. Mon avis c'est que c'est une fugue. »

La porte s'était refermée sur la réflexion du premier flic. Bien caché au fond de la remorque je m'étais mis à ressentir un immense plaisir à l'idée que Nora avait mobilisé toutes les gendarmeries de France pour me rechercher. Certes, je ne savais pas si son geste était une preuve d'amour ou bien plus simplement un réflexe de panique comme celui que pouvaient avoir les clients de M. Lourmel lorsqu'ils ne retrouvaient pas l'excrément qu'ils avaient pourtant évacué. J'imaginais donc tout ce à quoi ma mère pouvait penser et je la voyais s'agiter dans l'appartement, s'arrêtant devant le téléphone, attendant presque mourante un appel de mes ravisseurs. Je voyais aussi grand-père interrogeant par-delà les ondes les radio-amateurs de la région. Ah ! oui, grand-père, il devait être pleinement heureux de joindre pour une fois l'utile à l'agréable. Quant à Rodolphe, celui-là, il ne devait pas la ramener beaucoup étant plus ou moins affalé sur le canapé Chesterfield, n'osant pas même émettre un avis car dans ces instants-là, quand le fils est aux mains de cruels ravisseurs, l'amant n'existe plus pour la mère ; l'amant c'est du moins que rien, du superflu, de l'inutile.

Je faisais souffrir Nora, d'accord, mais Rodolphe, lui, il en bavait sûrement autant qu'elle, étant pour l'heure vomi par le cœur de sa maîtresse. Rodolphe, ça n'était qu'un dégueulis, qu'un excrément et j'étais bien content, sans rien faire d'autre que de rester caché, de l'avoir remis à sa vraie place, là, juste entre la serpillière et le petit balai des waters. L'ennui c'est que je n'étais pas très sûr des sentiments de ma mère à mon égard et encore moins des sentiments qu'elle éprouvait envers Rodolphe. Tandis que je faisais durer le suspense, hésitant à sortir de ma cachette, je me bâtissais un autre scénario dans lequel Rodolphe avait le grand rôle et moi le petit. Je me représentais, et ça m'était

34

insupportable, Nora dans ses bras, pas une Nora en pleurs et toute défaite mais une Nora diaboliquement radieuse ayant réussi à force d'astuces, de ruses, de combines atroces, à se débarrasser d'abord d'un mari et ensuite de son petit garçon. Bien sûr, je fabulais moi aussi en la prenant pour une méchante fée et en faisant d'elle un Barbe-Bleue mais il faut dire que l'atmosphère de ce hangar fantomatique sous le toit duquel s'engouffrait un vent sifflant prêtait à la divagation. J'avais beau essayer de me raisonner, je ne parvenais plus à détacher de mon esprit l'image de ma mère sous les traits d'une femme follement heureuse, blottie au creux de l'épaule de Rodolphe. C'était une séquence très douloureuse pour moi et je crois que la faim et la fatigue en accentuaient encore la perception. J'avais beau me dire que c'était moi qui étais parti de la maison et non elle qui m'avait flanqué à la porte, beau me dire que si elle tenait à se débarrasser de moi, elle m'aurait laissé partir rejoindre mon père au Népal, beau me dire qu'en ce moment même elle me faisait rechercher par la police, je trouvais néanmoins une parade à mon raisonnement envisageant immédiatement son contraire. Vince, il avait écrit une chanson où il était question d'un homme qui aimait aveuglément une femme aveugle jusqu'au jour où, après avoir subi une opération, cette femme avait retrouvé la vue. Ça aurait dû être magnifique entre eux, superbement exaltant mais l'homme s'était mis à croire que depuis qu'elle voyait elle le regardait comme s'il avait été un autre, une sorte d'étranger à son amour et c'est pourquoi il était devenu jaloux de lui-même. La chanson n'avait eu aucun succès mais c'était peut-être la préférée de Vince car il la fredonnait souvent en marchant au milieu des forêts profondes. Peut-être qu'entre moi et ma mère c'était pareil qu'entre l'aveugle et l'amoureux aveugle, que j'étais devenu jaloux de ses yeux, envieux de son regard et cela jusqu'à nous blesser tous les deux en m'échappant d'elle et elle de moi.

C'était peut-être à cause du vent sifflant qui s'engouffrait par mes oreilles au fond de l'âme, peut-être à cause de la chanson de Vince qui restait accrochée à ma mémoire, peut-être parce que j'en avais marre de rester caché sans savoir au juste ce qu'elle faisait, ce qu'elle pensait, ni pourquoi elle riait ni comment elle souffrait, toujours est-il que j'étais enfin sorti du hangar, prêt à me laisser prendre, mais comme il n'y avait plus personne pour me cueillir, j'avais rattrapé, un peu déçu, le GR 1 et m'étais mis en route.

Il y avait des randonneurs à foison cet après-midi-là, les uns pique-niquant, les autres performant. Il y avait ceux qui randonnaient tout bonnement en solitaires et puis des familles entières avec les pères habillés en explorateurs et les mères qui suivaient de loin avec leurs gosses, s'extasiant sur les bourgeons car le printemps était déjà dans l'air. Tout le monde avait l'air heureux car seuls les gens heureux peuvent ainsi marcher sans rien attendre d'autre qu'une bonne fatigue dans les reins et dans les mollets. Celui qui part de la sorte pour la journée, il a mis la clef sous la porte de son existence quotidienne. Il sait qu'il la reprendra en rentrant cette clef, mais en attendant il a oublié son bureau, son loto, ses bobos et son métro. Il est là, libre et courant tel un chien qui aurait brisé sa laisse, même si parfois il lui reste encore un bout de chaîne à son collier.

Le plus étonnant c'est que nul ne faisait attention à moi, c'était vraiment comme si on m'avait déjà oublié. Pas un flic, pas un espion. Rien, mais alors absolument personne pour tenter de me rattraper, en dehors d'un type qui s'était mis à me poursuivre, la quéquette à l'air. Ça n'était pas la première fois que des types s'exhibitionnaient sur mon passage et quand ça arrivait, au lieu de me mettre à courir en montrant ma peur, je m'arrêtais et je leur disais de faire gaffe parce que les flics étaient juste derrière moi.

C'était Vince qui m'avait appris ce coup-là et ça marchait toujours très bien. Le type se rebraguettait aussitôt et faisait semblant de ramasser des champignons.

Je n'arrivais pas à comprendre pourquoi les flics n'étaient pas partout sur le GR avec des barrages et des herses, comme quand ils doivent arrêter un dangereux gangster, si bien que plus j'avançais vers ma mère, plus je colérais contre elle. C'était à croire qu'elle avait donné l'ordre d'abandonner les recherches, qu'elle s'en fichait complètement que son petit garçon gise quelque part égorgé ou violé et même les deux à la fois. Ayant dépassé Feucherolles et me trouvant dans le hameau de Saint-Gemme, je fus irrésistiblement attiré par une cabine téléphonique et m'y enfermai. J'avais l'intention d'organiser une mise en scène terrible, de lui faire croire que je parlais sous la contrainte de mes ravisseurs et que ceux-ci appuyaient un gros revolver sur ma tempe, mais lorsque j'ai entendu sa voix si affolée, si chaude et si tremblante je me suis dégonflé. J'ai dit :

« C'est moi maman... ça va ? »

A l'autre bout du monde, par-delà des forêts de chênes et de hêtres, par-dessus les taillis et les futaies elle a crié :

« Alex, mon chéri. Où es-tu, où es-tu ? »

Il y avait une telle inquiétude dans sa voix, un tel accent de détresse que j'ai tout de suite répondu à son SOS par des sanglots encore plus gros que le revolver des ravisseurs. Jamais je crois je n'avais aimé autant Nora, jamais non plus je n'avais tant pleuré ; c'était tellement merveilleux de se retrouver comme ça attaché à un fil et à une voix que je serais bien resté des heures au téléphone. D'entendre maman chialer aussi fort, c'était vachement revigorant, presque aussi vitaminant que d'avaler la levure de bière qui sentait bon l'haleine de Vince.

Pendant quelques jours, ça avait été merveilleux entre ma mère et moi car nous étions comme deux amants restés longtemps éloignés l'un de l'autre et qui se retrouvaient soudain en oubliant leurs défauts et leurs fautes. On avait mamourisé formidablement avec l'esprit, si bien même que Rodolphe s'était senti exclu du couple et qu'il avait dû faire un sale coup pour rattraper Nora. Se rendant compte que ça allait si fort entre nous et qu'il devenait la cinquième roue, celle qu'on laisse dans le coffre et qu'on utilise seulement en cas de crevaison, il avait téléphoné, de la maison, à Mylan sa Vietnamienne en causant exprès très haut pour que ma mère entende. Mylan, elle était très sexy, petite et fine, un vrai tanagra comme disait Rodolphe. Nora, qui était plutôt le genre inverse, l'enviait beaucoup tout en la craignant parce que Rodolphe, une fois, s'était laissé aller à des confidences racontant qu'elle était experte en sexabouchage et qu'elle pouvait même le faire jouir sans bouche ni doigts, en utilisant des baguettes comme au restaurant.

Ma mère n'avait pas supporté la conversation qu'ils tenaient et point n'était besoin d'écouter entre les mots comme quand on lit entre les lignes pour savoir de quoi il était question. Rodolphe, croyez-moi, n'y allait pas par quatre chemins. C'était pas vraiment subtil et en définitive ça ne lui ressemblait pas tellement parce que Rodolphe c'était tout de même un type assez fin dont la sensibilité transparaissait dans ses illustrations. Non, ce soir-là Rodolphe bluffait, pareil à Vince lorsqu'il jouait au poker, et ma mère, devant tous ces mots tendres, devant toutes ces allusions murmurées au téléphone, s'était retrouvée tel un joueur de poker malchanceux face à un adversaire qui avançait un énorme tas de phrases entassées les unes sur les autres comme des piles de jetons en relançant tant que ça pouvait. N'ayant pas les nerfs, ni l'envie peut-être de bluffer à son tour, elle avait craqué et s'était précipitée furieuse sur le téléphone. Il y avait eu une courte bagarre, un échange de gifles et d'injures et puis Rodolphe, sentant qu'il avait gagné la partie, s'en était tiré en riant et en mentant disant qu'il ne discutait pas du tout avec Mylan mais avec les renseignements. Seulement Nora ne s'y était pas laissé prendre parce que papa lui avait déjà fait le coup de téléphoner à des filles en faisant croire qu'il appelait les renseignements ou l'horloge parlante. Donc, pendant que Rodolphe riait jaune, Nora avait appelé le *Cholon Express* où Mylan travaillait et Mylan, moins menteuse que Rodolphe, s'était laissé prendre au piège. Ma mère y allait avec ses gros sabots tandis que l'autre répondait avec ses baskets, et les deux femmes, chacune à leur manière, s'étaient mises à cuisiner les sentiments et à s'envoyer des plats pas très frais à la tête. Au début, elles s'étaient jeté les tartes à la crème verbales et chacune d'elles faisait mouche mais peu à peu, à force de tout déballer et faute de munitions convenables, elles avaient fini par se lancer des rouleaux de printemps avariés et des beignets de crevettes pourris. En raccrochant ma mère sentait le nyoc-man et Rodolphe, toujours bluffeur, s'était mis à dire qu'il adorait les colères de Nora car ça la rendait terriblement excitante.

Elle avait eu envie de le foutre à la porte pour la nuit mais n'avait osé parce qu'elle savait qu'il serait allé directement au *Cholon Express* se faire sexamourer avec des baguettes. Elle avait écrasé en boudant, s'enfermant dans sa chambre.

Mon père, il avait écrit une chanson, *Amour sur oreiller*, sur les rapports de forces. Bobby Laser, de sa voix incisive et moqueuse, en avait fait un gros succès. C'était l'histoire d'un couple qui remplaçait l'extase par la bagarre vu qu'après l'extase il n'y a plus rien d'aussi émotionnant tandis qu'après la bagarre on peut toujours se réémotionner dans l'extase.

Certes, il n'y avait rien de semblable entre Rodolphe et Nora, eux ne s'avilissaient pas, néanmoins lorsque le bonheur était un peu trop tranquille, ils s'arrangeaient pour le déstabiliser et retrouvaient des raisons de s'impressionner. Si Rodolphe s'était servi de Mylan pour commotionner ma mère et relancer le couple, Nora, elle, s'était servie de moi pour ébranler la tranquille certitude de Rodolphe et c'est pourquoi finalement, après quelque temps d'un épanouissement familial, je m'étais retrouvé sur la touche sans que vraiment personne ne l'ait souhaité. Oui, c'était juste comme cela ; je leur avais servi de ramoneur et chacun d'eux m'avait fait descendre dans sa cheminée. Maintenant que j'y était passé, que ça tirait mieux et que leur amour reflambait on m'avait, semble-t-il, remis à ma place, c'est-à-dire que j'étais le fils de ma mère mais pas vraiment celui de la maison.

Quelques jours après ma fugue, on avait reçu une lettre de papa et nous avions eu véritablement la surprise de constater qu'il n'y parlait pas de tenter son ultime escalade, pas plus qu'il ne délirait à propos de cette vieille sorcière de plénitude. En revanche, papa racontait très calmement, très directement qu'il n'avait plus du tout d'argent et qu'il était donc obligé de stopper son errance faute de pouvoir payer son sherpa et son porteur sans compter que la nourriture et l'habillement faisaient défaut. Papa demandait donc à Nora de lui faire parvenir au plus vite vingt ou trente mille francs au Dhaulagiri Lodge à Katmandou où il devait séjourner trois semaines début avril avant de se rendre au Mustang. Ça n'était pas une longue lettre, plutôt une missive, un message mais à la fin il y avait un post-scriptum à mon intention dans lequel il m'assurait que j'étais toujours et plus que jamais son

« esquimau brûlant » et qu'il me tendressait le bout du nez jusqu'à l'user et que même il embrassait aussi l'usure. Ça n'était pas, bien sûr, une très grande déclaration d'amour mais elle m'avait plongé dans une grande joie, dans une grande extase, me rassurant à la fois sur son sort à lui et sur mon sort à moi bien que ce voyage au Mustang nous éloignerait encore des mois ou des années.

J'avais sauté sur l'occasion, demandant à Nora de me laisser partir à Katmandou avec l'argent puisque ça tombait pile au moment des vacances de Pâques. mais comme les sentiments de maman étaient aux antipodes des miens et qu'en plus elle n'avait, je crois, pas tellement envie d'envoyer autant d'argent malgré la répartition Sacem qui allait tomber le 5 avril, elle refusa net.

Sachant, par le ton employé, que sa décision était coulée dans le bronze et que ni les pleurs ni les fugues n'y changeraient quoi que ce soit, je m'étais rendu le soir même à Bougival chez grand-père Léon et là, entre les téléscopes, la radio-amateur et les micros espions, nous avions tiré des plans sur la comète pour en arriver à la conclusion que seule une grève de la faim pourrait avoir raison de la volonté de Nora.

C'est grand-père qui en avait eu l'idée et il faut dire que c'était une idée assez géniale dans la mesure où, en me privant de la liberté, maman faisait de moi son prisonnier.

Grand-père, il avait dit que tous les emprisonnés innocents ont recours à la grève de la faim pour obliger la justice à réviser leur procès.

J'étais revenu par le dernier train à la maison et dès le lendemain matin à l'heure de l'école au lieu de me mettre à table et d'y prendre mon petit déjeuner j'avais déposé un mot en lettres capitales dans lequel j'expliquais les motifs de ma grève et les conditions de son interruption.

J'étais sorti en claquant la porte de manière à obliger ma mère à se lever, car le matin, après avoir préparé mon Ovomaltine et mes tartines elle se recouchait pour tendresser avec Rodolphe.

Mon mot avait dû frapper Nora car à dix-sept heures elle attendait devant le lycée Saint-Louis. Ça ne lui arrivait que très rarement de venir me chercher et c'était généralement la preuve qu'entre elle et moi il y avait de la java dans l'air et de l'eau dans le gaz comme disait Claude Nougaro, un ami de mon père. Mais cette fois n'ayant rien mangé à la cantine, et me sentant trop nerveux pour soutenir une scène devant les copains, j'avais attrapé Nora par le bras et nous étions entrés de l'autre côté du boulevard au Dupont Latin, un endroit où l'on peut crier sans craindre d'être entendu. On s'était assis à l'écart. Elle était tremblante et belle, interloquée comme une fille qui vient de se faire draguer. Ne sachant quoi dire, elle a demandé :

« Qu'est-ce que tu bois, Alex ?

— De l'eau.

— Tu ferais mieux de prendre un jus d'orange. » Gentiment, en souriant, j'ai répondu :

« Je ne peux pas prendre de l'orange à cause de la grève. Ça serait tricher avec moi-même, tu comprends !

— Parce que tu comptes vraiment faire la grève de la faim ?

— Oui, tant que tu m'empêcheras de voir papa.

— Voyons Alex, s'il te plaît, sois sérieux, sois un peu adulte, bon sang !

— Mais maman, je suis un adulte. Est-ce que tu as déjà vu un enfant faire la grève de la faim ?

— Oh ! Alex... s'il te plaît. »

Ça n'était pas comme à l'accoutumée des « s'il te plaît » faux et méchants mais plutôt des vrais « s'il te plaît ». Je savais qu'elle était sur les nerfs et qu'elle faisait un effort pour garder son calme. Comme le garçon s'approchait de la table pour prendre la commande, j'ai dit :

« Je t'assure, maman. Ma décision est irrévocable. J'irai jusqu'au bout. »

Elle commanda un Périer et un jus d'orange puis, me prenant la main, elle dit :

« Écoute, Alex, il faut que tu comprennes une chose. Je ne t'empêche pas d'aller voir ton père, il serait seulement à Londres ou même à New York je crois que je te laisserais partir. Mais rends-toi compte, Alex, Vince se trouve à Katmandou, au bout du monde, et encore s'y trouve-t-il vraiment ? N'a-t-il pas, depuis sa lettre, changé d'avis ? »

Je savais pourquoi Katmandou lui faisait peur. En glissant un peu plus ma main sous la sienne j'ai dit :

« Écoute, maman, il n'y a pas plus de drogués à Katmandou qu'à Paris, pas plus de détraqués, pas davantage de crimes. Et puis à Katmandou il n'y a pas de métro. »

On avait lu dernièrement un article de journal sur « Les anges du métro new-yorkais » et elle en avait été très effrayée.

Alors qu'elle essayait de me refiler le jus d'orange en gardant le Périer pour elle, j'ai ajouté :

« Si tu as si peur que ça, viens avec moi.

— Tu sais très bien que ça n'est pas possible. Ton père m'en voudrait toute sa vie. Ah ! oui, je vois d'ici sa tête. Et puis es-tu certain qu'il te veuille, toi ? S'il te plaît, Alex, réfléchis un peu. Si Vince t'aimait il reviendrait, oui, crois-moi, il serait avec nous depuis longtemps. »

Elle se figurait avoir marqué un point mais ce point elle venait de le marquer contre elle-même. L'idée que Vince puisse ne pas m'aimer comme je l'aimais ne pouvait m'effleurer. J'étais sûr de mon père, sûr de son amour. C'est sa façon à elle de me le diminuer qui m'était insupportable. En rabaissant Vince, elle rabaissait aussi son fils.

Quittant la table, j'ai lancé :

« Tu es vraiment dégueulasse. »

J'étais sorti du café en courant et tandis qu'elle fouillait son sac à la recherche de monnaie, j'avais suivi les conseils de grand-père et j'étais remonté m'enfermer dans ma chambre. Grand-père, il avait insisté pour que ma grève soit une vraie grève et non un mélange de fugue et de grève. En restant à la maison j'obligeais Nora à constater ma volonté de ne pas m'alimenter.

Un peu plus tard, nous avions repris la conversation, moi à l'intérieur de ma chambre, elle de l'autre côté de la porte. Elle s'était expliquée sur le sens de sa phrase, disant que les mots étaient sortis seuls de sa bouche et qu'en plus ils avaient trompé sa pensée. Et puis me rendant compte, ayant moi-même des difficultés avec les mots, qu'elle s'était peut-être laissé emporter sans le vouloir vers une autre direction, j'étais sorti de la chambre pour me retrouver ce coup-ci aux prises avec les deux. Rodolphe sentant que cette histoire pouvait tourner à son désavantage vu que le couple risquait d'en être perturbé, s'entêtait à me convaincre mais il était si maladroit et si con que Nora était obligée de le reprendre. Finalement, il avait battu en retraite et s'était réfugié dans le bureau de Vince.

J'avais tenté de persuader ma mère que je connaissais aussi bien le Népal que la France et Katmandou que Paris sans compter les circuits, les sommets, les vallées, les fleuves, la flore, la faune, les religions, les coutumes et les ethnies, lui apprenant même la différence entre un newar, un tamang, un magar, un sherpa ou un gurung. J'avais tellement lu et tellement appris dans les guides et les ouvrages spécialisés, uniquement pour savoir où Vince mettait les pieds, que j'étais capable de réciter par cœur les trajets à trek tant côté Everest que côté Annapurna. Des noms comme Lamonsangu, Nanche-Bazar, Barabise, Lukla, Thyangboche, Pokhara, Gundrung, Gorepani, Jomosom, Muktinah, Manang, m'étaient aussi familiers que les Réaumur-Sébastopol, les Chaussée-d'Antin, les Port-Royal, les Denfert-Rochereau et les Saint-Michel.

Voyant que Nora commençait à s'épater, je lui

avais fourré entre les mains une carte des royaumes de l'Himalaya, la forçant à m'interroger sur la hauteur des sommets, ce qu'elle fit d'ailleurs d'une voix assez triste en dépoétisant ma géographie.

« Dhaulagiri ?
— 8 167 mètres.
— Manaslu ?
— 8 156 mètres.
— Annapurna ?
— 8 091 mètres.
— Makalu ?
— 8 481 mètres.
— Losthe ?
— 8 511 mètres. »

Sur ma lancée j'expliquai qu'il existait non pas un Annapurna mais trois, lui signalant en même temps les hauteurs respectives. Croyant me piéger elle s'était mise à chercher des sommets de moindre importance :

« Ganesh-Himal ?
— 7 406 mètres.
— Gaurishankar ?
— 7 145.
— Himalchuli ?
— 7 893 mètres. »

Elle avait abandonné et c'était mieux comme cela, d'abord parce que j'étais imbattable, ensuite parce qu'elle lisait si mal les noms que la magie ne passait plus. J'avais beau battre à tout rompre les ailes de l'imagination, au lieu de survoler le massif himalayen et d'apercevoir tigres des neiges et mouflons bleus, je ne décollais pas du double living ayant en face des yeux je ne sais combien d'illustrations, essais ou esquisses d'un futur sujet génial refusé par tous les éditeurs de Paris.

Nora avait donc interrompu l'examen de passage sous prétexte qu'il fallait passer à table, m'obligeant à m'asseoir et à souffrir le martyre car ce soir-là, comme un fait exprès, il y avait en hors-d'œuvre du saumon fumé. C'était mon entrée préférée et pour m'en faire baver davantage ils n'arrêtaient pas de s'extasier.

« Il faut le finir, disait Nora en resservant Rodolphe.

— T'en fais pas, répondait Rodolphe. Il est génial, ce saumon ! »

Ils mangeaient presque sauvagement sans même jeter un coup d'œil vers moi, respectant, ou du moins faisant semblant de respecter, ma grève de la faim. Néanmoins Nora, qui s'attendait à me voir craquer, préparait mine de rien la dernière tranche sur un toast beurré, la reposant sans y toucher. Au bout d'un moment qui me parut une éternité tant ça me gargouillait à l'intérieur de l'estomac, elle s'adressa à Rodolphe, guettant mes réactions :

« On va quand même pas laisser ce petit bout-là ?

— Non, ça serait vraiment dommage. »

Prévenant le geste de faiblesse que j'aurais pu avoir, il s'était emparé aussi sec du toast, lequel disparut en deux bouchées d'ogre.

J'avais été obligé de tenir, restant à table jusqu'au dessert, écoutant leur conversation complètement artificielle à cause du jeu qu'ils jouaient aussi mal que moi. Mais une fois le repas terminé, la table débarrassée, j'avais ressenti l'orgueil de la victoire et ma faim, subitement, m'était devenue parfaitement supportable.

Nora s'était dit que j'allais sans doute flancher au cours de la nuit et me précipiter sur le frigo, aussi avait-elle laissé la porte de la cuisine ouverte de sorte que je puisse y entrer sans faire de bruit. Nora, elle faisait ce qu'elle pouvait pour alimenter son petit garçon mais la situation n'était pas plus drôle de son côté que du mien, peut-être moins drôle car il paraît qu'une mère peut ressentir jusque dans sa chair les souffrances endurées par son enfant.

Je savais qu'il me faudrait tenir cinq ou six jours, pas davantage, avant de la voir abandonner la partie et j'étais bien décidé à lui mener la vie dure. Les rapports de forces, ils existent également entre mère et fils, sauf que là les conflits ne s'arrangent pas sur l'oreiller à coups de sexe et qu'ils peuvent s'éterniser toute une existence. Entre Nico et sa mère, par exemple, ils sont à jamais pourris étant donné l'humiliation qu'il subit chaque jour chez l'épicier sadique à cause de l'ardoise sur laquelle on inscrit leur dette. Cette ardoise-là, Nico, il ne pourra jamais l'effacer de son cœur et encore moins de sa tête car sa mère à Nico c'est un peu comme un proxénète qui enverrait son fils faire le trottoir. Lorsque Nico part avec son sac à provisions chez l'épicier, non seulement il se fait violer l'âme mais encore il n'est pas sûr de ramener quelque chose à la maison, vu que ça dépend surtout de l'humeur de l'épicier et de sa capacité à lui de se transformer en prostituée.

Nora, évidemment, ça n'était pas le genre proxénète, pas plus que je n'étais le genre prostituée et c'est pourquoi les choses se passaient à un autre niveau. Malgré tout, durant cette semaine je m'étais mis à arpenter jour et nuit le trottoir de sa conscience dans l'espoir qu'elle aurait eu la faiblesse d'accepter mes propositions.

Nora, la pauvre, elle avait fini par en perdre à son tour l'appétit et comme elle se rendait compte que j'étais aussi macho que papa bien que j'eusse cessé également de prendre des vitamines à la levure de bière, elle avait demandé à M. Lourmel, le psychiatre, de passer à la maison.

M. Lourmel, il y était venu autant pour elle que pour moi car on se trouvait complètement coincés sans savoir lequel des deux tenait l'autre dans son étau et qu'en plus, à force d'entêtement, on avait même fini par s'aimanter en restant collés à l'acier des certitudes.

M. Lourmel, il m'avait fait passer des tas et des tas de tests pour vérifier mon quotient intellectuel et quand j'ai eu fait des taches d'encre un peu partout il s'était mis à les déchiffrer pareil à Mme Carmen, la voyante au marc de café que maman consultait parfois. Cela faisait plusieurs mois que Mme Carmen se mourait d'un cancer et comme elle était trop occupée à lire dans le marc de café combien de temps il lui restait encore à vivre, elle refusait la clientèle. C'est peut-être à cause de l'indisponibilité, à cause de la maigreur effrayante de Mme Carmen que maman s'était rabattue sur M. Lourmel, parce qu'un psychiatre ça sait aussi regarder l'intérieur des gens et pas nécessairement à l'aide de taches, de cartes et de boules de cristal, mais plutôt en écoutant aux portes du subconscient et même en les ouvrant, lorsqu'elles sont bloquées, grâce à des clefs spéciales.

M. Lourmel donc, il avait amené son trousseau de clefs à la maison et il les essayait en moi l'une après l'autre ouvrant tant que ça pouvait sans jamais entendre le moindre grincement parce que, là encore, me fiant à son arbitrage, j'avais décidé de jouer le jeu de la sincérité. Ça n'est pas que j'avais confiance en lui car les psychiatres sont tous plus ou moins fous mais j'avais plutôt confiance en moi parce qu'en réalité j'entendais une voix tout au fond de son raisonnement lui dire que c'est vachement normal qu'un petit garçon ait envie de revoir son papa et que personne, même pas un psychiatre, pourrait le lui reprocher.

Vince, il avait écrit une chanson racontant l'histoire d'un type tellement normal qu'il se trouvait en porte-à-faux en vivant dans un milieu étranger au sien, un milieu où tout le monde était normal, si bien que le normal était pris pour un anormal par ceux qui étaient normaux et que les normaux étaient pris pour des anormaux par celui qui se croyait normal.

M. Lourmel et moi nous devions avoir la même normalité, la même folie car il m'avait suffisamment compris pour déclarer à Nora que j'étais tout ce qu'il y a de plus sain et que j'adoptais, pour arriver à mes fins, une solution radicale véhiculée par les médias, solution ayant d'ailleurs maintes fois fait les preuves de son efficacité.

Ma mère en avait pris un coup au moral surtout en se rendant compte qu'elle pensait normalement faux et anormalement juste, qu'elle était profondément et maladivement conventionnelle, qu'elle était pétrie de vieux principes tout rassis, d'idées toutes faites, de tabous moyenâgeux, d'éthiques et de mentalité petite-bourgeoise.

Il faut dire que M. Lourmel n'y avait pas été avec le dos de la cuiller parce que M. Lourmel, lui, ça n'était pas comme Mme Carmen la voyante. Lorsqu'il voyait quelque chose de tragique chez les gens, il ne le camouflait pas derrière des paravents d'hypocrisie mais au contraire il démasquait aussitôt la vérité. D'une part donc ma mère, ce jour-là, elle avait été atterrée d'apprendre que son fond, que son moi et son surmoi profond étaient entachés de zones d'ombre. De l'autre en apprenant que le fond, le moi et le surmoi profond de son petit garçon étaient plutôt dans la zone bleue que dans la zone d'ombre, dans le vrai que dans l'erreur, elle s'était mise à débloquer et même à débloquer carrément, à croire que ce n'était plus ni la même femme ni la même mère.

Elle avait dit : « D'accord, qu'il parte ! » Et puis elle était restée comme abasourdie, avachie sur le canapé Chesterfield du salon. Elle ne pleurait pas, ne se tapait pas la poitrine du poing, la tête contre les murs, mais tout en étant là, parmi nous, elle en était cependant absente. M. Lourmel, il avait dit que Nora se trouvait en état de choc, que c'était normal, qu'il s'agissait d'un phénomène de décompression, dû aux changements de son moi car son schéma s'étant subitement modifié elle rejetait maintenant des années et des années, voire des siècles d'obscurantisme et d'ignorance.

M. Lourmel, il avait dit également que ça ne

serait qu'une crise passagère et qu'un tranquillisant allait arranger tout ça ; seulement à peine une heure plus tard, alors que j'étais déjà installé dans la cuisine devant un poulet froid à la mayonnaise en tube et un pot d'Ovomaltine, Nora était arrivée complètement valiumisée mais aussi complètement transformée, à croire qu'elle avait plusieurs « moi » en elle et que le plus mauvais moi avait pris le pas sur le meilleur.

J'en étais à mon troisième jour de grève de la faim et bien que M. Lourmel m'ait conseillé d'y aller progressivement j'étais en train de m'étouffer tellement j'avalais vite. Mais lorsque Nora s'est assise en face de moi sur le tabouret à trois pieds qui servait dans le temps à traire les vaches et que Vince avait acheté aux Puces, j'ai tout de suite compris que ma grève n'avait servi à rien et que j'allais être obligé de recommencer.

D'une voix très blanche et aussi profonde que la neige molle elle a dit :

« J'ai réfléchi, Alex. Lourmel est un con ! »

Rodolphe, qui se tenait prudemment debout dans l'entrebâillement de la porte, murmura :

« Je t'en prie, chérie, ne sois pas excessive. Laisse manger le petit, on a le temps d'en reparler.

— Oh ! ta gueule, toi ! »

Je ne la reconnaissais pas. En un rien de temps elle était devenue vulgaire. Ça n'était plus une illustration de livres pour enfants mais une sorte de strip-teaseuse de l'Ouest américain aux prises avec un méchant patron de saloon.

Croyant avoir mouché Rodolphe elle reprit :

« Un con doublé d'un assassin, et croyez-moi je sais ce que je dis, ah ! oui, il est chouette ton M. Lourmel. Il veut ma mort ou quoi ?

— Mais, maman, ça n'est pas « mon » M. Lourmel, c'est le tien. »

Elle s'écria :

« Tu n'as pas la parole, Alex. Mange et tais-toi ! »

Repoussant mon assiette je protestai :

« Non, je ne mangerai pas. Je ne mangerai plus jamais. Tu m'as trompé, tu as abusé de ma confiance...

— Moi, j'ai abusé de ta confiance ? Non, pour qui tu te prends, espèce de petit salaud ! »

Rodolphe, qui n'était pas suffisamment mouché, lança :

« Merde, Nora, mais qu'est-ce qui te prend ? Laisse ce gosse tranquille ! »

Elle s'était retournée très vite sur son tabouret à traire les vaches en hurlant :

« Ah ! Parce que tu crois qu'il me laisse tranquille, lui. Non mais, c'est un complot ou quoi ? Tu prends son parti maintenant ? »

Ils s'étaient mis à s'engueuler terriblement et je vous assure qu'à ce moment-là on était loin très loin même de l'hôtel des Grands Hommes. Moi j'étais trop abasourdi pour dire quoi que ce soit et de toute manière ça n'aurait servi à rien, vu qu'elle était je crois davantage braquée contre elle-même que contre moi. Quant à Rodolphe, je savais bien pourquoi il prenait ma défense. Une fois le beau-fils parti il aurait eu la part de gâteau pour lui tout seul puisque ma mère, d'habitude, c'était plutôt le genre tarte aux pommes, sauf que là, en cet instant, elle était aussi tarte que pomme : pleine de pépins et de trognons.

Excédé, Rodolphe avait fui la cuisine. Lorsqu'on l'entendit un peu plus tard claquer la porte de l'appartement, Nora laissa tomber :

« Eh bien, qu'il y aille chez sa Vietnamienne. Bon débarras... »

Ça la gênait sûrement de penser qu'il allait prendre son orgasme avec des baguettes mais elle était tellement en colère après Lourmel, tellement furieuse après elle de s'être laissé avoir par le raisonnement du psychiatre, qu'elle accumulait contre moi toute la mauvaise foi du monde. Elle dit :

« Il faut que tu t'y fasses, Alex, car même si tu dois tomber malade, on ne reparlera plus jamais de ce voyage au Népal ! Ne l'oublie pas, petit idiot, en foutant le camp ton père m'a laissé le soin de t'élever et je ne t'ai pas aidé à grandir jusqu'à treize ans pour que tu m'échappes aujourd'hui. Tu entends, Alex, tu es mon fils, mon fils ! »

Bien sûr que j'entendais. Très calme, un peu K.O. à cause de la digestion qui se faisait mal, je répliquai :

« Tu as raison, maman, je suis ton fils, c'est vrai, mais je suis aussi celui de papa. Imagine que Vince vive ici avec moi et que toi tu sois là-bas en train de marcher dans un royaume de l'Himalaya ? Hein, imagine-le, maman. Eh bien, aujourd'hui, entre Vince et moi, on en serait à se faire la guerre à ton sujet.

— Mais mon petit Alex, ton hypothèse ne tient pas debout parce que moi, vois-tu, je ne suis pas assez débile pour m'user les doigts de pied sur les cailloux en me nombrilisant la cervelle.

— Ah ! très bien, très chouette l'idée que tu te fais de papa. »

Puis, malgré la digestion qui me rendait amorphe, je criai :

« Espèce d'idiote. Si papa ne s'était pas nombrilisé la cervelle, non seulement tu n'aurais rien à bouffer mais en plus tu ne pourrais même pas financer tes amours. »

Elle s'était dressée en essayant de me gifler.

« Répète ce que tu viens de dire. Hein, petit salaud, répète-le si tu en as le courage ? »

En lui faisant face j'ai dit :

« Je le répète. »

La gifle m'avait secoué à m'en faire trébucher mais comme j'avais concentré sur mes joues toute mon énergie à la manière des maîtres chinois en arts martiaux, je n'ai rien senti ni ressenti.

Droit devant elle, mes yeux dans ses yeux, mon inconscient dans sa conscience, ma bonne foi contre la sienne, j'ai dit :

« Comme tu voudras, Nora. Seulement je te préviens : non seulement je vais continuer ma grève, mais je vais fuguer. Et lorsque j'aurai trop faim et quand j'en aurai marre de tourner en rond je finirai peut-être par me suicider. »

Comme elle s'apprêtait à répondre, j'ajoutai :

« Et puis autant que tu le saches, je ne te pardonnerai jamais d'avoir traité Vince de débile. »

C'est à ce moment-là que le téléphone a sonné. Au bout du fil c'était grand-père Léon qui appelait d'un café voisin. Il était vraiment formidable, grand-père. La veille, il avait soudoyé Mme Garcia qui faisait le ménage à la maison et pour cent francs elle avait réussi à poser un micro espion derrière le frigo. Grand-père, il savait par expérience que toutes les grandes conversations ont lieu à l'heure des repas ; aussi lorsqu'il voulait entendre autre chose que des cochonneries, les vrais accents de la vie et non ceux des mamourades qui ont l'accent de minuit, il plaçait ses micros en cuisine, ce qui lui permettait de devenir un grand chef et de se gastronomer du même coup des nourritures terrestres et spirituelles.

Cela faisait une heure qu'il écoutait nos propos, enfermé dans sa 2 CV verte, et tandis qu'il souffrait autant pour moi que pour Nora car après tout elle tenait à merveille son rôle de mère, il avait eu une idée, une de ces idées à lui très inattendues, très fantasques, très périlleuses aussi, mais ô combien déterminantes.

Donc quelques minutes après son coup de fil, grand-père s'était ramené au quatrième étage. Il était comme à l'accoutumée vêtu d'un costume noir étriqué faisant ressortir encore davantage son teint cireux et ses yeux creux qui dérapaient de leurs orbites. Ses cheveux blancs, enfin ce qui lui en restait, étaient camouflés sous un chapeau melon ramené de Londres durant la dernière guerre mondiale. Grand-père, jadis, il avait été dans les « transmissions » de la France Libre et c'est comme ça en travaillant pour de Gaulle, à force de rédiger des messages secrets et de déchiffrer ceux des Allemands, que le goût de l'espionnite lui était venu.

Nora détestait Léon, c'est normal, il était le père de Vince, et en cette qualité il passait son temps à accumuler des preuves contre elle. Nora le croyait aussi misogyne parce qu'il n'avait jamais voulu se marier avec sa femme de peur qu'elle n'entrave sa liberté. Après la mort de ma grand-mère qui n'était pas légalement ma grand-mère étant donné qu'ils n'avaient point convolé, Léon ne s'était pas remis en ménage même qu'on ne lui avait connu aucune maîtresse, aucune amante et qu'il s'était arrangé avec son for intérieur pour reporter son besoin de tendresser et de mamouriser sur ses appareils à capter les existences étrangères. Grand-père, il avait été son propre ministre des loisirs, de l'environnement et de la culture et comme il était, de par son métier, ingénieur des transmissions, il s'était évertué à transmettre à son fils les notions de liberté et d'indépendance qui guidaient sa vie. Vince, heureusement, il avait pris l'indépendance et la liberté en dédaignant le côté mateur de son père ce qui ne l'empêchait pas de descendre parfois au fond des êtres et d'en remonter avec une chanson sur les lèvres parce que pour écrire des chansons ou des livres il faut aussi savoir explorer les autres.

Maman, elle n'aimait pas grand-père, il n'empêche que ce jour-là quand il est arrivé à la maison avec son idée, elle se serait mise à genoux devant lui tellement elle était contente. L'idée de grand-père, pour aussi folle qu'elle fût, avait eu le mérite de déverrouiller la situation et c'est pourquoi nous avions pu entrer à nouveau, sans se faire mal, dans la logique et le raisonnable.

Après avoir ôté son chapeau melon, il m'avait embrassé et s'était épousseté le bas du pantalon de poussières imaginaires. C'était son tic nerveux à lui. En respirant un grand coup de silence il avait dit :

« Voilà, mes enfants, j'ai réfléchi... »

Comme papa il nous appelait ses enfants, sauf que ça n'était pas sa manière de nous dire au revoir mais plutôt une façon de nous mettre aussitôt dans sa poche. Nous savions quand il commençait sa phrase par « voilà, mes enfants » qu'il allait se passer quelque chose d'important. Comme il ménageait le suspense, nous avions pris des visages de circonstance. Satisfait, il avait dit en regardant Nora :

« Si je me souviens bien, Alex devrait passer les vacances de Pâques à Bougival. N'est-ce pas ? »

Hochement de la tête de Nora, clin d'œil complice de Léon.

« Or, voici ce que j'ai décidé. L'air de Bougival n'étant pas des plus salubres, Alex ayant besoin de soleil et d'espace, d'autre part possédant quelques économies et quatre-vingt-deux ans d'expérience, souffrant moi-même de l'absence prolongée de Vince, je me propose d'accompagner le petit au Népal. »

Tout de suite il avait ajouté :

« Ben merde alors ! Vous ne dites rien ! »

Une bombe à neutrons serait tombée au milieu de l'appartement qu'elle ne nous aurait pas davantage abasourdis. Nous n'avions subi aucun dommage corporel puisque c'est le propre de la bombe à neutrons que de préserver l'environnement. Les meubles, les objets étaient toujours en place et nous autres toujours debout au centre du living ; en revanche ça explosait de partout dans nos têtes comme si la bombe à neutrons paralysait les corps en excitant le cerveau.

Voyant que son effet était total, grand-père s'était assis sur l'accoudoir du canapé, s'époussetant à nouveau le bas du pantalon. Il attendait une réponse, un geste. J'étais pour ma part trop tendu, trop noué, craignant, en me manifestant le premier, d'indisposer Nora mais ça allait si vite dans ma tête que je m'y voyais déjà, là-bas, avec mon vieux

grand-père à bout de souffle se traînant thrombo-
sique et variqueux le long des chemins impossi-
bles.

Nora avait enfin rompu le silence :

« Voyons, Léon, à votre âge, vous n'y pensez pas
sérieusement ?

— Et que voulez-vous qu'il survienne, Nora. Me
croyez-vous à ce point pourri ?

— Non, Léon, bien sûr que non, mais tout de
même un si long voyage...

— Les voyages les plus fatigants, Nora, ce sont
ceux que j'ai entrepris autour de ma chambre et je
pense qu'un Xavier de Maistre peut damer le pion
à un Gagarine sans compter que les deux cohabi-
tent en moi. »

Nora s'était mise à rire et ce rire avait neutralisé
les retombées de la bombe à neutrons. L'air, d'un
seul coup, grâce à la présence de ce M. Xavier de
Maistre, était devenu respirable.

Pour fêter cela on avait été dîner tous les trois
dans un Chinois qui n'était pas le *Cholon Express*,
car ça n'était pas le moment de tomber sur Rodolphe ; grand-père, et pour cause, ne l'estimait guère.
C'est Léon qui régalait avec ses vieilles économies
et on s'était tous réconciliés sur le dos d'un bœuf
au gingembre.

Léon, ça faisait drôlement longtemps qu'il y pensait mine de rien, à ce voyage à Katmandou, aussi
longtemps que moi peut-être, même qu'il avait
essayé je ne sais combien de fois, au cours de ces
deux dernières années d'un cafard à couper au
couteau, de rentrer en contact avec des radio-
amateurs hindous. Mais les Hindous, ils étaient
logés à la même enseigne que grand-père parce que
la voix des ondes ne franchissait jamais la chaîne
himalayenne. Bien sûr, ça n'était pas à cause des
sommets trop majestueux pour s'abaisser à renvoyer l'onde de choc. Non, pas du tout, c'était à
cause des rois enfermés dans leurs palais et qui
n'aimaient pas la radio, la considérant comme une

arme subversive susceptible d'aider la voix de la rébellion à se faire entendre.

Le roi du Népal, il était comme ses cousins du Bhoutan, du Mustang, de Sikkim ou du Sanzkar, encore que ces derniers ne soient pas vraiment des rois mais plutôt des seigneurs, il avait une telle trouille des rebelles qu'il interdisait même les talkies-walkies comme si une simple petite voix inaudible parmi les grésillements et les larsen aurait suffi à le démettre de son trône de roi. Et l'on doit savoir qu'en plus d'être une majesté, ce roi était aussi une incarnation de Vishnou, une grande déesse hindoue, avec plein de bras tordus par la tempête des passions.

Grand-père, il en connaissait moins que moi sur le Népal mais tout de même il avait étudié suffisamment la question pour rassurer Nora. De toute façon, il ne s'agissait pas d'aller treker du côté de l'Everest ou de l'Annapurna avec des jambes de quatre-vingt-deux ans, mais simplement de monter dans un avion et d'en descendre. Ensuite, une fois arrivés à Katmandou, on se rendrait tous les deux au Dhaulagiri Lodge en faisant bien attention de ne pas se faire encorner par une vache sacrée. Et là, au Dhaulagiri Lodge, qu'est-ce qu'on trouverait, pétant de santé, d'espoir et d'inspiration : papa.

Léon, il avait eu le chic pour embobiner Nora. Il y avait mis tout son savoir-faire et aussi un tout petit micro, si bien que la partie étant gagnée, nous avions pu vivre enfin des jours heureux, préparant notre voyage sans qu'il soit remis en question.


Grand-père, il pensait vraiment trouver Vince à sa descente d'avion et s'en tirer, comme cela, sans grand dommage physique, mais comme je ne partageais pas son optimisme je l'avais traîné à côté de chez nous, rue des Écoles, Au Vieux Campeur un magasin où l'on peut acheter tout ce dont le marcheur a besoin pour marcher et survivre.

Vince, il avait écrit une chanson sur l'imprévu qui racontait l'histoire d'un Français moyen prévoyant absolument son présent et son avenir jusque dans les moindres détails, programmant ses finances, son couple, ses enfants, son boulot, ses amours et même ses aventures. Il s'agissait d'une petite vie idéale vécue dans un petit pavillon et dans le meilleur des mondes moyens. Le type, il avait un petit salaire, une petite voiture, une petite femme, un petit compte en banque, une petite quéquette, un petit chien, de petits besoins, une petite ambition, de petites économies et grâce à ce petit bonheur petitement conçu, il se sentait cependant très à l'aise dans ses petits souliers jusqu'au jour où l'imprévu qu'il n'avait pas programmé arriva sur les grands chevaux de l'Histoire et perturba complètement l'existence du petit bonhomme. Cela avait commencé avec l'emprunt russe, continué avec l'assassinat de Sarajevo, la mobilisation, la guerre, le viol de sa femme par des soldats, une blessure à la tête, Verdun, le Chemin des Dames et le bombardement de sa propre maison. Après le Première Guerre mondiale, espérant que ce serait la dernière il s'était mis à reconstruire sa petite maison, à retaper sa petite femme, à rééconomiser et à reprogrammer son existence de démobilisé. Le type, il était normalement humain quoi ! Et pierre par pierre, sou par sou, coup par coup, il avait réussi en vingt ans à retrouver exactement ce qu'il possédait avant la première guerre. Il recommençait seulement à respirer un peu lorsque l'imprévu, arrivant une fois de plus, sur les grands chevaux de l'Histoire, l'avait à nouveau ruiné.

La chanson de Vince durait quatre minutes trente-cinq et elle avait eu davantage de succès dans les boîtes qu'à la radio parce que les programmateurs eux aussi ils préfèrent les petites idées aux grandes. En écrivant cette chanson, papa s'était amusé à tourner en dérision la fourmi et la cigale, conseillant aux gens de vivre au-dessus de leurs moyens, de ne pas placer mais d'emprunter, de ne pas végéter mais de s'éclater, de ne pas voir étroit mais immense, de ne pas manger pour vivre mais de vivre pour manger.

Moi, je ne voulais pas être pris au dépourvu par l'imprévisible comme le héros de Vince, alors j'avais appris à compter avec le pire, faisant rentrer une foule de catastrophes dans mes prévisions les plus optimistes. C'est pourquoi le doute étant partie prenante de mon espérance, et redoutant je ne sais quel événement à venir, j'avais emmené grand-père s'équiper au Vieux Campeur. Grand-père, c'était sans doute le plus vieux campeur jamais vu au magasin et il avait fait vraiment sensation en troquant son pantalon élimé contre un knicker en velours, sa veste étriquée contre une doudoune rouge vif, son chapeau melon contre un bonnet d'alpiniste, ses lunettes de myope contre des lunettes de glacier, sa canne contre un piolet et ses pantoufles contre une paire de godasses tous terrains. Ah ! oui, il avait fière allure grand-père avec son sac à dos, sa gourde métallique et sa corde de rappel enroulée à la gaucho autour de .l'épaule, sans oublier les chaussettes de laine rouge qui lui arrivaient sous le genou.

L'après-midi même nous étions partis pour Bougival nous entraîner un peu le long du GR 1. C'était la première fois qu'il y mettait les pieds, grand-père, et il faut avouer que s'il avait fière allure, son allure par contre n'était pas terrible. Il avançait tout juste un peu plus vite qu'un escargot sous la pluie si bien qu'en arrivant à la hauteur des vergers de Louveciennes, j'avais été obligé de délester son sac à dos de six kilos de matériel sur les seize qu'il portait. Moi je transportais l'eau, les provisions de bouche, les sacs de couchage, le camping-gaz, la vaisselle, les casseroles, les trousses de toilette et d'urgence, plus la Rundho, ma tente deux places isotherme à arceaux, un modèle supersophistiqué utilisé par les pros de la haute montagne et dans laquelle on entrait en rampant. Avec les six kilos pris à Léon, je devais porter une charge de vingt-deux ou vingt-trois kilos et naturellement c'était bien trop pour mon âge. Malgré cela, tout en étant sept fois plus jeune que grand-père, je marchais dix fois plus vite que lui.

J'avais prévu de dresser le camp à « L'Etoile des chasseurs », à environ quinze kilomètres de notre point de départ, là où le GR 1 conduit, à gauche vers Saint-Gemme et Montfort, à droite vers Chambourcy et Saint-Germain-en-Laye, mais grand-père traînait tellement avec son barda qui lui tirait sur les reins et ses lourdes chaussures qui lui compressaient les orteils que l'on dut s'arrêter bien avant.

De temps à autre je me retournais et l'attendais :

« Alors grand-père, ça va ?

— T'en fais pas, petit, qu'il répondait, ne m'attends pas, vas-y, vas-y ! »

Il disait « vas-y, vas-y » mais pendant qu'il me répondait il s'arrêtait parce que grand-père il était vieux, d'accord, mais il était aussi drôlement malin. Voyant que je ne repartais pas tant qu'il parlait il en remettait jusqu'à ce qu'il soit un peu reposé. Il disait :

« Je ne comprends pas pourquoi tu m'as harnaché comme un cheval de labour. Tu n'as tout de même pas l'intention de me faire courir Paris-Strasbourg ?

— Le Paris-Strasbourg ça ne se court pas, grand-père, ça se marche.

— Ah ! parce que tu appelles cela une marche toi, des zigotos tout désossés qui se déhanchent en s'usant les doigts de pied. Merde alors ! »

Grand-père, il ponctuait presque toutes ses phrases de « Merde alors ! » et ces « Merde alors ! » c'était bien plus une incantation qu'une injure, bien davantage une injonction qu'une constatation.

« Dis donc, petit, tu trouves ça drôle la forêt ? Ben merde alors on entend rien ici, on aperçoit personne, on est tout seul avec sa solitude. Ça te plaît vraiment tant que ça, la marche ?

— Oui grand-père, ça me plaît vachement.

— Ben merde alors ! »

Pour le faire enrager et lui permettre de se reposer je faisais durer la conversation :

« Au fond ce que tu aimerais c'est de pouvoir grimper aux arbres et d'installer des micros dans les nids d'oiseaux. Hein, grand-père ; dis-le que tu aimerais aussi en mettre dans les terriers et écouter le sniff sniff des lapins ?

— Tu crois que les lapins font sniff sniff, toi ? Ben merde alors !

— Oui, grand-père, ils font sniff en remuant le bout du nez.

— Et les oiseaux qu'est-ce qu'ils disent eux ?

— Tu veux que je te dise ce qu'ils disent les oiseaux ?

— Vas-y, dis-le, Alex.

— Ils disent : dites donc, les gars, vous avez vu ce vieux grand-père déguisé en explorateur qui traîne derrière lui son pauvre petit-fils qui n'en peut plus de fatigue. Peut-être va-t-il le donner en pâture aux loups ou bien l'abandonner devant une cabane de bûcheron comme une vilaine maman qui laisse son bébé sur les marches d'une église...

— Sans blague ! C'est vraiment ce que tu penses de moi, Alex ?

— Allez, grand-père, en route ! »

Je l'aidais à remettre son sac, on repartait pour quatre ou cinq cents mètres de silence mais comme j'avais des yeux dans le dos, dès que je le sentais en difficulté je m'arrêtais à nouveau.

« Ben merde alors ! qu'il disait en soufflant, tu marches comme un ogre.

— Dis donc, grand-père, tu sais ce qu'ils racontent encore sur toi, les oiseaux ?

— Vas-y, petit, vas-y, petit. Allez, moque-toi d'un auguste vieillard qui a le dos rompu, les pieds en compote et le cœur en déroute.

— Les oiseaux ils disent : « Faites gaffe les gars,
« voici le vieux monsieur qui nous regarde le cul
« avec son télescope et qui fait des ha! ha! ha! de
« plaisir quand on fait nos cui-cui d'amour! »

— Tu te trompes, Alex, les oiseaux font peut-être
« cui-cui » mais moi il y a longtemps que je ne fais
plus « ha! ha! ».

— Qu'est-ce que tu fais alors, grand-père ?

— Je fais bof! bof!

— Des bof! bof! de plaisir ?

— De dépit, Alex, de dépit.

— Dis, grand-père, à quel âge on s'arrête de
scxamourer ?

— Dis, Alex, à quelle heure on s'arrête de marcher ?

— Blague à part, grand-père, ma question est
sérieuse.

— La mienne aussi.

— Je te préviens, si tu ne me réponds pas je te
fais marcher toute la nuit. »

Il s'était mis à grimacer en enlevant son sac à
dos :

« Tu permets que je m'asseye un peu, Alex ? »

Il s'était adossé contre son sac en étirant très fort
ses longues jambes rouillées par le temps. Comme
ma question le mettait en difficulté j'ai dit :

« Toi est-ce que tu sexamoures toujours ?

— Non, Alex.

— Pourquoi ?

— Pourquoi, pourquoi ? mais tu m'ennuies,
petit ! »

Tout en gagnant du temps il cherchait dans sa
tête une réponse possible. Au bout d'un moment,
après avoir suivi des yeux un nuage rose qui
passait aussi lentement qu'il marchait, il dit :

« Tu sais, Alex, si tu prends le meilleur boulanger
de France et si tu lui demandes de faire du pain
sans farine il n'y arrivera pas.

— Mais tu n'es pas boulanger, grand-père ?

— Si, Alex. Je suis un boulanger sans farine.

Parfois je sens le levain qui monte en moi. Alors je me dis : « Tiens, Léon, tu pourrais peut-être encore « pétrir le corps d'une femme et enfourner ton plai- « sir en elle », seulement vois-tu, petit, la pâte ne prend pas. J'ai beau y mettre la tête et les mains, me souvenir des émotions et des gestes, je pétris le vide. Tu comprends, Alex, je suis dans le pétrin, mais dans un pétrin absolu car non seulement je manque de farine mais en plus le four est éteint et délabré. Même les briques réfractaires sont fen- dues, émiettées et d'un froid glacial. Ben merde alors ! petit, cesse un peu de me poser des ques- tions semblables. »

Je n'avais pas vraiment saisi tout ce que voulait dire grand-père, vu qu'il parlait comme Jésus-Christ en paraboles mais j'avais tout de même compris que la question l'avait rendu très malheureux. Pour le consoler j'ai dit :

« T'en fais pas, grand-père, au prochain village on achètera de la farine. »

Ça l'avait fait sourire et puis on s'était remis en marche, mais cette fois-ci j'étais resté à sa hau- teur.

Léon, malgré ses micros et ses télescopes, malgré sa science des transmissions et son expérience de la vie, il était vachement vulnérable, vachement fragile. Ça peut surprendre, ça peut choquer et paraître exagéré mais au fond Léon ça n'était pas vraiment mon grand-père mais plutôt mon petit-fils.

On dit des vieux qu'ils retombent en enfance et c'est un peu vrai parce que plus ils vieillissent, plus ils sont handicapés, plus ils ont besoin d'aide et d'attentions. Grand-père, naturellement, je ne le prenais pas dans mes bras pour le bercer et lui donner son biberon mais tout de même on n'en était pas très loin puisque sans arrêt il fallait le distraire pour le faire avancer, pareil à un enfant sans appétit que l'on prend par surprise entre « une bouchée pour papa, une deuxième pour maman et une troisième pour le chat ».

A force de tricheries, de mots piégés et de vraies gentillesses, Léon était tout de même arrivé à marcher jusqu'à la tombée de la nuit. L'ennui c'est que nous étions encore très loin de L'Etoile des Chasseurs et que je ne pouvais prendre le risque de lui demander de crapahuter dans l'obscurité.

Comme nous avions dépassé le stade de Marly-le-Roi et que nous longions le magnifique terrain des chasses présidentielles au milieu duquel se trouve une espèce de grande ferme fortifiée où habitent de vigilants gardiens chargés de protéger les faisans de la République française contre les vilains maraudeurs et braconniers, j'ai pris grand-père par le bras et l'ai ainsi accompagné au pied d'un grand portail vert d'où sortent habituellement les voitures des sanglants chasseurs. Devant le portail j'ai dit :

« Dis donc, grand-père, ça te dirait de camper chez Mitterrand ? »

Grand-père, il était si fatigué qu'il aurait campé n'importe où, n'importe comment et même au bord de la route. Cependant il dit :

« Tu ne crois pas qu'on pourrait faire du stop et rentrer dormir à Bougival ?

— Voyons, grand-père, ça ne va pas dans la tête ou quoi ? Bougival... Bougival... mais c'est au bout du monde, de l'autre côté des montagnes. Pour t'y rendre tu dois franchir l'Himalaya, traverser le Terraï, longer le Gange, te propulser à travers les Indes, l'Afghanistan, l'Iran, l'Anatolie, la Turquie, la Grèce, la Yougoslavie. Non mais dis donc, grand-père, tu te rends compte de la randonnée ? Et puis tu dois faire gaffe aux Russes, aux moudjhadins, aux ayatollahs, aux Arabes, aux shiites.

— Ben merde alors ! Tu crois vraiment qu'on est si loin ? »

Quel merveilleux bonhomme c'était, grand-père. Nous étions à sept kilomètres de Bougival mais il jouait le jeu. Comme ça valait une récompense j'ai dit :

64

« Léon, si les petits cochons ne te mangent pas, on fera quelque chose de toi. »

C'est ce qu'il me disait lui-même lorsqu'il voulait me féliciter. Il ne releva pas, se contentant de contempler la masse sombre du portail. Je l'encourageai :

« Regarde bien, grand-père. Tu vas faire comme moi ! »

Il avait regardé, essayé et dérapé.

« Tu t'es fait mal, grand-père ?

— Je ne pourrai jamais y arriver.

— Mais si, tu pourras.

— Tu crois ? »

C'était un « tu crois ? » si hésitant, si tremblant, que je l'avais aidé à escalader le portail des chasses présidentielles en poussant très fort sur son derrière. Sous le velours côtelé des knickers on sentait les os des fesses qui pointaient. Grand-père, il était vieux, fatigué, maladroit, rouillé et maigre comme un clou, si rouillé et si maladroit qu'il était resté juché là-haut à cheval sur les pointes et qu'il avait bien failli s'y embrocher le peu de chair qui lui restait. Grand-père, il était merveilleux, mais il était aussi tellement trouillard qu'il avait eu une frousse bleue de se laisser tomber de l'autre côté. De toute façon comme il ne pouvait ni se rejeter en arrière ni se jeter en avant, coincé qu'il était par la peur et les piques, j'avais dû gonfler à la hâte les deux matelas penumatiques et lui ordonner de s'y laisser tomber :

« Allez, grand-père, ferme les yeux et jette-toi !

— J'peux pas, Alex, j'peux pas.

— Fais un effort, grand-père. Tu ne risques rien. Allez, saute, saute ! »

Comme il ne voulait toujours pas sauter j'ai dit :

« Ecoute grand-père, imagine que les Allemands soient là, juste derrière toi avec une chambre à gaz et un four crématoire.

— Merde alors ! Qu'est-ce qui te prend, Alex ? »

Ce coup-là, il était complètement paniqué. J'ai ajouté :

« Quoi, t'entends pas des bruits bizarres ? »

Au même instant il y avait eu effectivement des bruits bizarres dans les branchages à côté de nous. C'étaient ni les Allemands ni les gardiens, mais un couple de faisans gros comme des moutons que notre conversation dérangeait. J'ai crié :

« Vingt-deux, grand-père. Il y a quelqu'un ! »

Gagnant sur le vertige et la peur, grand-père s'était élancé et il y avait eu un grand « plouf » d'os et de caoutchouc.

« T'as rien de cassé, grand-père ? »

Il se relevait avec difficulté, cherchant du regard à percer la nuit. Non il n'avait rien de cassé :

« Qui est-ce ? C'est le gardien ou quoi ? »

Il parlait bas comme en 1940 dans les tranchées. J'ai dit :

« C'est rien, grand-père. C'était juste un Allemand qui passait et en te voyant il a dit : « Ce vieux-là il « est tellement sec qu'on en tirerait même pas un « savon. »

Grand-père, il avait été dans les transmissions avec de Gaulle jusqu'au jour où on lui avait demandé de sauter en parachute sur la France occupée. Mais là, au lieu d'être accueilli par les Résistants, il s'était fait cueillir par les Allemands et emmené chez eux au camp de concentration où il avait souffert de tortures et de désespoir. Quand il était revenu à l'hôtel Lutétia dans son pyjama rayé de bagnard, il pesait quarante-huit kilos mais ça ne l'avait pas empêché de flirter avec une infirmière de la Croix-Rouge, laquelle, ensuite, par amour, chagrin et pitié était devenue ma grand-mère.

Je connaissais tous les faits d'armes de grand-père et contrairement à mes copains je ne m'en lassais pas, sachant, moi, que la liberté ne s'achetait pas avec de l'argent mais avec son propre sang.

Vince, il avait écrit une chanson sur la liberté couleur champ de blé, couleur des étés, couleur vérité, mais en la lisant, M. Mandel, le directeur artistique de Bobby Laser, avait déclaré que ça le faisait chier d'autant plus que le thème de la liberté était éculé et galvaudé. Vince avait eu du mal à digérer la couleuvre mais heureusement un autre chanteur, un Pied-Noir fraternel, s'était mis à faire une musique sur les paroles et c'est comme cela que la *Liberté* de Vince était montée au hit-parade d'une radio périphérique.

Tout en fredonnant l'air de la chanson qui m'était revenu ce soir-là, j'avais monté la tente à l'aveuglette au milieu d'un petit bosquet. Comme il était hors de question de se servir des lampes électriques et du camping-gaz puisque nous étions en territoire interdit et que les ennemis risquaient d'envoyer une patrouille en éclaireurs, nous avions mangé froid, gardant le thermos de thé pour le petit déjeuner.

Grand-père n'avait pas fermé l'œil de la nuit. Il ne cessait de se tourner et de se retourner, il me cognait avec ses vieux os si bien que moi aussi j'étais resté sans dormir.

Léon, il avait couché sur un infâme grabat allemand pendant près d'un an mais c'était la première fois de sa vie qu'il couchait sous une tente. C'était aussi la première fois qu'il dormait ou plutôt qu'il essayait de dormir aussi près d'un autre bonhomme et même si l'autre n'était qu'un petit bonhomme de sa famille, ça le gênait de sentir le contact d'un pied, d'une main ou d'une joue. Le plus embêtant pour grand-père, c'était qu'il était obligé de faire pipi toutes les heures à cause de sa vieille vessie toute prostatique et qu'il devait s'extirper, en râlant tant que ça pouvait, de son sac de couchage et se mettre ensuite à ramper sur les coudes et les genoux pour sortir de la tente en grommelant : « Merde alors, la prochaine fois j'emporterai mon bassin. »

Je l'entendais se débattre contre les branchages et j'entendais aussi son pipi couler. Ça n'était pas un grand pipi d'amour, mais un pauvre pipi riquiqui sans compter qu'il n'en finissait pas de se secouer parce que c'était un maniaque de la gouttelette et que plus on vieillit plus on est têtu envers son corps et plus on le punit de ne pas vous obéir.

Comme ça me faisait de la peine de voir sortir Léon sans arrêt avec tant de difficulté j'ai dit :

« Écoute, grand-père, on va vider une gourde et tu en feras ton bassin. »

Il s'était senti vexé comme un pou mais au lieu de me gratter et de me piquer comme le font les poux vexés, il s'était retourné en refermant sur lui le zip de son duvet. J'ai écouté un long moment sa respiration saccadée et très irrégulière en me disant qu'il ne tiendrait jamais le coup en haute montagne et que j'avais tort de me moquer d'un aussi bon grand-père. Alors, pris de remords, j'ai frappé trois fois dans son dos comme on fait contre une porte et j'ai demandé :

« Y a quelqu'un là-dedans ? Est-ce que je peux vous parler, monsieur le grand-père du petit Alex ? »

Du fond du sac une voix répondit :

« C'est de la part de qui ?

— C'est de la part de quelqu'un qui est très malheureux.

— Et pourquoi il est très malheureux ce quelqu'un ?

— Ce quelqu'un est très malheureux d'avoir rendu son grand-père malheureux. »

Il y avait eu un autre zip et le visage de Léon était sorti de sa bouderie. J'ai demandé :

« Grand-père, dis-moi la vérité. Pourquoi viens-tu au Népal ? »

Il avait essayé de se redresser, oubliant sans doute que la tente était si petite. Il s'en était fallu d'un cheveu qu'elle ne s'écroule. Comme il ne répondait pas j'ai insisté :

« Dis, grand-père, pourquoi viens-tu ?

— Tu le sais bien, Alex. J'y vais pour que tu puisses y aller toi-même. Sans moi ta mère ne te laisserait jamais partir. »

Bien sûr que je le savais mais ça me faisait du bien d'entendre grand-père le dire. Il ajouta :

« En tous les cas je te préviens, il n'est pas question que je récidive. C'est ma première et ma dernière séance d'entraînement.

— Suppose que Vince ne soit pas à Katmandou et qu'il faille partir le chercher ?

— Et pourquoi ne serait-il pas à Katmandou ?

— Réponds-moi, grand-père. Qu'est-ce que tu ferais ?

— Qu'est-ce que je ferais... qu'est-ce que je ferais, j'en sais rien, moi. Je lui laisserais l'argent dans une enveloppe et on reviendrait à la maison.

— Une petite enveloppe ou une grande ?

— Fiche-moi la paix, Alex.

— Trente mille francs, grand-père, tu crois que ça rentre dans une petite enveloppe ? Et l'enveloppe, à qui tu la laisseras ?

— Je ne sais pas, Alex. Peut-être à l'hôtel, peut-être à l'ambassade. On verra !

— Alors, comme ça, tu remettrais l'argent de ton fils à un étranger sans chercher à savoir pourquoi il n'est pas au rendez-vous, sans même te renseigner sur l'honnêteté du type. Hein, grand-père ? Suppose que le patron de l'hôtel, que l'ambassadeur soient des voleurs ?

— Alex, ton pessimisme me fatigue. Un mot de plus et j'abandonne. »

Grand-père, il était comme tout le monde. Il était formidable, bien sûr, mais il avait ses limites. De temps en temps, quand il en avait marre de faire le douanier, il fermait ses frontières.

Je m'étais recroquevillé dans mon duvet, la tête enfouie sous le capuchon. Bien sûr que j'étais pessimiste, et après ! Qu'est-ce que ça pouvait lui faire à Léon que je sois pessimiste ou optimiste. J'étais comme j'étais, voilà tout ! J'avais essayé de m'endormir en pensant que la vie était belle, qu'il y avait du rose plein les nuages et du vert plein les espérances. Au moment où j'allais enfin m'en persuader, grand-père, que je sentais très nerveux, avait murmuré :

« Hé ! Alex ! t'entends rien ?

— Non, grand-père, j'entends rien.

— Mais sors de là-dessous, bon sang de bois ! »

J'étais sorti de là-dessous pour entendre effectivement des bruits. Mais il n'y avait rien de bizarre, rien d'étrange ; c'étaient seulement les bruissements de la nuit. J'ai dit :

« T'en fais pas, grand-père, c'est juste le remueménage de la nature.

— Merde alors ! Tu en es certain ?

— Très certain, grand-père. Ce sont les arbres qui respirent ou des branches qui meurent. Des plantes malades qui se plaignent de l'estomac. Des mulots qui accouchent. Des vers de terre qui discutent avec les taupes. Pas des vieilles taupes comme Mme Tarojxy, ta voisine, mais des taupes tout ce qu'il y a de bien et qui s'en vont au cinoche ou au restaurant souterrains. »

Il n'en revenait pas, grand-père, que la nature soit aussi bruyante. Ça l'épatait :

« Ma parole ! Y a autant de boucan ici qu'à Bougival. »

Lui qui passait son temps à capter les conversations et les sexamourages de ses voisins s'étonnait du foisonnement de la vie.

« Sans blague. Mais t'entends pas qu'on s'approche ?... »

C'était vrai qu'on s'approchait, vrai qu'on aurait dit des pas d'homme écrasant des branchages. J'avais écarté prudemment le rabat de la tente et fais signe à grand-père de venir voir. C'étaient deux faisans insomniaques. Un mâle et sa poule qui s'avançaient vers nous. Les faisans, ça marche en roulant comme les loubards, les bateaux et les perroquets.

« Qu'est-ce qu'ils veulent ?

— Rien, grand-père. Ils viennent juste rendre visite à un vieux campeur et à son petit-fils.

— J'ai toujours cru que ces bestioles-là s'endormaient à la tombée de la nuit.

— Ça veut dire qu'elles ont été dérangées.

— Par qui ?

— Je ne sais pas, grand-père. Par une belette, par un écureuil, par un hibou, par le ronflement d'un merle ! T'as jamais entendu ronfler un merle, grand-père ?

— Non et toi ?

— Moi non plus. »

Les faisans étaient entrés dans la tente. Ils étaient si gras et si repus qu'ils avaient refusé mes miettes de pain. Grand-père, inquiet, s'était reculé jusqu'à en faire craquer la toile :

« Ils sont apprivoisés ou quoi ?

— Peut-être qu'ils te prennent pour le Président. Tiens, écoute-les parler : « « Bonjour, monsieur le « Président, et comment va la France ? Et comment « va Madame. Et comment vont les chômeurs ? » Alors grand-père, qu'est-ce que tu leurs réponds aux faisans ?

— Ça suffit ! Dis-leur de foutre le camp d'ici, Alex !

— Mais réponds, grand-père. Qu'est-ce que tu leur dis ? »

Il avait cherché sincèrement à leur parler, seulement comme il craignait de paraître ridicule, rien n'était sorti de sa bouche. Pour lui rendre service j'ai dit :

« Si tu es d'accord, je peux répondre à ta place ?

— C'est ça. Réponds-leur. »

C'est comme cela que je m'étais mis à parler aux faisans tandis que le mâle cherchait à entrer à l'intérieur de mon duvet. J'ai dit :

« Bonjour, monsieur le faisan. Je vais très bien, merci. Sauf que je ne suis pas le Président mais

simplement le grand-père du petit garçon pessimiste. J'ai horreur de la chasse mais malheureusement pour vous j'ai également horreur des faisans.
En conséquence de quoi, comme je meurs de
trouille, vous m'obligeriez en foutant le camp d'ici
et vite. Quant à vous, madame la poule faisane, si
j'osais je vous mettrais bien un micro-émetteur
dans le derrière pour savoir quel genre de bruit fait
l'œuf en tombant parce que, à vrai dire, malgré
mon grand âge je ne sais pas si vous êtes mammi-
fère ou ovipare. Voilà. Au revoir monsieur, au
revoir madame. Bonjour chez vous et à bientôt. »

Grand-père, il avait encaissé sans broncher parce
que, au fond, il adorait être taquiné bien qu'il eût
ses limites et des frontières.

Tout en mettant hors de la tente ces « bestioles »
qui ronronnaient comme des chats, je pensais que
là-bas, au Népal, ça ne serait pas des faisans qu'on
aurait la nuit mais des sangsues, des tigres, des
ours et aussi des yétis, sans compter les bandits, les
rebelles et les hippies drogués qui s'attaquent aux
randonneurs. Oui, je pensais que grand-père il était
merveilleux, pour sûr, mais qu'il aurait été encore
plus merveilleux s'il avait eu un peu plus de moelle
et un peu plus de farine.

On avait fini par s'endormir tous les deux presque en même temps sans rêver forcément des
mêmes choses, et l'on était si heureux d'être
ensemble sous la tente que, malgré sa prudence et
mon pessimisme, on ne s'était pas réveillés à temps
pour voir venir le danger.

Le danger, il était venu de la ferme à neuf heures
du matin alors que 'nous en écrasions encore.
C'était une ferme d'État évidemment, donc une
ferme qui nous appartenait un peu à grand-père et
à moi ; il n'empêche que le fermier, qui était aussi
un gardien d'État, donc un gardien qui nous appartenait également un peu, nous avait réveillés en
pointant sur nous un fusil à lunette. C'était un
énorme type à moustaches noires, une sorte de

Tarass-Boulba élevé dans les steppes présidentielles. Il était entré à quatre pattes, le fusil en avant et avait crié :

« Haut les mains ! Vos papiers ! »

En nous voyant émerger des capuchons, il avait baissé son fusil et écarquillé les yeux.

« Allez, sortez de là ! »

On était sortis et le soleil nous avait frappés en plein dans les yeux. Il faisait un temps splendide et tout autour de nous il y avait des dizaines de faisans complètement abrutis qui piétaient tranquillement. Le type avait longuement examiné grand-père qui en imposait vachement dans son knicker de velours côtelé et ses longues chaussettes rouges, puis il s'était tourné vers moi :

« Et toi, comment t'appelles-tu ? Quel âge as-tu ? Qu'est-ce que tu fous ici avec ce vieux ? »

Craignant que je ne réponde une bêtise ou une grossièreté, Léon prit les devants :

« C'est mon petit-fils. »

Très vite j'ai dit :

« C'est pas vrai, monsieur. Je ne le connais pas. Il m'a dragué dans les bois et il m'a entraîné là pour me violer. Vous êtes arrivé à temps, sinon je crois qu'il m'aurait assassiné.

— Sans blague, mon gars ?

— Je vous assure.

— Tu voudrais me faire croire que tu ne cours pas plus vite que lui ? Dis donc, tu ne lirais pas un peu trop les journaux, toi ! »

J'ai répliqué :

« Ma parole, je vous le jure ! Ce vieux-là est costaud comme un cheval. Il m'a attrapé, il m'a pris dans ses bras et hop, il m'a balancé de l'autre côté du portail.

— Tu te fiches de ma gueule ou quoi ? Tu veux que j'appelle les gendarmes de Versailles. Tu veux tâter de la maison de correction. Tu veux que je te passe les menottes ?

— Vous pouvez toujours essayer, monsieur. »

Le type avait sorti de sa poche une paire de menottes et me les agitait sous le nez :

« Allez, approche !

— Approchez vous-même ! »

Planté droit dans le soleil, grand-père reprenait ses esprits. C'est vrai qu'il avait fière allure, Léon. Étrangement il redoutait moins le gardien que ses faisans. Il dit :

« Pardonnez-lui. C'est un petit garnement. (Puis s'adressant à moi :) Je te préviens, Alex, ou bien tu cesses ta comédie ou bien je reviens sur ma décision. »

J'ai regardé grand-père dans les yeux et, voyant qu'ils luisaient de vérité, j'ai mis les pouces :

Grand-père, il était si honnête qu'il voulait payer tout de suite pour éviter les dossiers et les poursuites mais comme le gardien n'avait pas le droit d'accepter d'argent, ils s'étaient mis à discuter sur le manque de logique des gens qui font les lois. En payant aussitôt, cela économisait du temps, du papier, des timbres, de l'énergie, des tracasseries. Ah ! oui, ils étaient si parfaitement d'accord pour casser du sucre sur le dos de ceux qui nous gouvernent que je n'ai pu m'empêcher d'intervenir une nouvelle fois auprès du type.

« Excusez-moi, monsieur le garde, mais je dois vous avertir que l'homme auquel vous parlez n'est pas le premier venu. Sans lui, eh bien, aujourd'hui ça n'est pas Mitterrand qui chasserait ici mais Hitler ! »

Grand-père s'était mis à gémir :

« Je t'en prie, Alex, ça suffit.

— Mais non, grand-père, ça ne suffit pas. Sans toi, sans de Gaulle, sans tes transmissions et tes parachutages, tout ici, absolument tout, serait allemand. Des faisans allemands, une ferme allemande, des gardiens allemands. »

Grand-père, il répétait « ça suffit, ça suffit » mais au fond de lui, et ça se voyait à son tremblement des lèvres, il ressentait une certaine fierté. Comme le gardien ne savait plus très bien à quoi s'en tenir et à qui s'en prendre, j'ai continué sur mon avantage :

« Mon grand-père, monsieur le garde, il a beau être vieux et mal rasé, être maigre et mal foutu, tousser et manquer de farine, il a été jeune et bien rasé, costaud et en bonne santé, courageux et très machiste, d'ailleurs vous lui devez votre liberté ! »

Insistant auprès de Léon, j'ai ajouté :

« Vas-y, grand-père, montre-lui, au garde, ta carte d'ancien déporté. Pour une fois qu'elle peut te servir ! »

La photo de la carte représentait le visage d'un homme qui pesait quarante-huit kilos. On y remarquait surtout les grands yeux enfoncés dans leurs orbites et les pommettes qui saillaient sous la peau comme deux haches.

Le garde, perplexe, avait contemplé la photo et dit :

« Les Allemands, ils auraient pu au moins vous mettre une veste au lieu de vous prendre comme ça en pyjama ! »

Grand-père, il avait regardé le garde avec compassion et répondu d'une voix triste :

« Vous êtes trop jeune pour savoir, monsieur, qu'il ne s'agit pas d'un pyjama mais de la tenue rayée des déportés. »

Le garde, il avait vu, comme tout le monde, *Holocauste* à la télévision et c'est sans doute pourquoi il s'était soudain trouvé bête devant la remarque de grand-père.

Me rendant compte qu'on allait économiser cinq cents francs dont on aurait grand besoin au Népal, j'ai lancé :

« Allez, monsieur le garde, on efface tout et on recommence. »

Le garde était très ennuyé à cause des sentiments contradictoires qui devaient se bousculer dans sa conscience. D'un côté on le devinait prêt à pardonner, de l'autre il se demandait comment s'en sortir vis-à-vis du règlement et de sa fierté. C'est grand-père qui avait eu le dernier mot. S'adressant davantage à lui-même qu'au garde ou à moi, il avait dit :

« Il vaudrait mieux tout effacer et ne pas recommencer. »

Le garde s'était mis à sourire. Maintenant qu'il était décoincé, ça n'était plus un mauvais type. Peut-être connaissait-il lui aussi la chanson de Vince traitant du même thème. C'était l'histoire d'un bonhomme et d'une bonne femme qui s'engueulaient toute la semaine sauf le dimanche. Pour eux, le jour du Seigneur était sacré. On pouvait tout faire les autres jours, pas celui-là. La chanson était composée comme une messe intime, un grand pardon et le refrain disait ceci :

> *Hier samedi demain lundi*
> *Nous reprendrons la zizanie*
> *Mais aujourd'hui, comme c'est dimanche*
> *On efface tout et on recommence.*
> *Viens mon amour sèche tes pleurs*
> *On efface tout et on recommence.*
> *Oh ! mais que vois-je dans ton p'tit cœur*
> *Mon grand couteau, là jusqu'au manche.*
> *Hier samedi demain lundi*
> *Nous reprendrons notre boucherie*
> *Mais aujourd'hui, comme c'est dimanche*
> *On efface tout et on recommence.*

Ça continuait ainsi pendant quatre couplets, quatre refrains. Plus elle avait de bleus, plus il la couvrait de roses mais, en cours de semaine, les bouquets de rose du dimanche devenaient des bouquets d'ecchymoses.

Oui, le garde devait connaître la chanson de Vince...

GRAND-PÈRE et moi on avait eu droit à des adieux déchirants, si déchirants même que ça faisait mal dans la poitrine, tellement j'étais écartelé de l'intérieur entre l'amour de Nora et celui que j'éprouvais pour Vince. Bien que m'efforçant de ne pas le montrer, ça me tirait dur sur le cœur et aussi sur la glotte, à ceci près que l'on ne voyait point les soubresauts de mon cœur mais que l'on pouvait surprendre les tressaillements de la pomme d'Adam, là où l'émotion reste coincée lorsque l'on retient ses larmes. Entre Nora et moi, c'était un peu comme dans la chanson de Vince, on se faisait mal toute la semaine, mais aujourd'hui, jour du départ, c'était dimanche, alors on effaçait tout et on recommençait de zéro.

Nora nous avait accompagnés jusqu'à l'aire d'embarquement et jamais, je crois, elle n'avait tant parlé à grand-père, le noyant sous les conseils, comme si Léon aurait pu faire quoi que ce soit d'autre en dehors de m'accompagner. Nora, elle illustrait pour les enfants, elle cherchait des idées susceptibles de provoquer des grands sentiments et de rapporter beaucoup d'argent, mais Nora n'était pas très psychologue car les conseils ça n'était pas à grand-père qu'il fallait les donner, mais à moi puisque Léon c'était pas mon grand-père mais mon petit-fils. L'expérience, la force, c'est moi qui les possédais et pas lui. D'ailleurs, n'était-ce pas à moi, un môme de treize ans, qu'elle avait confié les trente mille francs de papa cousus dans un petit sac de toile attaché à ma taille par un cordon, que je portais à même ma peau sous mes knickers. Le sac de toile caché à l'intérieur du slip et retenu à la taille, c'était un truc de Vince, un truc que seuls les machos savent utiliser parce que les autres, les femmes ou les homosexuels, ils risqueraient de se le faire piquer en sexamourant ou en sexabouchant. Vince, lui, ne sexamourait jamais en marchant et si des fois, le soir à la halte, il avait envie d'une indigène autochtone, alors il prenait son orgasme sans retirer son slip. Vince, il gardait la grande monnaie, les gros billets, contre son ventre, ne prenant dans sa poche que de la menue monnaie, des petits billets de pays qui n'ont pas cours à la Bourse : comme cela, si des femmes malhonnêtes ou des bandits avaient eu dans l'idée de le cambrioler, ils n'auraient trouvé que ce que Vince voulait bien qu'ils trouvent.

Donc, Nora donnait des conseils à grand-père, le noyant sous les recommandations et grand-père, qui n'aimait pas Nora mais ne voulait pas la laisser sur une mauvaise impression, s'était mis à rédiger son testament à la hâte en plein milieu de l'aire d'embarquement. A force de lui prodiguer des conseils de prudence, des mises en garde à mon sujet, elle avait fini par lui donner une énorme angoisse existentielle et comme grand-père n'était pas en bonne santé vu qu'il approchait de la retraite éternelle et qu'il pouvait, d'un instant à l'autre, rentrer à tout jamais dans le ventre de la terre pour y accoucher de sa mort, il s'était mis à penser qu'il fallait peut-être consigner par écrit ses dernières volontés.

Il y avait plein de gens autour de nous et parmi eux une majorité de marcheurs, des trekeurs et des himalayistes, les uns en solitaire, les autres en groupe avec fanions et chefs comme chez les louveteaux et la plupart de ces gens qui s'en allaient à l'aventure parce qu'ils ne l'avaient pas trouvée au coin de la rue, à cause des voitures en stationnement, des parcmètres, des crottes de chien et de la pollution qui bouchait l'horizon, n'arrêtaient pas de nous examiner, grand-père et moi.

Nous étions pourtant habillés comme eux, avec les mêmes godasses, les mêmes knickers, les mêmes sacs à dos ; nous portions le même barda escarguesque comme tous ceux qui transportent leur maison ailleurs, mais notre différence à nous c'était, en surface du moins, l'âge et seulement l'âge. Moi, parce que les enfants sont en principe interdits d'exploits en des lieux réservés aux adultes et que du même coup, les leurs d'exploits en sont minimisés. Pour ce qui est de grand-père, c'était pareil mais à l'envers. Il avait beau être superbe dans ses vêtements de vieux bourlingueur et rédiger son testament sur le dos de ma mère, qui le lui avait prêté pour appuyer sa feuille de papier, le fait qu'il s'embarque pour Katmandou le dévalorisait. Il n'empêche que notre aventure à nous était drôlement plus complète que la leur puisqu'elle se doublait d'une expédition au cœur du sentimental. Retrouver papa, c'était également effectuer en pensée une de ces fabuleuses marches d'approche qui précèdent les ascensions et au cours desquelles les hommes apprennent à prendre leurs distances et à mesurer leurs connaissances. Entre Vince et moi, je le savais, il y avait des distances infranchissables, des années et des années d'emmurement, et je ne voulais pas laisser à un autre le soin de faire la marche d'approche. Peut-être même devrais-je manier la masse et le piolet pour casser le mur de glace dans lequel Vince s'était enfermé, se fossilisant dans une sorte d'éternité égoïste. Quoi qu'il en soit, je devais y aller très doucement de peur d'abîmer la statue.

Grand-père, dans son testament, il me laissait l'essentiel de ce qu'il possédait y compris son matériel d'écoute, son observatoire de Bougival et les cent quarante mille francs déposés à l'agence Écureuil de la Caisse d'Épargne. En cas de décès, Nora devenait son légataire universel, c'est-à-dire qu'elle était chargée par Léon d'exécuter ses ordres d'outre-tombe. Il n'y en avait pas très long sur le papier mais ça pesait malgré tout un sacré poids de détresse. Pendant qu'il pliait soigneusement ses dernières volontés et que l'hôtesse sans visage n'invitait toujours pas les passagers en partance pour New Delhi à monter dans l'avion, Nora avait demandé à Léon, d'un air très embarrassé, s'il avait prévu quelque chose au cas où il lui arriverait malheur en terre étrangère. Léon n'ayant rien prévu, on s'était mis à en discuter comme cela, tranquillement, comme si on parlait de la pluie et du beau temps. Finalement, il avait opté pour le rapatriement du corps bien que cela ne soit pas très sain de faire voyager un mort au milieu des vivants. Mais dans l'avion, alors qu'il parcourait un guide récent, il était tombé sur la description d'une incinération à Pashupatinath et tout de suite il m'avait dit :

« Dis donc, Alex, et si je me faisais brûler ? »

N'ayant pas compris de quoi il voulait parler, je ne répondis pas. Il insista :

« Merde alors, tu m'écoutes ou quoi ?

— Oui, grand-père, je t'écoute.

— Les hindouistes et les bouddhistes, mon cher Alex, on ne les enterre pas, on les brûle.

— Je sais, grand-père. Mais pourquoi tu me dis ça à moi ?

— Parce que c'est plus économique.

— Mais tu n'es pas bouddhiste, grand-père. Il faut y croire pour être brûlé.

— Oh ! tu sais, quand on est mort, qu'on soit brûlé ou enterré, coupé en morceaux ou embaumé... »

D'un ton faussement détaché, j'ai dit :

« Mais tu ne vas pas mourir, grand-père. T'es costaud, tu sais. Tu vas tous nous enterrer. »

Il m'avait regardé tristement en ajoutant :

« Et toi, Alex, ça ne te dirait rien d'être incinéré par un bonze ?

« — Dis donc, grand-père. Ça va pas la tête ?

— C'était juste une question comme une autre. On peut plus discuter ou quoi ?

— Je préférerais qu'on discute d'autre chose, grand-père. »


Grand-père et moi, c'était la première fois qu'on montait dans un 747 sauf que moi j'avais déjà pris des avions à réaction genre Caravelle, tandis que lui il en était resté aux forteresses volantes. J'aurais voulu m'asseoir près du hublot pour tenter d'apercevoir Nora, qui était restée à nous guetter de l'autre côté du satellite mais comme grand-père, à cause de son envie d'uriner toutes les heures, s'était mis en bordure de travée, j'avais cédé ma place à un Hindou qui revenait de visiter son cousin, marchand de tapis à Paris. L'avion était loin d'être plein mais les hôtesses faisaient pareil que les garçons de restaurant. Elles groupaient les gens vers le milieu de l'appareil pour que ça fasse plus gai et surtout moins de boulot. A peine avions-nous décollé que Léon, victime de la pesanteur qui appuyait sur la prostate, s'était levé, filant vers les toilettes. L'hôtesse s'était précipitée, l'empêchant d'aller plus loin. Il avait été obligé de se rasseoir, regrettant sans doute de ne pas avoir emmené son bassin. Pour le punir de se comporter comme un gosse, je m'étais mis à siffloter entre mes dents à la manière des vachers qui incitent ainsi leur bétail à bien se vider la vessie. Léon était parti d'un rire forcé, un peu jaune, un peu aigre. En fait, il râlait plus qu'il ne riait. Ça se sentait, il en avait après l'hôtesse, ne lui pardonnant pas la vexation. C'était une très vieille hôtesse acariâtre avec un gros ventre et un gros derrière, une hôtesse qui était certainement grand-mère à terre mais qui ici, en plein ciel, se prenait pour une minette. Un peu plus tard, une fois le « fasten seat-belt » éteint et Léon aux toilettes, j'avais interpellé l'hôtesse au passage, lui faisant remarquer qu'elle avait eu tort d'empêcher grand-père de s'assouvir, parce que grand-père ce n'était pas un passager comme un autre, mais un ancien commandant de forteresse volante, même que c'était à cause de tous les atterrissages en catastrophe, de toutes les déflagrations, de toutes les bombes lâchées sur les villes allemandes que sa prostate ne fonctionnait plus très bien. L'hôtesse, qui était déréglée comme toutes les hôtesses par la faute du décalage horaire qui décale aussi les ovaires, s'était retranchée derrière le règlement en répondant que grand-père aurait pu se casser la figure et qu'elle avait agi pour son bien. Immédiatement j'ai répliqué que Léon ne se cassait jamais la figure, même en sautant en parachute, car malgré son âge, il sautait toujours, pas sur Kolwezi évidemment mais sur Toussus-le-Noble. C'était un mensonge vu que grand-père ne pouvait même plus sauter une femme étant donné son manque de farine. Cependant la vieille hôtesse, il me semble, en avait été très impressionnée. Nous en étions là de notre conversation quand le « fasten seat-belt » s'était rallumé et qu'au même moment le 747 s'était mis à plonger dans un trou d'air si bien que l'hôtesse, et pas seulement celle-là mais toutes les autres ainsi que les passagers debout dans la travée s'étaient retrouvés à quatre pattes. Par chance, le trou d'air avait été si vite reprisé par le Bon Dieu que l'avion put reprendre son équilibre. C'est alors que grand-père était revenu, livide et flageolant sur ses jambes. En se laissant tomber dans son siège il a dit :

« Merde alors, Alex ! J'y comprends rien mais j'ai dû faire une connerie. »

Tout bas j'ai demandé :

« T'as fait dans tes knickers ou quoi ? »

Il a haussé les épaules et poursuivi :

« J'ai dû me tromper de bouton.

— De quel bouton tu causes, grand-père ?

— Du bouton de la chaîne. Figure-toi qu'au

moment où j'appuyais dessus, à la seconde même, l'avion a perdu son équilibre.

— Voyons, grand-père, c'est une coïncidence. C'est tout ! Tu ne crois tout de même pas qu'ils mettent des manettes de commande dans les toilettes ? »

Grand-père, il se faisait tellement de bile, il avait tellement insisté pour que j'y aille à mon tour, que j'ai fini par céder à son caprice.

J'avais donc été m'enfermer dans les toilettes, appuyant et tirant sur tout ce qui bougeait et pendait, poussant du coude et du soulier les volets et les battants.

Comme il ne s'était rien passé de surprenant durant mon absence, grand-père s'était mis dans la tête que je n'avais rien touché du tout et c'est pourquoi on dut, quelques instants plus tard, y retourner tous les deux et ce fut plutôt humiliant pour moi de rentrer dans une toilette d'avion accompagné d'un vieux bonhomme.

C'est Vince qui m'avait appris à soulever les sièges des W.-C. avec la pointe de mon soulier, de même que je savais ouvrir les portes et fermer au verrou à l'aide de mes seuls coudes. Vince, il était obsédé par l'idée qu'il aurait pu attraper la syphilis ou la blennorragie en touchant par mégarde une goutte de pipi contaminé. Vince, il voulait bien finir comme Herzog, avec des doigts et des orteils en moins, mais surtout il ne voulait pas finir comme Maupassant ou Gauguin, complètement ravagé par les chancres et la folie.

Grand-père n'était pas aussi maniaque que son fils ; il n'ouvrait pas les portes avec ses coudes, ne soulevait pas la lunette des W.-C. avec ses pieds ; néanmoins, comme il avait eu la peur de sa vie, il préféra par la suite laisser aux autres le soin de tirer la chaîne.

En recevant leur plateau-repas, un groupe de marcheurs qui se trouvaient juste derrière nous avaient entonné : *Tiens, voilà du boudin*. Ça n'était pas du boudin, naturellement, puisque sur ces lignes-là c'est bondé de musulmans et que les musulmans n'aiment pas le cochon, mais les marcheurs, faute de pouvoir se détendre les jambes, se détendaient l'esprit. Bientôt, tout l'avion s'était mis à chanter *Tiens, voilà du boudin,* autant vous dire que les hôtesses et les stewards affichaient une sale tête parce que, eux, ils y croient vachement aux aliments qu'ils servent.

Après le dîner, le pilote nous avait fait savoir qu'on allait sûrement brûler l'escale de Téhéran, étant donné qu'il n'avait toujours pas reçu l'autorisation de s'y poser, mais qu'il ne fallait pas s'en faire, que tout allait bien puisque nous possédions assez de carburant pour gagner l'émirat de Dubaï. En apprenant qu'on allait se poser à Dubaï, grand-père avait été pris d'une joie soudaine car il avait su par un ami des ondes, qui était radio-amateur musulman, que le duty-free shop de Dubaï était merveilleusement achalandé en matériel d'écoute. N'ayant pas osé emporter son appareil miniaturisé de peur qu'on le lui confisque à la fouille de Roissy, il pensait que ce serait une occasion unique de s'en procurer un autre. Pour le faire enrager, d'une voix très sérieuse, j'ai dit :

« Dis donc, grand-père, maintenant que je suis ton héritier tu n'as plus le droit de dilapider ma fortune. »

Il m'avait regardé juste pour savoir si mon visage était aussi sérieux que mon ton et comme il n'y voyait aucune différence, il a répondu :

« Mais Alex, c'est mon argent de poche. Merde alors ! Tu ne vas pas te mettre à être pingre toi aussi ? »

Le « aussi » était adressé à ma grand-mère, l'infirmière avec laquelle il ne s'était jamais marié. Il paraît qu'elle était si avare que lorsque Vince est né, en 1946, elle s'est accouchée toute seule à la maison. D'accord, c'était une infirmière professionnelle et elle savait comment s'y prendre au cas où l'enfant serait sorti à l'envers mais ça n'aurait pas empêché papa d'être atteint de facteurs rhésus ou de la maladie bleue et de rester handicapé à vie. Pour un marcheur, ça n'est pas indiqué.

Voulant éviter de rappeler à grand-père de trop mauvais souvenirs, j'ai dit qu'il s'agissait d'une plaisanterie et que si jamais je venais à disparaître avant lui, je lui léguais ma montre à quartz, mes roller-skate, mon train électrique, ma chaîne stéréo et mon sac à dos. Il avait répondu d'une voix grave :

« Est-ce que tu peux me l'écrire noir sur blanc ? »

J'ai regardé son visage, histoire de me rendre compte s'il était aussi grave que sa voix et n'y voyant aucune différence, j'ai dit en le parodiant :

« Merde alors, grand-père. Tu ne me fais plus confiance, ou quoi ?

— Écris, je te dis. »

Comme je n'avais pas de papier, il a déchiré la page de garde du guide qu'il gardait entrouvert sur ses genoux et me l'a tendue :

« Bon, maintenant tu vas noter ce que je te dicte : Moi, Alex Valberg, treize ans, je lègue par la présente à mon grand-père Léon Valberg, quatre-vingt-deux ans, mon foie, ma rate et ma vésicule biliaire. »

Il était formidable, Léon. J'ai demandé :

« Dis, grand-père, ça ne te rappelle rien, la vésicule biliaire ? »

Bien sûr que si, ça lui rappelait quelque chose. Léon, il était comme moi, il se souvenait de toutes les chansons de Vince. Celle-ci de chanson s'appelait *La bavure*. C'était l'histoire d'un type qui promenait tranquillement son chien dans la rue quand soudain, les flics, le prenant pour un autre, se jettent sur lui et le matraquent. S'apercevant de leur méprise, les flics se mettent à chanter :

> *Excusez-nous c'est une bavure*
> *Une petite bavure de rien du tout*
> *De toute façon mon cher monsieur*
> *Le cuir chevelu ça se recoud.*

Aussi sec on conduit le type à l'hôpital mais là les infirmiers se trompent de salle d'opération et au lieu de lui recoudre le cuir chevelu, des médecins l'opèrent de la vésicule biliaire. S'apercevant de leur méprise les médecins lui chantent :

> *Excusez-nous c'est une bavure*
> *Une petite bavure de trois fois rien*
> *De toute façon mon cher monsieur*
> *La vésicule ça ne sert à rien.*

Quelques jours plus tard, le type rentre chez lui et là, manque de bol, il trouve sa femme au lit avec un autre bonhomme. Mais sa femme, au lieu de se démonter, lui chante :

> *Faut m'excuser c'est une bavure*
> *Une petite bavure de trois fois rien*
> *De toute façon mon cher mari*
> *Quand je te trompe ça me fait du bien.*

Devant cette accumulation de malheurs, le pauvre type pense à se suicider. Il prend un revolver dans le tiroir de sa table de nuit. Sa femme, croyant qu'il va tirer sur son amant, se précipite pour le désarmer. Manque de bol, le coup part et elle s'écroule assassinée. Alors le mari s'adresse à l'amant et lui chante :

> *Excusez-moi c'est une bavure*
> *Une petite bavure de rien du tout*
> *De toute façon mon cher monsieur*
> *C'est vous qu'avez tiré le coup.*

Vince, il écrivait des chansons drôles mais il en écrivait aussi des tragiques parce que, disait-il, personne n'est entier ni carré. Les chansons de Vince reflétaient la vie ! Elles étaient tantôt en bas, tantôt en haut, tantôt avec le moral à zéro, tantôt avec le moral au zénith. Parfois elles sentaient les fleurs et s'épanouissaient au soleil. D'autres fois elles étaient tristes comme du bois mort sous la neige. Il y avait des chansons papillon, des chansons libellule, des chansons bourdon ou cafard. Des chansons claires ou noires, des chansons à boire et à manger, des chansons d'amour et de haine. Mais Vince, au lieu de les concevoir au premier degré comme le font la plupart des paroliers, jouait avec les idées et les mots, torturant son texte, si bien que l'on ne savait pas vraiment si la chanson drôle était grave ou si c'est la chanson grave qui était drôle. Les spécialistes disaient que Vince se servait de l'humour pour faire passer son message, mais les spécialistes se trompaient car Vince faisait exactement l'inverse, il se servait du message pour faire passer l'humour.

Après le repas, comme grand-père se sentait fatigué, nous avions obtenu de l'hôtesse qu'elle le laisse s'installer à l'arrière de l'appareil. D'abord il était plus près des toilettes et surtout il avait pu allonger ses vieilles jambes et même ôter ses godasses type trappeur Plume. Il n'était pas très confortablement installé vu qu'il avait placé sa tête côté travée au lieu de la mettre contre le hublot mais dans l'ensemble les passagers qui se baladaient un peu partout faisaient attention de ne pas trop la cogner. L'avion étant rempli de marcheurs, ceux-ci n'arrêtaient pas d'aller et venir, certains lentement, juste pour se dégourdir, mais d'autres en profitaient pour performer, même que l'un d'eux, un type dans les trente ans, s'était fixé un pédomètre japonais à la ceinture. Pendu sur la hanche, le compteur du pédomètre enregistrait tous ses pas, les vrais mais aussi les faux car le simple tremblement d'un muscle suffit à projeter l'aiguille en avant. Le pédomètre, c'est bien plus utile à un jogger qu'à un marcheur, ou mieux encore à un frimeur. Comme le type passait et repassait environ toutes les minutes et qu'à chaque fois il effleurait le bonnet de laine de grand-père, il avait fini par le faire tomber sans même le ramasser et s'excuser alors je m'étais mis à gueuler après lui en criant très fort pour que tout le monde m'entende. J'en avais profité pour dresser un fabuleux portrait de grand-père, lui tissant sur-le-champ une légende en or. Tout le monde m'entendait, sauf lui bien entendu, qui en écrasait en ronflant, et c'était mieux ainsi, parce que grand-père aurait sans doute démenti. J'ai raconté qu'il avait tenté à plusieurs reprises l'ascension de l'Everest et pas seulement la face népalaise avec le père de Tensing, mais aussi la face chinoise du temps où Tchang Kaï-Chek persécutait Mao Tsé-Toung. Grand-père, il avait été le grand précurseur, l'as des as, le Baron Rouge de la montagne et tous autant qu'ils étaient, les Tilman, les Herzog, les Lachenal, les Lambert, les Jager, les Hillary, les Mesner lui devaient respect et idolâtrie parce que sans grand-père, aujourd'hui on connaîtrait à peine leurs noms. Grand-père, non seulement il avait failli atteindre le sommet du Kancheniunga en 1926 mais il s'était payé la Nanda Devi en 1932, le Tapkhu en 33 et le Saipal en 36. C'est là, au Saipal, dans une tourmente d'éléments déchaînés, qu'il avait perdu sept orteils sur dix, ce qui ne l'avait pas empêché deux ans plus tard, muni de prothèses, de changer de continent et de s'attaquer à l'Aconcagua, le toit des Andes, même que là, touchant au but, il avait dû abandonner à cause d'une escadrille de condors irascibles et écologistes qui s'étaient mis à défendre furieusement leur indépendance enneigée.

Il y avait plein de gens autour de moi, des passagers naturellement, mais aussi des hôtesses et des stewards, sans compter le frimeur du pédomètre tellement impressionné qu'il en avait ramassé le bonnet de grand-père et se l'était mis sur la tête. Il y en avait qui souriaient parce qu'ils n'y croyaient pas, d'autres au contraire, vraiment convaincus, contemplaient Léon avec admiration. Sur ma lancée, voulant frapper un grand coup et réduire au silence les sceptiques, j'ai dit :

« Si vous ne me croyez pas, touchez donc ces doigts de pied-là ! »

J'avais attrapé à pleine main les orteils de grand-père dissimulés sous la longue chaussette rouge mais malgré mon insistance, et c'est heureux, personne n'avait osé toucher :

« Du plastique je vous dis, du vrai plastique ! »

Une dame assez âgée, dans les quarante et quelques, habillée d'une jupe-culotte et chaussée de baskets en cuir blanc de chez Nike, demanda :

« Dis-moi, mon petit, cette fois-ci il va s'attaquer à quel sommet, ton grand-père ? »

Elle pensait me prendre au dépourvu, me faire mordre la poussière de la honte mais j'étais bien trop malin pour me laisser piéger par une petite vieille qui avait dû marcher bien davantage les jambes en l'air que les pieds par terre. D'une voix un peu surprise j'ai dit :

« Oh ! mais madame, grand-père est bien trop âgé et bien trop usé pour s'attaquer à quoi que ce soit... »

Puis, prenant un air énigmatique, j'ai fait celui qui savait un secret mais ne pouvait le révéler. Elle a demandé :

« Vous allez seulement à Katmandou alors ?

— Non, pas vraiment... Enfin... C'est-à-dire que... »

Un steward avait pris le relais. C'était tout à fait le genre trafiquant de drogue marseillais. Il devait en avoir plein ses doubles talons. Il dit :

« Faut pas pousser, bonhomme. A mon avis, vous ne devez pas aller bien loin. D'ailleurs ça ne serait pas prudent pour sa santé.

— C'est vrai ça, reprit la dame, on ne peut pas être et avoir été. L'organisme a des limites. Un accident est si vite arrivé vous savez ! »

Ils s'étaient mis à parler entre eux de thrombose et d'infarctus, d'assurance et de médecins convoyeurs, de pattes cassées et d'intoxications alimentaires, de pastille de chlonazone, de bouillies, de thé salé, de Novaquine, d'Intetrix et de Ganidan. De temps en temps, ils jetaient à la dérobée un regard sur grand-père mais on voyait bien qu'ils s'en foutaient parce que, au fond, le passé glorieux d'un grand homme ne valait pas leur présent à eux. Profitant d'un blanc dans leur conversation et craignant que Léon ne finisse par se réveiller, j'ai dit :

« Oh ! vous savez, mon grand-père, il n'a plus besoin de précautions intestinales parce que là où il va... »

Voyant que je les intéressais de nouveau, j'avais raconté que grand-père, jadis, entre deux ascensions, s'étaient converti à l'hindouisme et que maintenant, sentant sa mort venir, il se rapprochait peu à peu du Gange, la mère de tous les fleuves, pour y subir la crémation à Pashupatinath et faire disperser les cendres de son vieux corps mutilé dans la rivière Bagmati.

Ça avait jeté un froid bien sûr dans les travées mais la blague était si énorme, si folle, que personne ne put supposer qu'elle fût inventée.

Si l'on prenait grand-père pour un vieil alpiniste original, on me prenait, moi, pour le petit-fils modèle qui profitait de ses vacances de Pâques pour mener son aïeul au bûcher. Fier d'être ainsi perçu par ces étrangers, je m'étais empressé d'ajouter que tout en étant formidable, mon grand-père n'arrivait pas à la cheville de mon père. Ainsi, lorsqu'ils apprirent que j'étais non seulement le petit-fils de ce héros aux orteils gelés mais également le fils de Vince Valberg, l'auteur de chansons à succès, je devins tout à fait crédible. La dame à la jupe-culotte et aux chaussures de chez Nike connaissait en gros, en très gros même, l'histoire de Vince. S'intéressant au show-bizz, elle avait appris par les journaux la disparition de papa et suivi son cheminement à travers de brefs communiqués rédigés par des échotiers qui donnaient dans le sensationnel. Aucun de ces échotiers n'était venu nous consulter ni maman ni moi, mais pourtant ils faisaient comme s'ils tenaient les informations de première main, laissant entendre parfois que Vince avait préféré les harmonies du moulin à prière à celles du synthétiseur, d'autres fois que Vince avait dit adieu au Tout-Paris pour dire bonjour au Tout-Népal ou encore qu'il ne s'était pas retiré dans un monastère comme M. Mandel aimait à le faire croire, mais qu'il était parti vivre un grand amour au pays du Yéti avec une fille qui n'avait rien d'une guenon.

Nora qui n'aimait pas, et pour cause, que l'on fasse courir de semblables bruits, avait attaqué en diffamation l'hebdomadaire responsable mais elle avait été déboutée de sa plainte parce que laisser entendre que Vince mamourisait ne signifiait point qu'il sexamourait vraiment. Nora était restée sans voix avec son préjudice moral en travers de la gorge. Certes, tous les journaux n'étaient pas aussi diffamants puisque certains s'approchaient de la vérité en retraçant l'itinéraire de Vince ; aucun cependant, pas plus *L'Equipe* que la revue *GR*, ne disait qu'il était parti à la recherche de l'inspiration. Pour les uns Vince marchait derrière une fille, pour les autres il était le type même du sportif écologique mais personne à part moi ne savait qu'il courait derrière sa baleine blanche.


Léon avait dormi comme une souche jusqu'à l'escale de Dubaï, ne se doutant pas qu'il était devenu célèbre pendant son sommeil. Comme les passagers qui s'apprêtaient à descendre dans la fournaise de Dubaï — il faisait au moins 50 au-dessus de zéro sur l'échelle de Farenheit — allaient presser grand-père de questions, j'avais insisté afin qu'il joue mon jeu. Pensant que j'en avais profité pour le débiner, il m'avait jeté un regard horrifié :

« Qu'est-ce que tu as encore été raconter, Alex ? Merde alors ! J'en ai plein le dos, tu sais, de tes mensonges.

— C'est pas des mensonges, grand-père. J'ai seulement poussé un peu la vérité du coude.

— Ah ! ça doit être du joli.

— Mais enfin, grand-père, c'est tout de même pas ma faute si tu n'es pas à la hauteur de mes espérances. »

J'ai vu le moment où il allait m'allonger une gifle. Je me suis reculé et j'ai ajouté :

« Tu crois que c'est marrant pour moi d'avoir un père mythique et un grand-père pantouflard. Je t'ai fait passer pour un autre, c'est tout. Je t'ai imaginé comme j'aurais souhaité que tu sois. »

Les passagers commençaient à descendre. A travers le hublot, dans la nuit moite, on apercevait les bâtiments de l'aéroport éclairés par des myriades de lampadaires, à croire que les émirs étaient venus faucher les nôtres place de la Concorde. En relaçant les cordons de ses Trappeurs Plume, Léon a demandé :

« Puis-je savoir comment tu m'as imaginé au moins ?

— Je t'ai imaginé tel un héros, grand-père, tel un grand ascensionniste, tel un dieu de la montagne. Tu étais tout en haut de l'Ama Dablam, pareil au Génie de la Bastille, mais au lieu d'avoir des ailes aux bras, toi tu les avais aux pieds. »

Il n'arrivait pas à nouer ses lacets trop longs. Je lui ai montré comment s'y prendre et j'ai dit :

« Alors, grand-père, c'est O.K. ?

— C'est O.K. quoi ?

— Tu ne démentiras pas. Tu ne me feras pas passer pour un menteur ! »

Grand-père, il était courbatu de partout. Il était arthrosique, rhumatismal et pantouflard. En se levant il avait failli m'entraîner dans sa chute. J'ai dit :

« Alors tu réponds ou quoi, espèce de vieux bonhomme ? »

Il avait beau avoir deux fois ma taille, il ne m'impressionnait pas du tout. J'ai dit :

« Bon, puisque c'est comme ça, je divorce de toi. »

Je l'avais doublé puis en me faufilant entre les gens j'étais parvenu avant tout le monde au pied de la passerelle. Il était resté un instant là-haut, n'ayant rien d'un génie, rien d'un dieu. Je savais qu'il me cherchait, qu'il avait besoin de moi, qu'il ne pourrait peut-être même pas descendre tout seul tellement il souffrait des genoux, mais quand j'ai vu l'hôtesse acariâtre le prendre par le bras comme un vieux et l'inviter à la suivre, je n'ai pu le supporter alors je suis remonté en vitesse l'aider.

Il a remercié l'hôtesse de sa gentillesse et m'a pris par la main. Arrivé en bas de la passerelle, à moitié asphyxié par l'émotion et l'air lourd qui puait le kérosène, il s'est arrêté un instant. Il me tenait toujours par la main. Tout à coup il m'a soulevé le bras et il a demandé :

« Montre-moi un peu ton coude pour voir.

— Pour voir quoi, grand-père ? »

En faisant semblant d'examiner cette partie du bras il a dit :

« Merde alors ! Tu as si bien poussé la vérité du coude que je ne sais plus ni qui je suis ni qui tu es. »

Nous étions restés une heure et demie à Dubaï en plein luxe et opulence. Grand-père, il avait comparé l'aéroport au palais des Mille et Une Nuits mais à mon avis c'était plutôt la caverne d'Ali Baba, sauf qu'ici les voleurs n'étaient pas quarante mais bien davantage. Les voleurs, ils étaient derrière leurs comptoirs sur lesquels s'étalaient de rutilantes marchandises. Ils étaient coiffés d'une serviette comme Yasser Arafat sauf qu'au lieu de vendre des armes et de tirer sur les Israéliens, ils proposaient des super-gadgets électroniques en tirant sur leur narguilés. C'étaient des gens très pacifiques, très commerçants et très patients malgré les milliers et les milliers de montres à quartz qui affichaient l'heure de tous les décalages horaires.

Les passagers s'étaient rués frénétiquement dans les boutiques, carte de crédit et dollars à la main. La plupart s'achetaient du whisky et des cigarettes, des montres et du parfum, mais celui qui aurait voulu repartir de Dubaï avec un souvenir de l'Orient en aurait été pour ses frais, car il n'y avait rien d'arabe en ces lieux. Ni tapis, ni jeux d'échecs, ni plateaux en cuivre repoussé, rien, pas même un petit baril de pétrole ou une vieille pétoire comme celles que l'on vend à Marrakech. Grand-père, heureusement, il s'en fichait pas mal des souvenirs orientaux. Mû par une sorte de septième sens, il avait retrouvé ses jambes, son tonus et filé tout droit dans un magasin où l'on offrait, entre autres matériels sophistiqués, la panoplie complète du parfait espion. Ça nous avait coûté un maximum évidemment mais il possédait maintenant quatre micro-émetteurs pas plus gros qu'une épingle à cheveux et un récepteur susceptible de capter plusieurs conversations à la fois et que l'on pouvait dissimuler sous une cravate.

Il avait tellement eu peur, grand-père, qu'on le surprenne en train de satisfaire à son vice qu'il ne s'était pas cru obligé de marchander, préférant payer cash sans lancer la discussion. Il parlait un anglais super que le général de Gaulle lui avait appris à Londres lorsqu'il transmettait les messages à la Résistance, et comme nous avions encore du temps devant nous, vu qu'il s'était dépêché d'en finir, on s'était mis à déambuler le long de cette fausse place de la Concorde qui brillait de tous ses feux pour s'arrêter enfin dans une cafétéria genre Maxim's.

On s'était retrouvés en compagnie d'autres passagers en difficulté avec leur anglais et Léon avait expliqué à l'un d'eux, un chef de groupe qui ne comprenait pas pourquoi on refusait de lui servir un scotch, que l'alcool est prohibé en pays musulman. Le gars n'en revenait pas. Il s'était mis à gueuler contre la connerie et l'hypocrisie des Arabes, lesquels vendaient du whisky aux duty-free shops tout en refusant d'en servir au bar. Grand-père que ses achats avaient rendu de bonne humeur s'était saisi de l'occasion pour faire plaisir à son petit-fils. Grand-père c'était un fabuleux espionneur, un extraordinaire mytho-maniaque. En levant son verre de jus d'orange, il avait dit :

« Si je puis me permettre un conseil, jeune homme, ne vous détruisez pas l'organisme. Buvez du jus de fruits, du café, du thé, mais si vous devez un jour prochain vous dépasser, faites-moi plaisir, laissez l'alcool aux alcooliques. Jamais je n'aurais réussi le moindre de mes exploits, l'ascension de l'Ama Dablam par exemple, en étant imbibé d'alcool telle une mèche de lampe tempête. »

Comme le type s'était senti vexé par la tirade moraliste de Léon et qu'il possédait sans doute quelques notions d'alpinisme, il avait perfidement demandé :

« En quelle année, monsieur, l'Ama Dablam ? »

Sans se démonter, grand-père s'était tourné vers moi. Il savait que j'étais incollable et me faisait confiance :

« Excusez-moi mais la mémoire me faisant défaut, je préfère m'en remettre à mon petit-fils. C'était en quelle année, Alex ?

— En 36, grand-père, rappelle-toi, tu étais avec Ang Khami, même que vous avez commis là un drôle de sacrilège, parce que pour s'attaquer à la montagne sacrée il faut un sacré culot. »

Grand-père avait enchaîné. Il brodait magnifiquement racontant qu'il avait dû faire venir de France via Diarjeeling une pendule style Napoléon III. Ce présent offert au roi Rana avait apaisé son courroux. Il n'en avait pas été de même hélas ! avec les bonzes du monastère de Thyangboche qui s'étaient montrés intraitables débitant à coups de serpe son pauvre sherpa Ang Khami.

Alors que les membres du groupe commentaient entre eux cette atrocité, grand-père cligna de l'œil et me souffla :

« Qu'est-ce que je fais, Alex. Je m'arrête ou je continue ? »

*Je m'arrête ou je continue,* c'était aussi une chanson de Vince. Elle traitait du thème de l'indécision, de l'impossibilité qu'ont certains hommes à choisir. Au début de la chanson, le héros n'a que quinze ans. A la fin on s'aperçoit qu'il en a cent cinquante et qu'il en est toujours au même point. La chanson commençait comme cela :

> *J'ai quinze ans. Qu'est-ce que je fais ?*
> *Je m'arrête ou je continue ?*
> *J'ai trente ans, où j'en suis ?*
> *A la fin ou au début.*
> *Je passe le bac ou j' deviens cloche*
> *Je rentre en Fac ou au cinoche*
> *J' prends la porte ou je m' supporte*
> *J' fume du hash ou des gauloises*
> *J' fais des casses ou des ardoises*
> *J' deviens artiste ou bien dentiste*
> *Je quitte mes vieux ou j' reste chez eux*
> *Je reste comme ça ou j' persévère*
> *Je chante la la, ou bien la laire !...*

En fait, Vince n'avait pas eu besoin d'aller chercher bien loin son inspiration. Il était lui-même comme le héros de la chanson, incapable de dire « oui ou non », préférant se laisser transbahuter par l'existence telle une bouteille à la mer en se disant

96

qu'il finirait toujours par échouer quelque part. Pour sûr qu'il avait échoué quelque part, Vince, mais fallait-il encore qu'il puisse en repartir. Peut-être s'était-il ensablé dans les neiges et qu'il patinait en essayant de s'en dégager. Oui, Vince, il avait sûrement besoin soit d'un cric, soit d'une bouée, soit d'une corde ou d'un treuil capable de le tirer de là. Naturellement que j'avais trouvé sa bouteille à la mer et son message intact à l'intérieur de moi malgré l'érosion des vagues à l'âme. Bien sûr que j'arrivais avec des bouées et des treuils plein les bras pour le sauver, mais fallait-il encore qu'il se laisse repérer.

Le plus ennuyeux, c'est que le Dhaulagiri Lodge ne figurait pas sur la liste des hôtels de Katmandou et qu'aucun guide, pas même celui du « routard », ne le mentionnait. Le chef de groupe lui-même, il en était à son troisième voyage au Népal, n'avait jamais entendu parler du Dhaulagiri Lodge. D'après lui, ça devait être une de ces nombreuses petites auberges à hippies ou à vagabonds qui pullulent dans les rues avoisinant New Road. Seul un conducteur de rickshaw serait à même de dénicher le Lodge de papa.

N'ayant pas supporter l'espèce de dédain qui perçait dans la voix du chef de groupe se permettant ainsi d'allusionner que papa était trop pauvre pour se payer un bon hôtel, j'avais retiré mon petit sac de toile de son abri secret et montré la fortune qu'il contenait. Papa pouvait tout se permettre tellement le pognon tombait à la Sacem, rien ne l'empêchait de descendre à l'Oberoï, à l'Annapurna et au Yak and Yeti, les trois plus grands hôtels de Katmandou. Papa, il aurait même pu prendre ses trois repas chez « Boris ». Boris, c'était le patron du plus grand restaurant de Katmandou mais c'était aussi une espèce de rentier de l'aventure qui s'était reconverti dans le gastronomique. Papa nous avait parlé de lui à plusieurs reprises dans ses lettres car lorsqu'il en avait marre de manger des galettes à la farine de sorgho et du riz au dâle, de passage à Katmandou, il s'arrêtait toujours chez Boris.

Mais Vince, il se foutait complètement de l'argent. Quand il en avait il le dépensait, quand il n'en avait pas il dépensait moins. Vince, c'était pas le type à se rendre malade sous prétexte qu'il faut garder la face à tout prix et changer de voiture chaque année. Vince n'allait pas à l'argent, c'était l'argent qui allait à Vince et cela lui donnait suffisamment de liberté et d'indépendance pour qu'il puisse se permettre de naviguer avec détachement entre le strict minimum et le grand luxe. Notre concierge, la mère du C.R.S. blessé en 68, disait souvent à propos de papa qu'il aurait pu figurer à la une de *Point de Vue Images du Monde* si seulement il avait eu dans l'idée d'épouser une princesse au lieu d'épouser une illustratrice et d'aller dormir dans un palace plutôt que de coucher sous la tente. Il était comme ça papa, tellement distingué qu'il distinguait tout ce qu'il touchait et qu'il touchait tout ce qu'il distinguait. Dès qu'il apparaissait, de par sa seule présence, Vince était capable de transformer l'endroit où il se trouvait de sorte que le taudis devenait palais et le bidonville une ville rutilante, à croire que son monde secret, son quant à soi enrichissait les choses et les personnes. C'était pareil avec le paysage. Parfois il dressait sa tente au milieu d'un pré tout bête ou bien il accrochait son sac de couchage entre les poteaux du terrain de foot, alors tout de suite, comme par enchantement, la nature, le stade prenaient une allure qu'ils n'avaient pas auparavant. Il faut dire que Vince ne dressait pas sa tente n'importe où comme la plupart des gens fatigués ; Vince, d'ailleurs, n'était jamais assez fatigué pour s'abandonner au hasard, il avait suffisamment de réserves en lui pour chercher son endroit de pause. S'il y avait de l'aristocratie chez Vince, il y avait aussi du chien chez papa, et telles ces bêtes sur le point d'excrémenter, il flairait, il tournait et retournait jusqu'à ce qu'il se trouve en harmonie avec le lieu. L'harmonie, il la ressentait parfois sur une hauteur ou dans un creux, dans un bois, un champ de chaume, un pré à pommiers ou même à la sortie d'un village. Elle n'était pas toujours évidente pour moi, cette harmonie, il n'empêche qu'une fois la tente montée, le camping-gaz et la pipe de papa allumés, le lieu se mettait à vivre intensément comme si nous étions arrivés, à la Salammbô, avec des chevaux caparaçonnés d'or et toute une armée de serviteurs zélés. Le comble, le point culminant de la fête, on ne le devait pas au thé à l'hydromel ni aux raisins de Corinthe comme chez Flaubert, mais à l'harmonica de Vince qui déversait des flots de blues à en faire déborder les rus à truites.

Vince ne se servait que très rarement de son sac de couchage-hamac, préférant, cela faisait partie du plaisir, chercher son endroit de pause et nomadiser sous un toit plutôt que de bivouaquer à la belle étoile. Qu'il soit de toile ou de tuile, le toit avait pour Vince une importance capitale, aussi s'était-il employé dès mes premières marches à m'obliger de monter ma tente afin que l'immensité n'en profite pas pour venir m'angoisser traîtrement de ses silences lugubres. Ainsi avais-je appris à m'abriter des pleines lunes et des nuits blafardes en restant replié sur moi-même au centre d'un espace à la mesure de l'homme, un espace où le rêve n'a que peu de chance de se prolonger en divagations. Vince ne redoutait pas les ténèbres, il voulait simplement se protéger des dimensions infinies qu'elles sont capables de dessiner sur la terre en un rien de temps ; aussi méprisait-il les bivouaqueurs d'occasion qui, sous prétexte d'économiser leurs gestes, se mettaient entièrement à la merci des sortilèges de la nuit. Sans être vraiment supersti-tieux, Vince avait ses manies et ses rites, ses peurs et ses pressentiments. Il était terriblement gaulois dans son comportement et, pour un peu, il aurait lancé son javelot contre les ciels de plomb et tiré ses flèches en direction des tonnerres, quitte à s'agenouiller quelque temps après devant l'arc-en-ciel. C'est pour éviter d'être soumis à la terreur ancestrale de la nuit, de délirer sur les ombres allongées et les spectres fantomatiques que Vince préférait s'enfermer entre ses murs de toile et garder au chaud, comme à la maison, ses pensées du jour qui sont généralement des pensées raisonnables même si elles paraissent un peu bizarres à certains. Mais il arrivait à Vince de sauter carrément la nuit et de se mettre en route à la tombée du jour, de façon à exorciser les vieux démons gaulois. Là, à grandes enjambées, il chevauchait plaines et forêts, s'éclairant, par temps couvert, de sa lampe frontale. En le voyant ainsi dévaler des kilomètres et des kilomètres d'obscurité, on aurait pu le prendre pour un mineur fou évadé de sa mine, poursuivi par des surveillants et leurs gros molosses.

Dès l'âge de cinq ans, Vince m'avait emmené faire une marche de nuit dans la forêt de Compiègne. Nous étions partis de Saint-Jean-aux-Bois en destination de Vic-sur-Aisne par le GR 12. En tout vingt-neuf kilomètres. J'avais tenu le coup jusqu'à Chelles, seize kilomètres, et puis se rendant compte qu'il ne me restait que mon courage et l'admiration que je lui vouais, il m'avait pris sur ses épaules et porté sans faillir jusqu'à Chavigny où nous étions arrivés à l'aube pour prendre le petit déjeuner dans une épicerie-buvette. Notre entrée avait fait sensation mais Vince, qui avait cinquante et un kilomètres dans les pattes, ne se doutait pas que le patron appelait les gendarmes tandis que sa femme nous servait du chocolat chaud et des tartines. A leur vue il s'était mis à engueuler les propriétaires de l'épicerie-buvette parce qu'ils voyaient le mal et le vice là où il n'y en avait pas. Papa détestait l'esprit petit-bourgeois des gens dont la vie est réglée comme du papier à musique et qui passent leur temps dissimulés derrière leurs volets à compter les fausses notes des voisins. Ça n'était pas lui bien sûr qui avait écrit *Les braves gens n'aiment pas que* mais ceux de l'épicerie correspondaient si bien aux personnages de Brassens, qu'il avait entonné la chanson à tue-tête en s'accompagnant à l'harmonica. Les gendarmes étaient restés déconcertés par la réaction de papa, lequel, tout en continuant à souffler et à chanter, avait présenté sa carte d'identité. Papa, qui connaissait la mesquinerie des gens et qui s'attendait à tomber dans tous les traquenards, pièges à loups ou pièges à cons, ne s'embarquait jamais sans ses papiers. En apprenant qu'il s'agissait de Vince Valberg et de son garçon, les gendarmes s'étaient excusés pour le dérangement causé. Vince, magnanime, leur avait offert un verre de blanc, refusant toutefois de payer le petit déjeuner aux cabaretiers parce qu'il fallait, disait-il, sanctionner les salauds dans ce qui leur tient le plus au cœur. Les gendarmes ayant décidé de fermer les yeux, le patron s'était écrasé vaincu par le regard glacé de Vince.

Comme il faisait beau et que je me sentais en forme pour continuer le voyage initiatique, Vince avait proposé de rejoindre Moulin-de-Laffaux par Margival, quatorze kilomètres de plaine assez morne, où l'on sentait encore les odeurs de la Grande Guerre. Nous avions marché à mon allure en s'arrêtant pour cueillir des mûres et des fleurs puis, touchant au but vers dix heures, on s'était assis en attendant notre taxi au pied du monument aux morts de l'artillerie de marine. On ne savait pas vraiment pourquoi les artilleurs de la marine s'étaient fait faucher ici, aussi loin des océans, et pendant que papa se renseignait auprès du garde-champêtre qui annonçait la venue d'un cirque pour le lendemain dimanche, je m'étais innocemment endormi parmi tous ces cadavres aux noms gravés dans la pierre. J'avais tout de même avalé mes quatorze kilomètres qu'il fallait ajouter aux seize de la veille. Certes, ça n'était pas grand-chose à côté de ·

l'exploit de Vince qui en avait digéré soixante-cinq plus mon poids porté pendant une partie de la nuit, mais compte tenu qu'à l'époque il devait avoir vingt-neuf ans et moi à peine cinq, ça n'était pas si mal. Dans le taxi qui nous ramenait à Saint-Jean-aux-Bois où nous avions laissé la voiture, Vince m'avait félicité. Il m'appelait son petit marcheur, son courageux, son artilleur, son grand bonhomme. Il était fier de moi, papa, car j'avais tenu le coup au-delà de ses espérances, que j'avais réussi à dormir sur ses épaules, comme Napoléon sur son cheval, sans tomber ni me plaindre, que l'on avait tous deux repoussé les attaques des cosaques dans une épicerie de Chavigny et pourchassé l'ennemi en déroute en cours de matinée. Je m'étais laissé cajoler et complimenter sans comprendre pourquoi c'était si important de se baguenauder à travers les forêts et les champs en suivant aveuglément les petits rectangles rouges et blancs qui balisaient les sentiers alors que nous possédions une puissante automobile. Je ne savais pas, bien entendu, moi qui marchais derrière mon père, que Vince marchait derrière lui-même, fuyant son ombre et ses idées noires. Comment savoir en effet à mon âge que Vince était déjà engagé dans sa course contre le diable et qu'il prenait un malin plaisir à s'en dérober, le laissant sur place tel un sprinter claqué. Dépassé, surclassé par Vince, le diable restait comme un con sur sa ligne de départ, obligé dès lors de rattraper n'importe qui d'autre. Pour mettre le diable en déroute, papa s'était entraîné à esquiver les orages, il attendait calmement bien calé dans ses starting-blocks, que le nuage noir arrive au-dessus de lui puis, dès les premières gouttes, il détalait filant plus vite que le vent. Dans ces moments-là papa était lui-même un orage. Il avait la foudre au cœur, des éclairs plein les yeux et sa sueur dégoulinait en pluie sur la poussière des chemins.

A peine étions-nous remontés dans le 747 d'Air France à destination de New Delhi que grand-père s'était mis à bricoler son nouveau matériel d'écoute. Grand-père, il était comme Patrick Segal, un ancien journaliste handicapé ; il marchait dans sa tête, sauf que lui, en marchant, il volait les pensées des autres et s'en servait pour mener à bien sa grande gamberge. Moi je n'aimais pas du tout voir Léon faire le flic avec ses gadgets électroniques mais, comme j'étais son obligé étant donné qu'il s'était si bien comporté à l'aéroport de Dubaï, j'avais accepté d'aller m'enfermer dans les W.-C. à l'arrière de l'appareil. Après plusieurs tentatives l'émetteur s'était enfin mis à fonctionner et c'est comme ça que j'avais pu dire à grand-père ce que je pensais vraiment de lui. Ça n'était ni très beau ni très poli et pour que personne ne puisse entendre cette voix nasillarde sortir de son micro récepteur caché dans une grosse chevalière en toc, Léon s'était enfermé lui aussi dans les W.-C. situés à l'autre bout de la travée. L'ennui, c'est que la radio de bord était branchée sur la même fréquence et que les messages en provenance de la tour de contrôle parvenaient au pilote pratiquement inaudibles, alors que les nôtres étaient sans doute entendus des aiguilleurs du ciel arabes. Ma liaison avec grand-père n'avait pas duré plus de deux minutes mais elle avait suffi à faire souffler un vent de panique puisque le 747, complètement désemparé, s'était mis à perdre suffisamment d'altitude pour voler à vue au ras des dunes et des derricks. Décidément, chaque fois que grand-père allait aux waters, il nous arrivait quelque chose de dramatique.

A New Delhi nous avions attendu toute une nuit et une moitié de jour la correspondance pour Katmandou. On nous avait entassés côté transit dans une salle qui ne contenait pas assez de sièges pour tout le monde et, au fur et à mesure que d'autres vols arrivaient d'Europe ou d'Amérique, les himalayistes et les trekeurs à destination du Nepal venaient grossir l'extraordinaire volume de chair humaine que des policiers hindous tassaient sans ménagement.

Attenant à la salle de transit, il y en avait une plus petite au centre de laquelle s'élevait une sorte de kiosque à journaux, sauf que là on ne vendait pas la presse mais du thé à l'eau même pas bouillie et des sandwiches à la vieille vache sacrée, laquelle, d'après grand-père, avait dû se faire écraser par un tramway dans les années 1920. Il y avait eu tellement et tellement de bactéries dans l'eau du thé que malgré l'usage intensif des pastilles d'hydrochlonozone, un extraordinaire va-et-vient s'était établi entre les sièges de la salle de transit et ceux des toilettes. De plus, comme les toilettes ne possédaient pas d'aération, que les cuvettes étaient bouchées, qu'on en ramenait plein partout avec ses pieds, que les policiers et les douaniers hindous n'arrêtaient pas de cracher à côté des pots posés exprès aux quatre coins de la salle, dont on n'avait pas le droit de s'évader sous peine d'être expulsé du pays, on comprendra que seul grand-père, grâce à son expérience des camps nazis, surnageait au-dessus de la mêlée. On ne peut pas vraiment dire qu'il y était comme un poisson dans l'eau mais lorsqu'on le voyait tel un yogi, assis raide et droit sur son sac à dos, parmi tous ces cloportes jeunes et musclés accroupis à même le caca et les crachats, il inspirait un certain respect et c'est sans doute pourquoi les responsables hindous de cette fabuleuse gabegie s'étaient sentis plus proches de lui que des chefs de groupe qui s'agitaient beaucoup mais n'obtenaient rien d'eux, pas même le moindre petit renseignement. Séduits par l'attitude et la sagesse yogi de grand-père, ils en avaient fait leur porte-parole, si bien que Léon était devenu en un rien de temps l'homme Number One de cette communauté de marcheurs internationale, que chacun venait interroger et consulter d'autant plus volontiers qu'il parlait aussi bien le sabir hindou que l'anglais de Shakespeare.

Il avait tout de même fallu environ cinq heures à Léon pour apprendre que notre attente était due au retard de l'avion de la Royal Air Népal, que certains disaient retenu à Katmandou par une tempête de vent de sable, tandis que d'autres laissaient entendre qu'il s'était « crashé » dans les montagnes. Bien sûr que les Népalais allaient en envoyer un deuxième, mais encore fallait-il savoir où était passé ce deuxième moyen porteur de la flotte aérienne royale. Certains disaient qu'il était en panne de train d'atterrissage, d'autres en manque de kérosène, mais que de toute façon on ne devait pas s'inquiéter parce que, en définitive, si aucun des deux appareils népalais ne répondait présent, on repartirait un peu plus tard par Air India. Inlassablement, grand-père transmettait les informations au fur et à mesure qu'elles lui parvenaient. Autant dire qu'il était à son affaire et même doublement, puisque d'une part il était concentré dans un camp comme pendant la guerre et que de l'autre, il avait l'impression d'avoir repris du service dans les transmissions. L'ennui c'est que peu à peu, et à force de propager des renseignements fantaisistes que les responsables lui communiquaient, grand-père passa très vite du Number One au Number Cent, vu qu'il n'était plus du tout crédible. D'ailleurs au petit matin, comme plus personne ne s'attendait au miracle, les uns après les autres, les plus costauds comme les plus faibles, avaient préféré se laisser porter par les événements et s'endormir au milieu des crachats et des excréments. De toute façon il n'y avait plus rien à boire, plus rien à manger, plus rien à espérer. On était en plein désordre, en plein cataclysme comme si une bombe à neutrons était tombée sur New Delhi, détruisant et désorganisant les Indes entières. Ici, dans cette salle de transit, ça n'était que survivants blessés et chiasseux. On se serait cru dans un abri antiatomique fissuré où les gens peu à peu tombaient en poussière et en décrépitude.

Vince, il avait écrit une chanson sur le thème de la bombe en prenant un angle particulier, celui du temps où on vivait à cent à l'heure gavés de gadgets et de superflus. C'était le temps de l'avant-bombe, le temps où les hommes ne pensaient qu'à faire parler leur sexe et leurs fantasmes. Le texte disait :

> Dis, tu te souviens d'avant la bombe
> Dis, tu te souviens avant qu'elle tombe,
> Il y avait des magasins pour s'ex-choper
> Des magazines pour s'exciter
> Des stimulants pour stimuler
> Des cinémas pour cochonner
> Des Bois de Boulogne pour s'échanger
> Des instituts pour se masser
> Des téléphones pour racoler
> Des boîtes de nuit pour s'emballer.
> Il y avait tout ce qu'il fallait pour s'amuser
> Tout ce qu'il fallait pour en user
> Tout ce qu'il fallait pour en tâter
> Mais il n'y avait pas
> Non, il n'y avait pas
> D'abri antiatomique.

Grand-père et moi, on était les seuls à ne pas s'être endormis. Lui parce qu'il avait l'endurance du malheur, moi parce que je râlais d'être si près de papa sans pouvoir lui sauter dans les bras. L'Himalaya était là, juste derrière la piste d'envol. Katmandou était à une heure d'avion et Vince, ma baleine blanche à moi, était sans doute dans son lodge pouilleux parmi les hippies, les vagabonds et les petits gars overdosés dont il se moquait dans sa chanson. Comment allait-il m'apparaître, papa ? En chair et en os du haut de sa magnifique stature ?

Affamé, sans doute amaigri, les pommettes saillantes mais encore plein d'allant ? Ou bien encore m'apparaîtrait-il sans chair ni os, ni cerveau : voûté et envoûté, à l'abandon, meurtri, misérable, pareil à l'un de ces enfants de Krishna que les dieux attrapent par la mèche pour les obliger à chanter des cantiques. A moins qu'il ne m'apparaisse, papa, avec beaucoup d'os, juste un peu de chair pardessus et un esprit divagant qui bat la campagne, un de ces esprits égarés par une trop grande liberté et le manque de sens interdits. Oui, peut-être bien que papa était paumé d'avoir trop goûté à la liberté et que maintenant il avait peur de revenir en arrière dans un monde où tout ce qu'on doit faire est écrit noir sur blanc sur des livres, des journaux, des pancartes et des poteaux indicateurs. C'est ce papa-là que je craignais de retrouver ; un papa ayant craqué en cours de route, devant un carrefour de sentiers et qui se serait senti brusquement vidé, désorienté. Peut-être même incapable de monter sa tente et de s'y allonger, ne retrouvant même plus sa dimension d'homme sous son toit de toile. Oui peut-être bien que l'immensité du paysage et le silence lugubre avaient fini par avoir raison de sa raison en lui dévorant l'intérieur, en lui sautant à la gorge. Peut-être qu'il avait lutté, papa, contre les ténèbres et les espaces, contre les sortilèges, les ensorcellements, les maléfices jetés par les grands sorciers des cimes. Peut-être qu'il avait lutté toute une nuit ou toute une saison, telle la chèvre de M. Seguin et qu'il s'était laissé avoir au petit matin, un petit matin pareil à celui qui se levait sur New Delhi.

En me voyant si songeur, si malheureux, si fatigué, grand-père, qui ne valait pas mieux et qui sentait comme une odeur de faisandé, a demandé de sa voix cassée :

« A quoi tu penses, Alex ? »

Il n'y a que les amoureux pour se dire ces choses-là. Généralement l'autre répond « à rien » parce que ce « rien » fait partie du jeu amoureux. Avec ma cousine Geneviève on était très forts pour ne penser à rien quand on pensait à tout, car sous ce rien il y avait le désir, la découverte, le mystère, tout ce à quoi on pense au moment où l'autre vous le demande. Grand-père, il était sûrement amoureux de moi, tout comme j'étais amoureux de lui, sauf que entre lui et moi il n'y avait plus rien à découvrir, du moins le croyais-je. Je dis :

« Je pense à Vince, et toi ? »

Il faisait une chaleur intolérable, un vent brûlant et poussiéreux s'engouffrait sous les portes vitrées et les joints des fenêtres ; il n'empêche qu'en regardant Léon je m'étais senti gelé. Manifestement quelque chose n'allait plus. Je dis :

« Tu ne te sens pas bien, grand-père ? »

Il me regardait sans répondre, mais on sentait néanmoins qu'il voulait parler. Il était comme moi quand j'avais fait une grosse bêtise et qu'elle me tourmentait. On aurait dit qu'il cherchait comment s'y prendre pour s'en tirer au mieux avec sa conscience sans encourir de punition trop grave. J'ai dit :

« Réponds, grand-père. T'as mal au ventre ou à l'âme ?

Il était très embarrassé pour me répondre. Croyant que c'était à cause des gens endormis et défigurés qui nous entouraient, je me suis rapproché de lui. Assis à ses pieds, le dos calé contre ses jambes, j'ai dit :

« Alors, grand-père, c'est pour aujourd'hui ou pour demain ? »

Il avait fourré ses mains dans mes cheveux. C'étaient de longues mains aux longs doigts sales et nerveux. En me nouant les mèches, il a dit :

« Écoute, Alex. J'ai fait un mensonge gros comme l'univers. Ne gueule pas surtout et laisse-moi continuer. Tu sais, la lettre de Vince, la dernière, celle où il demande qu'on lui envoie de l'argent, eh bien, elle n'est pas de Vince mais de moi. C'est un faux ! »

J'avais voulu me retourner pour voir comment étaient ses yeux mais il m'en avait empêché en plaquant ses mains de chaque côté de mes joues. Je n'avais pas cru qu'il possédait une telle poigne, un tel culot. De toute façon, j'étais bien trop abasourdi pour résister :

« Reste comme ça, Alex, ne me juge pas. Essaie plutôt de comprendre ton vieux grand-père qui est très malheureux d'avoir un fils trop absent et un petit-fils trop présent. Merde alors ! il fallait bien faire quelque chose, alors je l'ai fait. J'ai imité l'écriture de Vince, j'ai collé un vieux timbre et puis j'ai déposé l'enveloppe dans votre boîte aux lettres. Tu étais si heureux de la recevoir cette lettre, mon petit Alex, que tu ne t'es aperçu de rien. Quant à ta mère, de toute manière elle est aveugle. »

Il me nouait à nouveau des tresses et pendant qu'il tressait, pendant qu'il parlait, ma gorge à moi s'était nouée et des larmes s'étaient mises à couler dans ma détresse. Je ne savais pas si c'étaient des larmes de colère ou d'émotion, des larmes de dépit ou de résignation, mais tout ce que je savais, c'est qu'elles tombaient grosses et chaudes et qu'elles devaient creuser de larges sillons sur mes joues.

Sans rien dire, sans chercher à me retourner, j'ai sorti de ma poche la lettre de papa. Le timbre était bien là sur l'enveloppe avec la tête du roi Birendra qui grossissait sous la loupe de mes larmes mais je dus en convenir, les cachets, eux, restaient invisibles. Je savais que grand-père était un excellent faussaire, qu'il pouvait bricoler et maquiller n'importe quoi, à plus forte raison l'écriture de son propre fils, et je dus donc me rendre à l'évidence, impuissant et douloureux de partout exactement comme quand on se rend à l'ennemi. Relisant machinalement la lettre, bien que la connaissant par cœur, j'ai demandé :

« Mais pourquoi, grand-père. Pourquoi tu ne me l'as pas dit ? Dis, pourquoi tu ne m'as pas mis dans le secret ?

— Parce que j'attendais le bon moment, Alex. Parce que depuis qu'on a quitté Paris je n'ai pas arrêté d'y penser. Parce que j'ai fait semblant de dormir pour éviter de t'en parler trop vite. Parce que je suis fatigué, Alex, très fatigué et que j'ai peur de ne pas tenir le coup. »

Comme il avait repris ses mains, j'ai tourné la tête vers la sienne. Il était cireux et statufié tels les bonshommes du musée Grévin et ça lui donnait une espèce de dureté. Il m'a regardé surpris, et il a dit :

« Merde alors, Alex ! Sèche tes larmes, c'est pas le moment de chialer. »

Je crois qu'il était réellement statufié, réellement cireux mais qu'il faisait semblant d'être dur. Voyant que je ne trouvais pas mon mouchoir, il m'a donné le sien. Les gens qui donnent ainsi leur mouchoir sont aussi capables de donner leur vie et c'est un peu ce que grand-père avait fait. En décidant de venir au Népal avec moi, ne m'avait-il pas déjà offert la sienne. C'est ainsi que je ressentais son mensonge, comme un cadeau, comme un don de soi ; malgré tout, au fond de moi-même, j'étais blessé d'avoir été aussi magistralement trompé.

Grand-père, je croyais le connaître comme ma poche, comme si je l'avais fait, quoi ! C'est ainsi que disent les mères en parlant de leurs gosses et voici que subitement, à cause de ses révélations, je m'étais trouvé dans la même situation qu'une mère à laquelle les gendarmes viennent apprendre que son fils a violé une fille ou qu'il a commis un meurtre. Je me répétais que ça n'était pas possible, qu'il était capable de tout sauf de ça, qu'il devait y avoir erreur, qu'un être pétri de la chair de ma chair n'aurait jamais pu inventer une chose aussi diabolique. Bref, en ce qui concerne grand-père, j'avais été une mère à la con, une mère tellement autosatisfaite de sa progéniture que je m'étais laissé avoir par ma propre confiance.

Grand-père, il était vieux, cireux, statufié, momifié presque, tellement il faisait chaud, tellement ça sentait l'excrément, le fétide, mais curieusement, plus il enlevait ses bandelettes et laissait parler son cœur, moins ça sentait mauvais autour de nous. Grand-père, il était peut-être tout ce que j'ai dit plus haut, mais c'était quand même un vieillard sublime, un bonhomme qui ne se contentait pas, comme je l'avais cru, de regarder et d'écouter chez les autres pour exister mais qui portait en lui le poids de son fils tout comme sa vieille horloge portait les siens, même que ce poids qui remontait et descendait sans cesse dans la poitrine de grand-père, lui indiquait l'heure et le temps et que cette heure, ce temps qui passaient sans que revienne jamais le fils lui devenaient intolérables.

Vince, il avait écrit une chanson racontant l'histoire d'un type qui ne voulait pas mourir sans avoir vu Venise. Le type, il avait économisé toute sa vie pour se payer le voyage. Il en avait bavé au bureau et à la maison jusqu'à ce que sonne l'heure de la retraite et puis, enfin, il s'était mis en route vers la cité des Doges. Le malheur c'est qu'à peine était-il arrivé à Venise, qu'un pickpocket lui avait dérobé toutes ses économies. Le type en était mort sur le coup, là devant la gare, au milieu des valises et des pigeons. Ça n'était pas, évidemment, le vrai Venise des palais et des canaux, c'était juste un Venise de banlieue, mais au moins avait-il vu Venise avant de mourir.

Grand-père, il était exactement comme le type de la chanson de Vince. Il ne voulait pas mourir sans avoir vu son fils, quitte à s'écrouler sur son sac à dos en arrivant à Katmandou.

J'ai dit :

« Et maintenant, grand-père, qu'est-ce qu'on va faire ? »

Il a réfléchi et répondu :

« Eh bien, je ne sais pas. On va enquêter, on va chercher, on va se renseigner, quoi ! »

— Mais où ça, grand-père ? Auprès de qui ? Tu sais, le Népal c'est grand et ça monte. Et puis qui te dit que Vince n'est pas au Sikkim, au Mustang ou ailleurs ?

— Personne ne me le dit, Alex, pas même mon petit doigt.

— Suppose qu'on soit obligés de partir à pied très loin et très longtemps.

— Tu n'y penses pas, j'espère.

— Mais si, grand-père, il faut y penser. C'est que tout est changé à présent. En tous les cas je te préviens, si on ne voit pas Vince à Katmandou, moi je ne rentrerai pas à la maison ; je remuerai l'Himalaya tout entier mais je le retrouverai.

— Merde alors, Alex ! Tu abandonnerais ton vieux grand-père ?

— Parfaitement ! Je le jure sur la tête de Vince. »

Il était moins cireux, moins statufié, moins momifié. Ça lui avait fait du bien de dérouler ses bandelettes. Il se sentait presque libre. Il dit :

« Tu sais, je t'ai entendu tout à l'heure quand tu parlais de jeter mes cendres dans la rivière Bagmati... »

Il s'était interrompu pour me prendre la main :

« Eh bien, vois-tu, c'est une chose qu'il faudrait peut-être envisager...

— Mais c'était pour plaisanter, grand-père. »

D'un air grave, en serrant encore davantage ma main, il a continué sur son idée :

« Ecoute, Alex, tu vas beaucoup au cinéma. Tu as donc déjà vu dans les westerns le héros blessé d'une flèche indienne auquel on dit : « T'en fais pas « Johnny, c'est rien, on va te sortir de là. » Hein, Alex, tu l'as vu ? »

Comme il voulait absolument que je réponde, j'ai fait « oui » avec la tête. Il avait les yeux brillants et faisait claquer l'une contre l'autre les molaires gauches de son râtelier. C'était un tic que Nora détestait. Elle disait : « Bon sang, Léon, arrêtez donc de faire le chien. » Lorsque grand-père faisait le chien, ça n'était pas pour mordre mais plutôt pour demander des caresses. J'ai croisé mes doigts entre les siens ; alors, comme il appréciait ma manière de tendresser, il a repris :

« Le type qui a reçu la flèche sait que ses copains lui mentent. Ceux qui lui mentent savent que celui qui a reçu la flèche ne les croit pas. Et pourtant ils continuent à le rassurer. Vois-tu, Alex, en réalité la mort est bien plus embêtante pour ceux qui restent que pour celui qui va partir. C'est une convention, une coutume de rassurer le mourant mais en même temps celui qui rassure l'autre conjure sa propre mort. En ce qui me concerne, et si je dois un jour prochain être transpercé d'une flèche, je ne voudrais pas que tu me consoles. Au contraire, Alex, je voudrais que tu te mettes à crier : « Grand-« père est mort, vive la vie ! »

J'étais vraiment inquiet de la déprime de grand-père. J'ai murmuré :

« Pourquoi tu vois tout en noir comme ça ?

— Parce que l'Indien ne va pas tarder, Alex. Pas besoin de jumelles pour l'apercevoir. J'entends le galop de son cheval ; tiens, je parie qu'il bande déjà son arc ! »

Il me faisait peur, Léon. Une peur toute rouge comme le sang qui s'écoulait de la blessure de son héros. Ma parole, j'entendais presque le « floc » de la flèche qui pénétrait le cœur. J'ai dit :

« J'espère que ton Indien va attendre un peu avant de tirer.

— T'en fais pas, Alex. Je vais essayer de lui échapper encore quelques jours. »

Il me compliquait drôlement la vie, grand-père. Non seulement son gros mensonge changeait tous nos projets mais en plus, c'était clair comme la pleine lune, j'allais être obligé de me débrouiller seul pour les funérailles. Le mensonge de grand-père modifiait toutes les données. Il ne s'agissait plus en effet de se rendre, comme je le croyais, à un rendez-vous organisé par avance entre un père et un fils mais plutôt de bousculer l'ordre des choses en y mettant suffisamment de désordre pour que l'on ait une chance de retrouver Vince dans le grand foutoir himalayesque. Et puisque Léon partait vaincu d'avance, tant pis pour lui, j'allais l'obliger à me suivre jusqu'à ce qu'il y reste. Mourir en marchant au Népal, c'est tout de même mieux que de mourir en gondole à Venise. De toute façon, mourir le long d'un chemin c'est mourir en action, c'est mourir en poursuivant un but, c'est mourir en chassant la grosse baleine blanche qui vous échappe depuis toujours. Mourir sur un sentier himalayen fléché au cœur par un Indien sur le sentier de la guerre, c'est quand même drôlement mieux que de mourir sur un trottoir parisien, renversé par un autobus. Mourir en Himalaya c'est mourir sans Sécurité sociale, sans S.A.M.U., sans fleurs ni couronnes ; c'est mourir au naturel sans tuyaux, sans perfusion, sans effusions, sans colorants. Mourir en altitude c'est mourir tout en haut de la gamme, sans fausse note, sans faux frère ; c'est mourir tout simplement en se regardant dans les deux yeux jusqu'à ce qu'ils se ferment, faute de pouvoir soutenir celui de Dieu.

Vince, il avait écrit une chanson sur la mort. C'était l'histoire d'un type qui avait résolu son problème en faisant d'elle sa meilleure amie. Il l'invitait à dîner avec sa faux et sa tête de mort. Il l'emmenait au cinéma, à l'Olympia, au palais des Congrès, au parc des Princes, dans les boîtes, en vacances. Partout où il allait, elle allait. Ils étaient devenus elle et lui les deux grands amis inséparables. Plus que cela même puisqu'ils se lavaient sous la même douche, buvaient à la même fontaine et couchaient dans le même lit. Le type, il avait même fini par engrosser la mort et c'est ainsi qu'ils avaient élevé ensemble l'enfant de la mort et de la vie, une espèce de bâtard vachement costaud qui ne tombait jamais malade mais qu'il fallait surveiller constamment, car le môme, comme Achille, avait un défaut à sa cuirasse.

A la réflexion j'étais assez content du mensonge de grand-père. D'abord parce qu'il ne faisait que renforcer mon presssentiment et que ça fait toujours plaisir de constater que son moi profond, comme dirait M. Lourmel, ne se trompe pas ; ensuite parce que le mensonge de grand-père allait dans le sens de mon désir qui était de marcher toute ma vie sans m'arrêter et de devenir, grâce aux kilomètres parcourus, l'égal de Vince pour ce qui est de l'endurance et de la performance.

Tandis qu'on attendait, faisandés comme du gibier, l'appareil de la Royal Air Népal, que l'on annonçait pour désannoncer aussitôt, je m'y voyais déjà en route et en exploit, traversant le pays Gurung avec un grand-père agonisant sur le dos d'un porteur, un grand-père gêneur, un empêcheur de foncer tout droit et que j'étais obligé d'abandonner sur un lit de fleurs de rhododendrons arrosé d'essence tandis que je me lançais en compagnie d'un sherpa à l'assaut de l'Annapurna. Et pendant ce temps-là, à Paris, je voyais Nora qui s'angoissait, Nora qui priait, Nora qui s'agitait, qui valiumisait tant et plus en se rendant compte que Pâques était passé depuis longtemps et que son petit garçon n'était toujours pas rentré à la maison. Drôle de destin que celui de cette mère qui perdait son fils et son mari en Himalaya comme d'autres mères les perdent à la guerre. Alors, que ferait-elle, Nora ? Se voilerait-elle de noir en chialant à la lune ou bien s'envolerait-elle, et avec quel équipement la pauvre, vers le Népal pour y joindre son destin au nôtre ? Peut-être qu'elle ne ferait rien d'autre que de nous construire un monument aux morts, que d'y rallumer la flamme chaque soir, que d'y défiler avec Rodolphe et le drapeau de la famille : un crêpe de deuil tendu sur la toile rouge d'un sac à dos.

A onze heures du matin, on était venu nous secouer de la torpeur. L'avion avait enfin atterri avec ses ailes et ses roues, son fuselage, ses réacteurs et ses hôtesses en sari. Non, il n'y avait rien de cassé, rien d'alarmant, rien d'inexcusable. Il s'agissait juste d'un petit retard de rien du tout, d'un contretemps pas même fâcheux. Aussitôt, les morts s'étaient réveillés avec leurs coliques et leurs têtes de déterrés, puis sortant de nos linceuls dégueulasses, couverts de chiures et de bactéries, on s'était précipités vers le poste de contrôle où des officiers hindous en pleine forme et pas dégoûtés pour une roupie passaient nos bagages au crible. Les gars ne transportaient ni devises ni lingots, bien sûr, n'ayant sur eux que le strict minimum nécessaire à la propulsion de leur propre corps, mais les douaniers confisquaient néanmoins les couteaux de peur que l'on ne détourne le Boeing vers une destination inexistante. Grand-père, qui avait repris du poil de la bête parce que son Indien avait dû chuter de cheval en cours de route, fumait pour l'instant le calumet de la paix intérieure. Il avait même eu dans l'idée de planquer le matériel d'écoute acheté à Dubaï dans son caleçon, de sorte que les policiers hindous, qui sont autant machos que les Argentins, avaient laissé passer sans le fouiller cet honorable vieillard à gros testicules. Grand-père, il manquait peut-être de farine, il avait peut-être déjà un pied dans le pétrin à poignées dorées, mais il faut dire que même fatigué, mal rasé, avec sa mauvaise haleine et sa touche de vieux cow-boy, il en imposait encore assez pour que des touristes qui débarquaient d'un autre appareil le prennent en photo.

Dans l'avion on avait eu droit à du café au lait, à du thé, à des gâteaux glucosés, à une sorte de soda à l'incroyable goût d'orange et puis aussi et surtout à une serviette chaude que les hôtesses en sari nous offraient du bout de leurs baguettes. Très vite le bruit avait couru que l'une des hôtesses n'était pas une femme comme les autres, que c'était une kumari, une ancienne déesse vivante adorée et choyée durant son enfance et qu'on avait abandonnée à son sort depuis qu'elle avait eu ses règles. Il faut remarquer qu'elle avait eu le sort de son côté parce que généralement les kumari qui ne trouvent pas d'époux, vu qu'elles ne savent faire ni cuisine ni vaisselle, ayant été habituées à être servies dès leur naissance, sont plus ou moins destinées à une prostitution de luxe. Celle-ci, de déesse vivante, elle avait eu le bol de faire tourner la tête à un haut fonctionnaire de l'aviation népalaise qui l'avait engagée comme hôtesse et c'était même vachement habile de la part du type parce que les kumari sont généralement douées d'un courage surhumain. Lorsqu'elles ont trois ou quatre ans et qu'elles passent, comme cela, du jour au lendemain, de l'état de petite fille courante à l'état de déesse divinisée, on les enferme toute une nuit dans une pièce obscure jonchée de têtes de buffles sanguinolantes et fraîchement décapitées, histoire de juger de leur sang-froid.


Un quart d'heure après le décollage, tout le monde avait oublié la kumari et l'horrible nuit passée en camp de concentration indien car soudain, sur la gauche de l'appareil, on avait vu apparaître au loin la fabuleuse chaîne de l'Himalaya occidental dont la dentelure semblait dévorer le ciel. Tout le monde regardait béatement mais rares étaient ceux qui pouvaient localiser les sommets et y contrôler leur appellation. Voyant que la confusion régnait à bord et que chacun clamait des noms au hasard, juste pour se faire mousser, je me suis rapproché de grand-père et lui ai décrit, en secret dans l'oreille, ce qu'il contemplait de ses vieux yeux rougis. D'abord il y avait eu le Gurja-Himal qui paraissait le petit frère mal nourri de l'impressionnant Dhaulagiri, lequel montait vers la stratosphère, telle une fusée poussée à fond par de puissants moteurs planqués dans les entrailles de sa pyramide. Un peu plus tard, on avait été comme écrasés par la barrière des Annapurna où culminent les six sommets et notamment celui où Herzog avait laissé ses doigts. Peut-être que papa était dans le coin, congelé lui aussi comme les doigts d'Herzog, à moins qu'il soit encore debout entre chaud et froid, avec des glaçons plein la barbe et une grosse brûlure au cœur, nous regardant passer d'en bas et nous appelant de tout son espoir. Puis il y avait eu le Manaslu, très incisif, très pointu, pareil à une dent de requin. Et celle-là de dent, elle en a sectionné des doigts, des mains et des jambes tout entières. Derrière le Manaslu on pouvait apercevoir les trois blocs du Ganesh Himal, et puis des tas et des tas d'autres sommets de moindre mal et importance sur lesquels, qui sait, Vince patrouillait à la recherche de son ultime ascension.

Là-bas, beaucoup plus loin, on ne les voyait pas mais on les devinait, s'élevaient le Kanchen-Juga à cheval sur le Népal et le Sikkim, le Makalu, le Jannu et surtout le formidable Chomolongma qu'un Allemand de vingt-sept ans a vaincu en solitaire par la face chinoise. Reynold Meismer, il s'était laissé guider par le panache blanc de l'Everest ; il avait grimpé après tous les autres, en oubliant tous ceux qui l'avaient précédé, des armées et des armées d'alpinistes qui avaient trimbalé des tonnes et des tonnes de matériel, utilisant oxygène et radio, échelles et passerelles préfabriquées. Il était monté seul, sans rien d'autre que ses godasses, ses crampons, sa tente et une paire de gants. En douze jours il a fait ce que les autres ne font pas toujours en trois mois. Meismer, c'était un type de la trempe de Vince, sauf que Vince, lui, n'était ni ascensionniste ni allemand, mais question courage, question farine, ils se valaient. Meismer et

Vince c'étaient des vrais hommes, des vrais machos, des sortes d'homo-cardiaques qui marchaient avec leur cœur et leur moelle. Grand-père aussi, c'était une sorte d'homo-cardiaque, un homo cardiaque du genre sédentaire, certes, sans moelle et sans farine, mais qui possédait une aorte énorme. Pendant que je lui racontais les sommets et le nom des himalayistes qui y avaient laissé leur peau à défaut d'y avoir planté leur drapeau, lui, il avait posé sa vieille tête toute blanche sur mon épaule. C'était une tête habituée à porter le chapeau melon des lords anglais mais depuis qu'il se coiffait de son bonnet de laine bleu marine acheté au Vieux Campeur, sa distinction naturelle s'était changée en distinction artificielle. Grâce à moi, grand-père avait pris l'apparence d'un vieux bourlingueur, d'un vieux loup pelé des steppes asiatiques, sans compter que je l'avais doté d'une légende qui aurait fait baver d'admiration Reynold Meismer lui-même. Bien sûr entre la légende et la réalité c'était pas très rose, c'était même assez gris et terne, il n'empêche que mon bonhomme de grand-père tout rapiécé, tout déminéralisé, tout dévitalisé qu'il était, me tendressait le cou et l'épaule, pareil à un pauvre vieillard de chat galeux qui réclamerait son ronron. Vince, il m'avait mamourisé en frottant le bout de son nez contre le mien et l'on s'était aimés ainsi comme des esquimaux brûlants d'amour dans leur igloo glacé. Grand-père, lui, quand il voulait tendresser, il donnait des petits coups de tête à la manière des chats caressants, mais comme il était maladroit dans ses mouvements et gaga dans ses sentiments, il ne savait plus très bien donner ses coups de tête et c'est pour cela que parfois, lorsqu'il croyait faire le chat caressant, il faisait surtout le veau affamé.

## 3

QUAND on connaît Orly, Roissy, New Delhi et Dubaï, on est forcément déçu d'arriver à Katmandou, car ici l'aéroport n'est pas un port où se bousculent les avions de ligne et les gros porteurs. Ça n'est pas non plus un aérodrome, ni un champ d'aviation où l'on tient des meetings aériens. Non, c'est quelque chose d'autre, quelque chose de bizarre, quelque chose de tout à fait à part ; un endroit où l'on arrive et d'où l'on part mais que l'on ne vient pas visiter parce qu'il n'y a rien à visiter, rien à signaler, rien à acheter, rien à voir. Katmandou c'est l'aéroport du rien, l'aérodrome du néant et c'est peut-être mieux ainsi, car pourquoi faire de l'esbrouffe avec son aéroport, comme à Dubaï par exemple, lorsqu'on possède un pays époustouflant et les plus hautes montagnes de la Terre.

En descendant de l'avion tout le monde était déçu. Les uns parce qu'ils croyaient la vallée complètement primitive, les autres au contraire la trouvant déjà trop civilisée. Moi je savais par les lettres de Vince que la vallée du Katmandou sur laquelle on venait de se poser était d'une admirable beauté parce que justement elle avait conservé son caractère, son quant-à-soi et une luxuriance quelque peu lugubre du Moyen Age extrême-oriental où la grande misère des hommes se mêle à la splendeur des monuments religieux. Des hommes du pays, il y en avait beaucoup pour nous réceptionner, des fonctionnaires évidemment, des changeurs de monnaie, des policiers, mais aussi des tas de pauvres types qui transportaient les sacs et les valises. Ces

Népalais de Katmandou, c'étaient des petits bons-hommes vigoureux, les uns gras, les autres pas, les uns touchables, les autres intouchables, les uns vêtus à l'européenne avec des pantalons très, très larges comme chez nous il y a longtemps ; des pantalons éléphantesques qui dépassaient par-dessus les chaussures et traînaient dans les crachats pleins de bacilles de Koch. Les gens qui étaient de castes inférieures, et auxquels on ne devait pas serrer la main sous peine de les humilier, portaient des pantalons aux antipodes des nôtres. C'étaient des espèces de culottes de cheval en toile légère, très bouffantes aux fesses et qui se rétrécissaient en descendant, épousant la forme des mollets pour finir en serrant les chevilles. C'étaient des panta-lons nationaux, des pantalons anticrachats, antidé-rapants et qui permettaient aux habitants des mon-tagnes de marcher plus vite en coupant le vent. Bien sûr, j'ai tout de suite compris, et grand-père également, que ceux qui étaient vêtus du pantalon large, d'une chemisette et de la cravate essayaient de sortir du Moyen Age pour avancer dans le nôtre. C'étaient des mutants, des types moitié népalais moitié anglais, des types qui étaient forcément déboussolés et que les marchands de vêtements traumatisaient en leur refilant nos vieux stocks démodés. C'était pareil avec le langage ; ceux-là pensaient peut-être encore népalais mais s'expri-maient en anglais à cause des tour-opérators euro-péens qui leur envoyaient leurs vieux stocks de touristes. Il y avait donc ceux qui camouflaient leurs chaussures dégueulasses sous les pattes d'élé-phant et dont la culture s'effritait un peu plus à chaque pas. Et puis il y avait les autres, les vrais, les purs qui continuaient à s'habiller à la népalaise, le calot vissé sur la tête. Ceux-là, sans être bien dans leur peau, ne tenaient pas à en changer car ils avaient une trouille bleue de se faire dévorer par l'Occident, sans compter que les falzars que l'on vendait sur les marchés et qui étaient fabriqués pour des géants n'étaient même pas retouchés. Mais il y avait aussi ceux qui auraient bien voulu se payer un pantalon bien large et bien long, des souliers italiens, des vestes bien de chez nous. Seulement, ceux-là, ils étaient si misérables, si dénués de tout qu'ils se baladaient en loques et en haillons, les fesses vaguement camouflées d'une moitié ou d'un quart de pantalon national. C'étaient des hommes de guenilles et de bactéries, les laissés-pour-compte des dieux égoïstes ; il n'empêche que les plus pauvres étaient les plus croyants parce que quand on n'a rien, on a quand même la croyance à se mettre sous la dent ; c'est gratuit et ça fait rêver.

De l'autre côté des postes de contrôle, parmi les Népalais de classes et de castes si hétéroclites qui s'agitaient pour nous faciliter le débarquement, il y avait une poignée d'Européens très bronzés et très à l'aise qui donnaient des ordres aux policiers et aux porteurs de bagages. Crayons et blocs-notes en main, ils couraient dans tous les sens, s'efforçant de regrouper les marcheurs sous leur bannière. C'étaient, pour la plupart, les représentants à Katmandou des tours-opérateurs et l'on voyait tout de suite qu'ils avaient l'art et la manière de débiter du touriste en tranches. C'étaient des sortes de marchands d'esclaves modernes sauf que, au lieu de vendre des indigènes aux Blancs, ils vendaient des Blancs aux indigènes. Il faut dire que les indigènes qui les accompagnaient n'avaient pas l'air très méchants. C'étaient des gens très propres et plutôt beaux qui se tenaient droits en souriant des lèvres et des yeux. Entre eux et les Népalais, c'était comme le jour et la nuit. D'abord ils ne portaient ni le pantalon large ni la culotte de cheval, mais, en dépit de la chaleur, ils étaient habillés comme des guides de montagne avec des anoraks, des K-way, des coupe-vent, des grosses chaussures ou des baskets. Il y en avait même plusieurs vêtus de doudounes qui distribuaient des grandes écharpes blanches en guise de bienvenue. Ces indigènes qui se tenaient droits et fiers ressemblaient davantage à des Chinois qu'à des Népalais. Ils avaient le visage éclairé de l'intérieur et des yeux en croissant de lune. C'étaient eux les fameux sherpas du Solo Khumbu, des types qui descendaient de Mamche Bazar, de Khumjung ou Pangboche, laissant femmes, enfants et yaks pour venir conseiller les marcheurs et les ascensionnistes du monde entier. La plupart étaient engagés par Kalden Sherpa, le fils d'un pauvre moine descendu lui aussi de son village natal avec des tas de gris-gris autour du cou et un peu de sorcellerie dans l'âme, ce qui lui avait permis de faire fortune en un rien de temps. Aujourd'hui Kalden monopolise presque toutes les agences de treking s'occupant personnellement de « Sherpa treking service » l'agence que Vince avait contactée dès son arrivée au Népal. Grand-père et moi, on espérait bien avoir des nouvelles de Vince par Kalden, que l'on irait voir dès que possible, mais en attendant on s'était mis à questionner Européens et sherpas. Les uns et les autres étaient si étonnés par notre couple, si estomaqués par nos âges extrêmes que personne ne nous prenait vraiment au sérieux bien que les passagers de notre avion eussent commencé à répandre la folle légende de Léon. Par chance, aucun responsable des tour-opérators, aucun sherpa présent à l'aéroport n'était assez vieux ou assez expert pour remettre en cause les « exploits » passés de grand-père, lesquels exploits, d'ailleurs, ne servaient pas plus notre cause qu'ils ne la desservaient. En vérité, ceux à qui on s'adressait étaient bien trop occupés, bien trop égoïstement enfermés sur eux-mêmes pour s'intéresser à nous.

Nous avions cru qu'il nous suffirait de débarquer de Katmandou pour être pris en main par l'un de ces responsables et être conduits en mini-car dans un hôtel de la capitale, mais comme tout ici était contingenté, répertorié, numéroté, on nous avait laissés sur la touche sous prétexte que nous étions des autonomes et qu'au Népal, comme en France, les autonomes sont plutôt mal vus à cause de leur réputation de casseurs. En fait, grand-père et moi, on fichait la trouille, on dérangeait les certitudes, on ne faisait pas partie des normes. On était dans le genre inclassables quoi, et c'était pareil avec les policiers et les douaniers, à croire qu'ils n'avaient jamais vu des gens aussi étranges malgré les hordes de hippies qui étaient passées par là avant nous.

Tout de suite, les autres avaient montré du doigt notre différence et comme elle était tellement importante, cette différence, personne ne voulait s'en charger et prendre la responsabilité de nous convoyer en ville. Nous étions des êtres à part quoi, des êtres venus d'une autre planète avec pourtant plein d'argent dans les poches, trop d'argent même puisque nous avions été obligés de déclarer le million ancien de grand-père et que ça avait jeté un malaise à la banque de l'aéroport. Jamais on n'avait vu autant de fric à Katmandou car d'habitude les trekeurs paient un forfait au départ, emmenant sur eux juste de quoi acheter des cartes postales et des cigarettes. Voyant que l'on contrôlait un à un les travellers chèques de Léon, je m'étais bien gardé de sortir ma fortune parce que les trente mille francs que je transportais sous mon slip n'étaient pas ma propriété mais celle de Vince et que ma mission consistait à les lui remettre, même si ça devait me prendre des années.

Ils avaient donc montré du doigt notre différence et aussi vite j'avais compris que l'on venait de débarquer dans un pays très dur où l'on ne devait compter que sur soi-même. En un rien de temps, grand-père et moi étions devenus des sortes de travailleurs immigrés, des espèces de réfugiés tibétains sauf que, au lieu d'avoir des khukriss à la ceinture, des moulins à prière plein les mains et des colliers magiques en pendentifs, on avait assez de roupies pour se payer des millions et des

124

millions de bols de riz. D'accord, on était pas assez nombreux pour s'installer dans un camp et se mettre à tisser des tapis, pas assez tragiquement expulsés pour que l'O.N.U. fasse appel au Conseil de Sécurité, mais on était suffisamment intelligents pour se rendre compte qu'il ne fallait pas chercher à lutter et à s'accrocher, pas chercher à raisonner comme on le faisait jusqu'à présent, pas chercher à imposer notre volonté mais qu'il fallait au contraire s'adapter à la pensée du pays, se faire légers, presque absents et s'inscrire ainsi dans la grande tradition du laisser-aller extrême-oriental.

Ayant compris que l'on venait de passer de l'Occident à l'Orient, du XXIᵉ siècle au Moyen Age, de la société de consommation à la société de déconsommation, de la religion du passage clouté à celle de la réincarnation, du président Mitterrand au dieu Vishnou, du T.G.V. à la vache sacrée, on s'était sentis très légers et très planants, très au-dessus de nous-mêmes et de la mêlée générale.

Grand-père, il était fatigué, puant et au bout du rouleau. Il était espion, voyeur, vicieux et sans farine ; n'empêche qu'il était également drôlement doué lorsqu'il s'agissait de s'assimiler ; on aurait dit qu'il avait permuté de personnage tellement il paraissait délivré des réalités terrestres. Il avait beau être habillé en marcheur et porter son sac à dos à armature métallique, être coiffé de son bonnet de laine bleue et chaussé de ses longs bas rouges, il m'apparaissait brusquement comme un grand Brahmane, comme un pur Sadhou, un de ces vagabonds de Dieu habités par la parole infaillible. A peine avait-il dit : « Merde alors, Alex, viens, on va essayer de trouver un taxi », qu'un type s'est approché et nous a fait monter à bord d'une Toyota délabrée, nous déposant quelques instants plus tard en plein milieu de la capitale. Le type, on n'a pas su qui c'était, d'où il venait ni où il allait, ni même pourquoi il nous avait laissés là auprès d'un grand palais sur une place où il fallait se pousser du coude pour avancer tant la foule était dense, béate, stupéfaite de se balader dans la religion et les monuments de ses ancêtres. Des monuments, il y en avait plein les rues, plein les places, plein la vue. On ne savait pas où regarder, que dire, que faire. On nageait, emportés et roulés par les vagues humaines dans le creux desquelles déboulait parfois un vélo-taxi rejeté aussitôt sur la crête de la vague humaine, tout éclaboussé d'écume. On ne savait pas vraiment où on était, à Durbar Square peut-être, tout près de chez la kumari, cette petite vierge encore ensanglantée du massacre des buffles. Passions-nous devant le temple de Shiva et Parvati ? Longions-nous la pagode de Bhavani, le Mahakala ou le palais de Hanuman Dhoka ? Impossible de sortir son guide et ses connaissances, d'ailleurs on n'en avait ni l'envie ni le loisir tant on était pressés, pressurisés, arrachés à nous-mêmes. De temps à autre, par-dessus les fronts frappés d'une pastille rouge comme celle que l'on met dans les galeries sur les tableaux vendus, par-dessus les coiffures et les béatitudes, on apercevait la tête glauque d'un Européen qui sortait de l'océan et de sa surprise. C'était toujours quelqu'un, toujours un autre et jamais Vince. Mais que serait venu faire Vince parmi cette chamarade ? Vince, ça n'était pas le genre à visiter, à photographier, à s'extasier, à se faire écraser les doigts de pieds en ville. Vince, c'était le genre à être ailleurs, c'était un être de l'ailleurs.

Au bout d'un moment, profitant de l'arrêt de la foule à un feu rouge de l'Esprit saint, grand-père et moi avions décroché et l'on s'était assis tout en haut d'un temple sur les marches duquel gisaient, ivres de drogue, des hippies indianisés jusqu'à l'os. Accroupie, des fleurs et des poux plein les cheveux, une fille drapée d'un sari taché de sperme, de pipi, d'excréments, de toute la lie des peuplades de la vallée du Gange, se roulait un joint. Elle était si maladroite, si chétive, si tremblotante qu'elle en

126

mettait autant à côté que dans sa feuille de papier de riz, mais comme les autres ne valaient pas mieux qu'elle, ils la regardaient faire en l'implorant de leur misérable envie.

Grand-père, c'était sans doute le plus vieux hippie jamais vu à Katmandou et il faut avouer qu'il ne détonnait pas plus que cela, tellement il était lui-même épuisé, sale et contemplatif. Cela faisait plus de vingt-quatre heures que nous n'avions pas dormi mais, en dépit de la fatigue, on n'arrivait pas à détacher nos regards de cette immense place où s'engouffraient sans cesse de nouveaux croyants qui après avoir piétiné des décades, des calendriers entiers pour apercevoir des dieux morts en effigie ou la déesse vivante en chair et en os, empruntaient, tels des zombies, le Makan Tole, une rue genre Cour des Miracles où voisinent les échoppes et les temples, les valides et les éclopés, les touchables et les intouchables, les rickshaws peinturlurés et les vaches sacrées, la foi et la débauche, les sages et les voyous.

De Makan Tole en continuant sur Indrachok et jusqu'à Asan Tole, c'est le choc des yeux, l'éclatement des pupilles, la dilatation des cerveaux, le naufrage de la raison. Du plus loin que l'on pouvait voir et par-delà les marchés aux légumes, les marchés aux fruits, les marchés aux fringues, les marchés aux clameurs et aux beuglements, ça n'était que couleurs éclatantes, que broderies d'or et de toc, que sueur et ventres affamés, que crachats et détritus, que musiciens des suavités, que mendiants pulmonaires, qu'une incroyable odeur d'encens et d'excréments, celle de la merde prenant le pas sur l'autre. Cette odeur de merde, d'encens, d'herbe, de riz bouilli, de dégueulis, de baume et de fumée, on devait la retrouver plus tard dans tous les villages traversés. C'est l'odeur même des hommes, âcre parfum des mille et une misères, de la dèche, de la mouise. C'est la senteur de la mouscaille, de la panade, celle du dénuement, du miteux, du lamentable. C'est l'effluve de la vie quoi ! Et la vie, ici, entre Durbar Square et Bhotahiti, entre Kanti Path et Sukra Path, on était en plein dedans, on y marchait comme dans une grande flaque, on y bondissait à pieds joints par-dessus les nourrissons et les vieillards, les orphelins et les mutilés. La vie, ici, elle s'étalait pareille au patchwork de mon lit que Nora m'avait tricoté et chacune des couleurs de la vie était faite d'une race différente. Nous étions à Katmandou, bien sûr, où dominent les Newars et les Tamang, mais on y rencontrait aussi tous les autres, les Mangars du Teraï, les Gurung de l'Annapurna, les Raïs et les Limbus de Diarjeeling ou de Kalipong, les Thakals et les Bothyas, venus du Dolpo et du Mustang, les sherpas et les Tibétains descendus de leur altitude et dont la dignité, la race, vous sautaient à la gueule. Ils étaient tous là, ceux d'en bas et ceux d'en haut, les lettrés, les illettrés, les nantis et les paumés, ceux du cru et ceux de l'étranger, les touristes, les trekeurs, les hippies, les saints et les drogués ; tous ils se baladaient, les uns avec leur certitude et leur pognon, les autres avec la tête et les poches trouées. Il y en avait avec le ventre vide, avec le ventre plein, avec l'esprit illuminé, avec le crâne buté. Il y en avait des habités, des désertés, des malins, des débiles, des grands, des petits, des sérieux ou des souriants, des renfermés ou des extasiés. Oui, ils étaient tous là, répondant « présent » à l'appel des divinités et des traditions. Tous là sauf un, tous là sauf le principal et j'avais beau chercher, scruter, fouiller la foule, Vince n'apparaissait toujours pas.

On était restés longtemps, très longtemps avec grand-père assis en haut du temple à respirer la fumée du H que les hippies allemands rejetaient de leurs poumons rétrécis. Mais peu nous importaient la fumée et les hippies, l'excrément, l'urine et les crachats qui nous débordaient de partout. Ce qui comptait, ça n'était plus nous mais les autres. Ça n'était plus notre image, notre moi et notre surmoi, comme aurait dit M. Lourmel le psychiatre, mais le grand tableau, la fresque que ces Népalais nous peignaient pour fêter leur Nouvel An. D'en haut on voyait et on écoutait. On était pris par le mouvement et le son, bercés, annihilés presque par la rumeur qui montait et qui arrivait sur nous en rafales comme une portée sur les ailes du vent.

Vince, il avait écrit une chanson sur la rumeur mais la rumeur décrite par Vince n'avait aucun point commun avec celle-ci. Il s'agissait de la rumeur des qu'en-dira-t-on, de la rumeur perfide, persiflante, de cette rumeur qui peut vous anéantir la réputation à tout jamais et finir par vous donner la mort. La rumeur de Katmandou, elle, c'était le chant de la vie, c'était de la grande musique terrestre que des instrumentistes anonymes exécutaient sous la baguette magique du maître de l'univers.

La rumeur de Vince, elle arrivait sur une musique obsessionnelle. Les scies et les harpes faisaient comme un grand bourdonnement d'abeilles et puis soudain les paroles sortaient de leur nid, prêtes à piquer. En tournoyant elles disaient :

*Vous savez ce qu'elle fait, vous savez ce qu'elle dit*
*Ma parole je le sais, car untel me l'a dit*
*Vous savez qui elle est, vous savez où elle vit*
*Ma parole il paraît, il paraît, il paraît...*

Tout de suite après le refrain, Nicole, l'interprète de papa, forçait la voix pour exciter les abeilles qui commençaient à planter leurs dards. Cela donnait ceci :

*Elle couve, elle couve la rumeur*
*Comme le foyer des incendies*
*Elle court, elle court la rumeur*
*Le long des rues et des esprits*
*Elle monte, elle monte la rumeur*

*Comme la prière des cœurs maudits*
*Elle rampe, elle rampe la rumeur*
*Comme le serpent sans faire de bruit.*
*Tout d'abord ce n'est qu'un murmure,*
*Un bruissement, un chuchotement*
*Elle arrive sur les ailes du vent*
*Et tout à coup elle passe le mur*
*Éclate en moi comme un orage*
*Bousculant tout sur son passage.*

Il y avait encore deux ou trois couplets, je ne me souviens plus très bien, avant l'épilogue. Puis Nicole, blessée par la rumeur de Vince, faisait front à la calomnie et la tournait en dérision.

On était restés jusqu'à plus rien entendre, jusqu'à ce que la nuit tombe et nous avec. Grand-père avait failli se casser la figure en descendant les escaliers. Il a dit en s'excusant qu'il avait glissé sur un crachat mais je savais bien qu'il mentait. Grand-père, il avait tout simplement dérapé dans une espèce d'inconscience provoquée par la fumée des hippies et la ronde que formaient en bas les hommes et les femmes de la terre. On était complètement déboussolés, désaimantés, complètement soûls tellement ça tourbillonnait, tellement ça cacophonait. Les hippies qui nous accompagnaient ne valaient pas mieux que nous ; ils planaient à leur façon, on planait à la nôtre et tout en allant vers leur lodge, vers notre premier toit népalais, on s'était sentis très proches d'eux. L'ennui c'est qu'il n'y avait plus de place au lodge et ça n'était pas un mal, vu l'endroit sinistre, si bien qu'on a dû héler un rickshaw et se faire conduire à l'autre bout de l'ancienne ville, vers Thamel, là où, d'après une jeune Anglaise qui se cuitait au rhum, ça serait plus convenable à notre rang. Je ne sais pas de quel rang on faisait réellement partie, si on le gardait encore ou si on en était déjà sortis, mais c'est vrai qu'on flottait et qu'on planait, qu'on était très zombifiants et que la fatigue n'expliquait pas tout.

Nous étions venus de si loin pour rechercher Vince et qu'avait-on fait une fois débarqués ? Au lieu de foncer chez Boris, chez Kalden ou à l'ambassade, au lieu d'accumuler les indications et les renseignements, on s'était assis en haut d'un monument entre la statue du dieu-singe Hanuman et quelques hippies momifiés, nous laissant aller à une étrange rêverie méditative qui tenait davantage de l'endormissement croupissant que d'un réveil fulgurant.

Dans ses lettres, au début de son séjour himalayesque, Vince avait très bien décrit cette sorte d'état qui s'emparait des sens et des énergies, vous vidant peu à peu de votre ancienne substance. Vince, comme nous-mêmes, n'avait pas lutté ; d'ailleurs Vince avait pour principe d'épouser la forme du terrain et les coutumes des hommes rencontrés. C'était, disait-il, plus facile d'aborder ainsi les inconnus et l'inconnaissable, plus naturel d'écouter que de se faire entendre, de suivre que de prendre les devants. Et ce que disait Vince n'était pas seulement valable pour les choses de l'esprit ou les reliefs des terrains, mais également valable pour la culture et les traditions gastronomiques. Par exemple lorsque Vince passait à Vichy, il buvait de l'eau de Vichy. Lorsqu'il passait à Vire, il mangeait de l'andouille de Vire. Et c'était pareil avec les rillettes du Mans, avec les nougats de Montélimar, avec le pont-l'évêque de Pont-l'Évêque, le foie gras de Sarlat, le cassoulet de Toulouse. Et c'était pareil pour les vins, les alcools, les accents et toutes les particularités. C'est en mangeant les produits du pays visité que l'on arrive à le digérer, à le comprendre et peut-être un jour ou l'autre à l'expulser de soi.

On aurait pu aller à pied au *Nepali Guest House*, le lodge que nous avait recommandé l'Anglaise qui était cuitée au rhum et au Tchang, mais grand-père, qui n'en pouvait plus, avait préféré prendre un rickshaw. Nous étions serrés l'un contre l'autre, avec nos sacs sur les genoux, à l'arrière du vélo-taxi et tandis que le pauvre Intouchable pédalait et klaxonnait dans les encombrements en se disloquant les membres, on traversait, avides et un peu bêtes, ce que nous avions regardé tout à l'heure de là-haut. Outre la multitude entraînée par je ne sais quel sorcier vers son destin tout proche, il y avait ceux qui, accroupis sous les auvents et les devantures en bois sculpté des bazars, s'épouillaient, se rasaient, s'arrachaient les dents, des tiques, des sangsues et des vers solitaires. Il y avait ceux qui se précipitaient sur nous avec des herbes à rêver et des champignons à s'halluciner, ceux qui essayaient de nous fourguer les souvenirs typiques comme le khurkriss, un poignard à tout faire, un couteau à tuer ou à moissonner. Il y avait des Sadhous aux yeux brûlants, à la fièvre éternelle dont le squelette craquait lorsqu'ils se retournaient. Il y avait les adorateurs de Shiva, le visage enduit d'une terre grise, le cheveu décoloré, presque roux. Il y avait les enfants accroupis qui laissaient couler leur dysenterie sur les saris délavés de leurs mères. Il y avait tout un peuple à l'arrêt, massé, aggluptiné dans des cours entr'aperçues où les poulets et les cochons picoraient et fouinaient au pied des divinités plantées là depuis des siècles et au milieu desquelles on croupissait sa vie durant. Il en était de même pour ces gens immobiles, figés, aux regards perdus, aux vêtements rapiécés, loqueteux, aux bottes éculées, usées jusqu'aux orteils par des marches hallucinantes. Ces gens, c'étaient ni plus ni moins que les laissés-pour-compte d'une attirance. Ils étaient descendus de leurs montagnes ou sortis de leurs rizières ; ils avaient dévalé les sentiers pour mieux les remonter, franchi les cols, crapahuté dans des gorges profondes, enjambé les failles, escaladé les glaciers, traversé des moraines, des alpages, des forêts. Ils avaient grignoté des grains de riz, du cresson sauvage, des pois cassés, avalé leur chapati, bu leur thé salé et puis, plus morts que vifs, ils étaient enfin parvenus jusqu'à la grande ville, attirés par le mirage du luxe comme les papillons de nuit le sont par l'électricité. Finalement ayant appris à leurs dépens qu'à Katmandou le luxe est à l'image de l'électricité, qu'elle ne fonctionne que pour quelques-uns et que les autres sont voués aux ténèbres, les voici aujourd'hui regroupés dans une cour par quelques fonctionnaires distribuant une soupe d'orge et de haricots rouges, une soupe de salut en somme, pour cette armée d'âmes en déroute. Il y avait aussi les porteurs Manang écrasés sous les charges et la torpeur. C'étaient des petits gars, des gamins, des gosses, dont les os pliaient et qui crachaient rouge le sang des poumons éclatés. Il y avait, assis devant leur échoppe, des commerçants hindous assez gras, travaillant l'or et l'argent, et des Tibétains anguleux proposant aux touristes des vêtements traditionnels en poil de yak. Mais il y avait surtout notre pauvre chauffeur qui gueulait pour qu'on le laisse passer et dont les veines et les muscles saillaient sous l'effort lorsqu'il devait à nouveau reprendre son élan, coupé par un obstacle.

Grand-père, il était totalement sidéré. Ça le changeait de Bougival, de sa résidence du Val Fleuri où il avait laissé son observatoire pour que son petit-fils ne soit pas abandonné à lui-même. Grand-père, il était écarquillé dans son esprit mais ça ne l'empêchait pas, lui aussi, de jeter ses yeux à la dérobée, histoire de voir si des fois il n'apercevrait pas son fils. Et c'était peut-être mieux pour grand-père que Vince ne soit pas si vite découvert parce que grand-père risquait d'y passer aussi sec, pareil au héros de la chanson de Vince qui voulait voir Venise et mourir.


On était enfin arrivés au *Nepali Guest House*. C'était un lodge de quatre étages de brique, au fond d'une cour, où luisait la flamme de quelques bougies. Les bougies, c'était ni un luxe ni un décor mais plutôt une nécessité. Au premier il y avait un W.-C. qui débordait directement dans la douche à moins que ce ne soit la douche qui débordait dans le W.-C. Toujours est-il qu'il fallait traverser une mare d'excréments liquides et s'en mettre obligatoirement plein les pieds. Au second il y avait un bureau très sombre avec deux Népalais qui jouaient aux cartes et une jeune femme en sari, les cheveux tressés, qui épongeait la merde au fur et à mesure que les clients montaient. Elle était très très belle et très très pauvre, si pauvre que malgré ses habits elle semblait dénudée. Tout ce qu'elle possédait, cette Intouchable, c'était son vieux balai, sa serpillière percée et son sourire réchauffant. Elle travaillait au rythme d'une guitare dont la mélodie descendait du troisième étage. C'était un chant triste, nostalgique et tout de même entraînant. Au troisième il y avait cinq petites chambres de deux lits de camp avec des taches de sang plein les murs et une dizaine de hippies assis en rond sur le palier qui écoutaient la mélodie triste. Ils tiraient tant que ça pouvait sur des joints qui faisaient le tour de leur monde et la fumée des joints se mêlait à celle des braseros qui provenait du quatrième étage. Au quatrième, on nous avait installés dans une chambre qui donnait sur les cuisines. parce que, au Népal, comme les maisons n'ont pas de cheminée on fait cuire les aliments le plus près possible du ciel. Entre notre chambre et celle des voisins il n'y avait qu'une mince cloison si bien qu'on entendait tout ce qu'on y disait et même le bruit des corps qui se retournaient sur les lits de camp. Nos voisins, c'étaient deux routards français, un garçon et une fille un peu débiles, certes, mais pas drogués. Ils arrivaient de New Delhi par le chemin de fer et la route. Le gars avait attrapé une maladie vénérienne durant son voyage et il était venu nous demander si des fois on n'aurait pas eu des médicaments à lui passer pour aider la guérison à s'accomplir. Nous autres, étant donné nos âges, on avait emporté des médicaments pour se guérir de tout sauf de la maladie vénérienne. Le type s'était mis à raconter qu'il avait attrapé sa maladie en se baignant dans une rivière, et comme grand-père lui disait que ça n'était pas possible de rentrer dans une rivière sans rien et d'en ressortir avec une blennorragie, il avait ouvert sa braguette et montré sa quéquette. C'est vrai, ça coulait blanc au bout, et plus il se pressait le gland plus il en sortait. Grand-père, il avait examiné la quéquette du garçon en s'éclairant à la bougie. Il était sceptique mais pas aseptisé évidemment, aussi faisait-il très attention à la contamination.

Au bout d'un moment la fille était venue chez nous pour s'informer, confirmant effectivement que son compagnon avait attrapé la blennorragie en prenant son bain. Grand-père, il était vanné, épuisé, il ne tenait même plus droit sur ses vieilles guiboles toutes flageolantes mais à force de poser des questions, il avait fini par savoir que le couple avait sexamouré dans la rivière et qu'il fallait chercher par qui et comment la fille avait attrapé la contagion. La fille s'était défendue en insultant grand-père. Elle se sentait honteuse et coupable mais, une fois l'orage passé, ils avaient quitté l'hôtel pour aller se faire soigner dans un dispensaire.

Alertés par les éclats de voix, deux gosses népalais qui aidaient à la cuisine étaient venus voir de près les nouveaux étrangers. Ils étaient restés assez longtemps immobiles et muets à nous dévisager. Ils devaient être tuberculeux ou grippés parce que, en plus de tousser sans arrêt et de se moucher, ils avalaient leur morve. Chez eux ça ne coulait pas d'en bas mais d'en haut. C'était proprement dégoûtant, tout bonnement intolérable de penser qu'ils devaient en mettre plein les aliments que leurs mamans préparaient mais curieusement ça ne nous avait pas empêché de dévorer deux grands plats de riz à la sauce de haricot où baignaient quelques morceaux de mouton très faisandé.

Nous avions cassé la croûte accroupis à la turque dans la fumée, au milieu des poulets criards et des cuisinières qui soufflaient leur bronchite sur les braseros, mais comme grand-père tombait tout le temps soit en avant, soit en arrière à cause de ses jambes qu'il n'arrivait pas à croiser, l'une des femmes lui avait amené un petit banc. On avait bu de la bière, du thé, du tchang assez fort et donné des chewing-gums aux enfants qui tendaient la main en disant : « Nitaï, nitaï. » Les poules et les poulets étant mieux nourris que les enfants, donc plus vifs, s'emparaient des chewing-gums avant eux et les avalaient goulûment les prenant sans doute pour des vers de terre. Les gosses chialaient mais les femmes laissaient faire, préférant engraisser les poulets que les enfants parce que les enfants ne pondent pas ou quand ils pondent c'est pour empester le lodge d'une grosse dysenterie. Les femmes parlaient le sabir, un mélange d'anglais, de népalais et de petit-nègre. Elles étaient moqueuses, rieuses, assez dévergondées et pas le moins du monde étonnées. De temps à autre elles nous jetaient des regards par en dessous puis commentaient entre elles des choses qui étaient sûrement plus ou moins sexuelles.

Il y avait une bonne ambiance, une atmosphère que Vince aurait aimée. Ça devait être comme cela chez nous au Moyen Age sauf que chez nous, là-bas en France, quand un voyageur s'arrêtait dans une auberge, les patrons lui coupaient la gorge durant la nuit et s'appropriaient ses économies.

Avant de se coucher, on était descendus prendre notre douche au premier. Hélas ! en remontant on sentait encore plus mauvais qu'avant.

Allongés dans nos sacs à viande, on s'était laissé bercer par la mélodie triste qui entrait par-dessous la porte verrouillée et on aurait pu s'endormir aussitôt si les Français revenus du dispensaire avec des gélules plein le ventre et des piqûres plein les fesses, ne s'étaient mis à sexamourer comme des bêtes en rut. Je n'aurais jamais cru qu'on pouvait le faire avec tant de violence lorsqu'on est vénériens et tenir le coup aussi longtemps en étant végétariens. Voyant que ça durait des éternités et que je risquais d'en être troublé, grand-père, qui croyait avoir charge d'âme, le pauvre, s'était mis à taper contre le mur. La fille avait crié : « Ta gueule le vieux ! »

Il avait été vexé comme un pou et Dieu sait si les poux pullulaient dans cette baraque. J'ai dit :

« Tu devrais être content pour une fois que t'as pas besoin d'installer tes micros. »

Il s'était redressé sur un coude, essayant de deviner si je n'étais pas en train de me toucher sous mon sac à viande. J'ai dit : « Recouche-toi, grand-père. Tu sais, j'en ai entendu d'autres avec Nora et Rodolphe. »

Il avait attendu que la fille ait son orgasme. C'était le troisième en un rien de temps et puis parlant bas, couvert par les cris il m'avait dit :

« Tu sais, Alex, ça n'est pas bon pour la santé de se masturber. Ça rend nerveux, ça donne des trous de mémoire et des souffles au cœur. Si tu continues, tu ne pourras jamais faire de la montagne.

— Mais je ne me masturbe pas, grand-père. Je me touche juste un peu, c'est tout. Et toi alors ! si tu crois que je ne t'entends pas ?

— Merde alors, Alex. T'es fou ou quoi ? Je me gratte, moi !

— Moi aussi je me gratte, grand-père. Je me gratte un peu la bébête, c'est pas un crime tout de même ! »

La fille avait eu un quatrième orgasme blennorragique ; quelque chose de très ultra, de très intense et qui ne perçait pas seulement les oreilles.

Grand-père, il n'avait peut-être pas de farine, il était peut-être au seuil de la mort, pisté par l'Indien qui bandait déjà son arc, n'empêche qu'il se grattait de plus en plus, et en cadence sous son sac à viande qui était aussi son sac à rêve.

Pour le taquiner j'ai dit :

« Bon Dieu, grand-père, ça ne doit pas être des puces mais du poil à gratter. »

Déçu il a murmuré :

« Merde alors, Alex, tu dépoétises tout.

— Parce que tu trouves que c'est poétique, ça ?

— C'est comme on veux, Alex, ça peut être dégueulasse ou poétique. C'est comme on le ressent.

— Avec grand-mère c'était poétique ?

— Oui, Alex, c'était très poétique, c'était très pur. Si pur que ça manquait de sel. »

Je n'avais pas osé lui demander pourquoi il mettait du sel dans le sexe de grand-mère ni pourquoi elle en manquait sans compter que ça devait drôlement brûler.

On était restés un instant sans parler, rien qu'à écouter les autres se sexamourer pareils à des diables en train de s'enfourcher et puis, soudain, le type d'à côté s'était mis à pousser des cris de douleur comme si sa diablesse l'avait étripé à coups de fourche.

Grand-père, redressé sur un coude, avait chuchoté :

« Merde alors, ce sont des lames de rasoir qui jaillissent avec le sperme...

— Quelle lames, grand-père ? Quel rasoir, de quoi tu parles ?

— Tu ne peux pas comprendre, Alex. T'es trop petit ! »

Je détestais lorsqu'on refusait de m'expliquer les choses sous prétexte que j'étais trop petit. C'était de la lâcheté, de la fainéantise, de l'hypocrisie. J'ai soufflé :

« Je te préviens, grand-père, ou bien tu m'expliques ou bien je gueule que tu t'es masturbé en les écoutant. »

138

Il était drôlement gêné, drôlement honteux. J'ai dit :

« Alors, c'est pour aujourd'hui ou pour demain ?

— Je t'assure, Alex, je veux bien t'expliquer mais tu ne comprendras pas.

— O.K. ! Alors je crie. »

Il m'avait expliqué et j'avais compris. Quand on a la blennorragie et qu'on urine, ça brûle tellement à l'intérieur du canal de l'urètre que l'on a l'impression de pisser des lames de rasoir. Léon, il en avait eu trois de blennorragies et la dernière c'était il y a longtemps, très longtemps, à l'époque où il avait encore de la farine. Elle s'était compliquée, cette blennorragie, en septicémie car les gonocoques qui en avaient marre de rester à l'étroit dans le canal s'étaient mis à investir les veines. Grand-père donc, il avait failli mourir d'avoir sexamouré parce que, en ce temps-là, Fleming n'avait pas encore découvert la pénicilline et qu'on traitait la maladie vénérienne et les infections aux sulfamides. Une fois guéri de la septicémie, grand-père avait été obligé de se faire agrandir le canal de l'urètre qui s'était rétréci et pour cela on lui avait passé des sondes de plomb qui étaient descendues jusqu'à la vessie.

Alors que je ne m'y attendais pas, nostalgique, il avait dit :

« Je sais que ça n'est pas très agréable, Alex, mais si un jour tu décides de faire l'amour à une fille que tu ne connais pas bien, je te conseille de mettre une capote. »

Surpris j'ai demandé :

« Dis, grand-père, tu crois que je suis assez grand pour faire l'amour ?

— Ça dépend. »

Il était gêné de ma question. Je me rendais compte qu'il cherchait sa réponse et qu'il ne savait pas comment la tourner. J'ai dit :

« Vas-y franchement, grand-père. Ça dépend de quoi ?

— Ben, ça dépend si tu as du sperme ou si tu n'en as pas. Si tu en as un tout petit peu envie ou très envie, mais ça dépend surtout de ta partenaire. Quand nous rentrerons à Paris, si tu veux, je te présenterai quelqu'un.

— J'veux bien, grand-père, seulement vois-tu, je n'ai qu'un tout petit peu de sperme, juste quelques gouttes de jus.

— De quoi remplir un dé à coudre ?

— Un quoi ?

— Un dé à coudre. Généralement, c'est comme cela qu'on mesure le volume du sperme.

— Et qu'est-ce qu'on fait quand on n'a pas de dé à coudre ?

— Bon, et si on en restait là maintenant. »

Il en avait de bonnes, grand-père. C'est lui qui avait commencé et à présent il voulait que je m'arrête. J'ai dit :

« J'm'en fous, j'en achèterai un demain. Comment on dit dé à coudre en anglais ?

— Je ne sais pas, Alex. Laisse-moi. Il est tard. »

Nous n'avions pas du tout envie de dormir, d'abord parce qu'on était très inconfortablement couchés, bien trop fatigués pour dormir vraiment et que ça nous grattait pour de vrai de partout. Ensuite, parce que s'endormir dans un pays inconnu situé presque en dessous du globe par rapport au sien demande une sagesse, un apprentissage que nous n'avions pas encore acquis. Comme on ne pouvait s'endormir raisonnablement et bien bordés, bien chez soi avec ses habitudes et son train-train de nuit, nous étions condamnés à nous endormir par surprise, comme une masse, en pleine confusion. Il y avait trop de choses à assimiler, trop d'imprévu au coin de nos rues, trop d'aventures à vivre pour s'en séparer volontairement.

On s'était tournés et retournés sur nos lits de camp avec des images plein la tête, le cerveau enfiévré, le sang bouillonnant, sans oublier l'anus

140

en feu de grand-père que le piment des tsampas irritait. Léon, il pissait des lames de rasoir par ses hémorroïdes et comme il avait oublié sa pommade, il s'était introduit du produit à bronzer en espérant que ça allait adoucir la douleur. L'ennui, c'est que les vingt pour cent de bergamote que contenait la crème le mordaient à l'intérieur comme si ça avait été des chiens enragés et affamés. Pour soulager grand-père, on avait dû rallumer la bougie car la douleur, comme les vampires, recule devant la lumière. Profitant d'une accalmie j'ai demandé :

« Qui c'est la femme que tu veux me présenter ?

— Merde alors, Alex. Aie pitié de moi, c'est pas le moment.

— Mais si, c'est le moment, grand-père. Il vaut mieux parler que de souffrir en silence. Vas-y, qui c'est la femme ? »

D'une voix lasse, en gémissant, il a dit :

« C'est Mme Tarojxy, la Hongroise.

— Quelle Hongroise ?

— Une voisine du Val Fleuri.

— Et qu'est-ce qu'elle fait, Mme Tarojxy ?

— Elle aime les enfants.

— Mais voyons, grand-père, toutes les mères aiment les enfants.

— Oui, mais Mme Tarojxy, elle aime les enfants des autres.

— Comment tu le sais ?

— Je le sais.

— Et quoi d'autre ?

— Rien d'autre, Alex, ça ne te regarde pas ! »

Grand-père à la lueur des bougies, à cause de son anus en feu qui pissait des lames de rasoir, il paraissait dans les cent cinquante ans. Comme ça me gênait de le regarder, je me suis retourné et j'ai demandé :

« Elle a quel âge, ta Mme Tarojxy ?

— Dans les quarante ans, peut-être cinquante !

— Peut-être plus ?

— Peut-être moins. Peut-être que tu ferais mieux de dormir !

— Et comment se fait-il que tu ne m'en aies pas parlé avant ?

— Parce que, avant, mon petit Alex, nous n'étions pas assez intimes. »

Il avait vachement raison, grand-père. Avant d'entreprendre ce voyage, on était tout juste des parents rapprochés tandis qu'à présent on était des amis intimes, des complices, des copains d'école, des compagnons d'aventure, des « potes » à la vie à la mort. Je pensais à la tête de Nora surprenant notre conversation. Maman, elle s'en serait arraché les cheveux et la culotte pour se plonger immédiatement dans son bain. Quand quelque chose la dégoûtait, elle se purifiait aussitôt en prenant un bain très chaud. Elle était très propre, maman, très soignée, si propre et si soignée qu'elle ne risquait pas d'attraper une blennorragie. Mme Tarojxy non plus sans doute puisque les gosses ne peuvent pas transmettre autre chose que la rougeole ou les oreillons. On ne pouvait pas en dire autant de la fille qui dormait de l'autre côté de la cloison. Celle-ci était souillée et souillon, complètement polluée, totalement vénérienne.

Vince, il avait écrit une chanson qui racontait l'histoire d'un type disponible et contrariant qui était tombé amoureux d'une fille polluée. C'était la façon de Vince de traiter le problème de la pollution que tous les autres paroliers, eux, traitaient trop sérieusement. Non seulement la fille décrite par Vince était polluée mais en plus elle était moche. Pas moche juste un peu comme tout le monde mais plutôt très extraordinairement moche, moche comme personne au monde. Généralement, pour qu'une chanson marche, il faut que le public puisse s'identifier à elle. Bobby Laser, qui n'y croyait pas, avait refusé le texte et pourtant, interprétée par un autre, *La fille polluée* avait obtenu pas mal de succès. Le public, bien sûr, ne s'était pas identifié à la chanson parce que c'est difficile d'admettre qu'on est complètement taré, cependant les gens avaient acheté et écouté le disque en se persuadant qu'ils étaient différents et que jamais une chose comme ça pourrait leur arriver. La chanson commençait sur un rythme très rapide style rock et donnait ceci :

*J' suis amoureux d'une fille très moche*
*Si moche, si moche, si moche, si moche,*
*Que quand j' la vois j'en perds la tête*
*Que quand j' la tète j'en perds la voix.*
*Non seulement elle est moche, moche, moche*
*Mais en plus elle est polluée*
*Pleine de charbon et mazoutée*
*Pleine de boutons et puis d'acné*
*Pleine de bubons, de détritus*
*Pleine de charbon et puis de puces*
*Pleine de morpions et de prépuces*
*Pleine de jaune d'œuf et puis de nouilles*
*Pleine de beurre noir et puis de rouille*
*Pleine de radioactivité*
*Pleine de poussière atomisée.*

Et puis soudain, alors qu'on était en plein rock, il y avait une rupture de rythme et le refrain survenait sur un slow sirupeux :

*Elle est ma fille de l'été*
*Elle est ma muse au D.D.T.*
*Elle est ma bombe à hydrogène*
*Elle est mon plaisir et ma gêne*
*Elle est mon neutron apauvri*
*Et mon uranium enrichi*
*Elle est mon carbonne oxydé*
*Elle est mon proton éclaté*
*Elle est ma décharge électrique*
*Elle est mon désastre atomique*
*A ses genoux je suis tombé*
*Foudroyé par ses retombées.*

## 4

LE lendemain de notre arrivée, pustulant et hémorroïdant, on avait commencé nos recherches, sillonné Katmandou tous azimuts. D'abord on avait été chez Kalden Sherpa qui habitait une maison moderne sur la route de Bhagdaon. Malgré nos quatre millions de francs on était des clochards par rapport à Kalden qui trustait l'industrie du trek, c'est-à-dire que tous les marcheurs, toutes les expéditions passaient plus ou moins par son organisation. Il était le pourvoyeur de sherpas, l'inventeur de trajets inédits, le lien indispensable entre le citadin occidental et la montagne himalayenne. Chaque marcheur étranger, qu'il soit français, américain, japonais laissait son écot à Kalden et c'est ainsi grâce à des types qui ne pouvaient pas rester en place, grâce à la turbulence, à la vivacité et au tonus des surdéveloppés qu'il était lui-même passé de l'état de sous-développé à l'état de bourgeois népalais. Kalden, malgré sa richesse, malgré sa belle maison et ses serveurs, était resté sherpa dans l'âme. C'était sûrement un très bon commerçant, un très bon manager mais il savait également perdre son temps avec des inconnus et les recevoir autant pour le plaisir que pour l'argent. Pour Kalden, le temps n'était pas forcément de l'argent, pas forcément quelque chose de concret qu'on monnayait avec du liquide ou des travellers, pas forcément un passe-temps ou des heures à tuer, c'était aussi une manière de connaître les autres et de se faire reconnaître par eux.

Kalden nous avait reçus, grand-père et moi,

magnifiquement, comme si nous avions été des hôtes de marque, des espèces de princes européens.

On s'était assis sur de grands coussins moelleux et tout en buvant du tchang, une bière de laitage et de millet fermenté que fabriquait Mme Kalden, une sherpani humble et dévouée à son mari, nous avions causé de Vince. Bien sûr que Kalden se rappelait de lui puisque c'est Kalden qui avait fourni à Vince, lors de son arrivée, sherpa et porteur. Seulement, un jour, papa s'était mis à raisonner comme tous les étrangers séjournant au Népal, c'est-à-dire qu'au lieu de passer par les services de Kalden il avait engagé lui-même son équipe du côté de Namché Bazar. Cela faisait plus d'un an qu'il avait échappé au contrôle de Kalden. Toutefois, Kalden savait tout de même que Vince avait séjourné assez longtemps au Mustang et que de là il était passé au Dolpo par des cols incroyablement hauts, même que son sherpa, un certain Nawang, trop superstitieux pour le suivre dans un terrain peuplé d'esprits néfastes, l'avait lâché en cours de chemin. Le Dolpo, c'était une espèce de royaume abandonné des dieux et des hommes, un territoire de néant gouverné par un seigneur plus ou moins rebelle mais, comme il n'y avait rien à prendre, rien à voler et même rien à rêver au Dolpo, le roi du Népal laissait au seigneur un pouvoir illusoire. Alors de temps en temps, le seigneur du Dolpo qui voulait se payer un tonneau de tchang ou du bon thé chinois autorisait à un étranger, moyennant finances et cigarettes, le passage sur ses terres.

Pendant qu'on mangeait et qu'on buvait assis dans de profonds coussins, Kalden avait envoyé son fils en ville chercher le sherpa Nawang, un pauvre type que plus personne ne voulait engager depuis qu'il avait laissé tomber papa. Nawang, on ne l'acceptait même plus chez lui, à Dingboche, pas plus que dans les autres villages du pays sherpa si bien qu'il en était réduit à faire le manutentionnaire chez un Chinois de Katmandou qui rachetait le matériel aux himalayistes retour d'expéditions. Nawang, c'était un petit bonhomme sec et triste de trente ans, si sec, si triste et si seul qu'il en paraissait soixante. Kalden, bon et généreux, avait insisté pour qu'il s'asseye parmi nous mais l'autre avait préféré refuser cet honneur ou cette humiliation, c'est selon sa conscience. Le pauvre, il devait avoir sa conscience complètement détériorée, complètement à plat, usée jusqu'à la corde comme un pneu crevé qui aurait roulé des centaines de kilomètres collé à la jante. Il n'y avait pas eu moyen de lui sortir quoi que ce soit de la tête, pas même un souvenir, une image, une réflexion sur Vince. Et pourtant, j'en étais sûr, Nawang portait aux pieds les vieilles chaussures de jogging Adidas que papa mettait en guise de pantoufles pour traîner autour du camp. Ça m'avait fait un coup terrible de voir les chaussures de papa aux pieds de Nawang, parce que tout de suite je m'étais mis à imaginer qu'il avait peut-être assassiné Vince entre Mustang et Dolpo, mais Kalden, qui s'était aperçu de mon émoi, avait coupé court au délire en disant que c'était une coutume d'offrir ses vieilles chaussures à son sherpa et que Nawang était bien trop bête pour faire du mal à une mouche. Ce qui avait surtout étonné Kalden c'est que j'avais reconnu les baskets de papa alors qu'elles étaient d'un type tellement courant. En fait je n'avais pas reconnu les chaussures mais les lacets. C'étaient les lacets de nylon rouge à bout noir qui venaient d'une de mes vieilles paires de godasses de marche trop petites pour moi et que Vince s'était appropriés lorsque les siens avaient craqué. Les Adidas, c'était tout ce que Nawang avait hérité de papa en six mois de compagnonnage et c'était naturellement pas grand-chose. En tous les cas Nawang s'était montré aussi avare en paroles que Vince en cadeaux. Tout ce que nous avions réussi à tirer de lui c'est un jugement, son propre jugement sur les qualités de marcheur de papa . « Very very strong. » C'était mieux que rien de savoir que Vince, il y a encore un an, était toujours « très très fort » mais ça n'aidait pas à sa localisation.

Kalden Sherpa nous avait ramenés en ville dans sa Toyota en nous promettant d'enquêter auprès des autres organismes de treking. Machinalement, comme de bien entendu, il nous avait laissés devant l'hôtel Shankers, un ancien palais royal modernisé où descendait l'élite des marcheurs européens, mais en apprenant que nous habitions au Nepali Guest House il s'était brusquement senti mal à l'aise. Ça le turlupinait que des étrangers aussi prestigieux que grand-père et son petit-fils, que des parents du grand Vince aient pu échouer dans un tel taudis. Prenant les devants, Léon avait déclaré :

« Voyez-vous, monsieur Kalden, pour connaître un pays et l'assimiler rapidement, mieux vaut l'aborder par le bas que par le haut. Le peuple c'est comme la montagne, on doit le mériter et il ne viendrait à l'idée de personne de se faire déposer en hélicoptère sur le sommet à escalader. »

Grand-père avait superbement répondu à Kalden qui était resté un instant à nous contempler, pas très sûr de bien avoir compris la parabole de ce noble vieillard quelque peu pouilleux. Puis, se ressaisissant, il avait lancé à notre intention l'invocation lamaïste :

« Om mani padme hum ! »

C'était bien plus qu'une formule de politesse, bien plus qu'une marque de respect, bien plus qu'une prière et qu'un souhait de bonheur. Om mani padme hum, ça voulait dire : « Oh ! le joyau dans ce lotus » mais dans la bouche de Kalden comme dans celle de tout sherpa ou Tibétain, ces mots répétés plusieurs fois en litanie s'adressent en réalité aux divinités afin qu'elles libèrent l'homme du cycle infernal des réincarnations.

Grand-père, tout ce qu'il avait d'incarné, c'étaient les ongles de ses doigts de pied et peut-être bien quelques morpions en plein pubis mais ça ne nous avait pas empêché d'attraper un taxi et de nous faire conduire à Battisputali, chez Boris, parce que pendant qu'on y était et vu que l'ambassade de France n'ouvrait pas avant le lendemain matin, on voulait en apprendre au plus vite un maximum sur Vince.

Boris, c'était un gros bonhomme assez sympa, très soufflant et asthmatique. Dans le temps, à ce qu'il paraît, il avait été soufflant dans le sens d'époustouflant. Cela faisait une cinquantaine d'années qu'il vivait au Népal. Il avait été l'ami du roi, des princes, du Tout-Katmandou et du Tout-Univers qui passait par chez lui. A l'époque on ne venait pas au Népal pour marcher ou escalader mais plutôt pour y trafiquer sur le musc et les défenses d'éléphant. On y organisait également de fantastiques parties de chasse où étaient conviés, en voisins, le roi des Indes, des Anglais, ainsi que les maharadjahs et d'autres nobles qui aimaient s'abreuver du sang des tigres. On ne s'aventurait jamais cependant sur les hauteurs, préférant excursionner dans le Terraï qui était et qui est encore un énorme territoire peuplé d'animaux sauvages, sauf que hier le Terraï était un réservoir naturel de félins alors qu'aujourd'hui il est devenu une réserve artificielle au milieu de laquelle on promène les touristes à dos d'éléphant. Au Terraï, tout ce qui reste de l'ancien temps ce sont les moustiques, les sangsues et les Intouchables.

Avant d'être patron de restaurant à Katmandou, Boris avait été danseur à Moscou. Évidemment, on avait un certain mal à se le figurer en danseur parce que l'âge l'avait cruellement dénaturé ; l'âge bien sûr, mais aussi les vicissitudes de l'existence. Boris, il était passé par des étapes de splendeur et de dèche, de magnificence et de décrépitude, et ces étapes, ces moments de la vie, il les devait pour le mal comme pour le bien à la royauté toute-puissante. Ainsi Boris était-il passé de la grâce à la disgrâce, de la faveur à la défaveur et au discrédit. Sa fortune, on s'en doutait, suivait la courbe de sa bonne ou de sa mauvaise fortune. Jadis il avait possédé le plus grand et le premier hôtel du royaume, sans compter les honneurs et les récompenses multiples tandis qu'à présent, lâché par le roi et son gouvernement, il ne possédait plus que le restaurant de Battisputali qui était tout de même un endroit super-luxueux fréquenté par la haute société asiatique et européenne. C'est dans un autre de ses restaurants le « Yack and Yeti » que Boris avait rencontré un producteur de cinéma assez malhonnête venu au Népal pour repérer les décors d'un film consacré aux aventures de Marco Polo. Entre Boris et le producteur, ça avait été la lune de miel, le coup au cœur, la grande amitié si bien que le producteur, avant de s'en retourner en France, avait chargé Boris de lui engager quelque trois mille figurants, des centaines de tigres, et autant d'éléphants. Pour engager les gens, Boris n'avait rencontré aucune difficulté parce que là-bas, au Népal, le peuple tout entier fait figure de figurant. Pour ce qui était des tigres et des éléphants ça avait beaucoup moins bien marché car il fallait non seulement les capturer et payer les captureurs mais en plus Boris avait été obligé de verser une importante caution par tête de bête attrapée. Ça lui avait pris des mois et des mois pour organiser la ménagerie nécessaire au tournage du film, des mois et des mois à dresser les éléphants et leurs cornacs si bien qu'après tous ces mois passés à capturer, à payer et à dresser, Boris s'était retrouvé pratiquement ruiné. Pendant ce temps-là, en France, le producteur, qui était tombé amoureux d'une fille, avait oublié Marco Polo et Boris. Pour Marco Polo ça n'était pas très grave, pour Boris, en revanche, c'était dramatique. De toute façon, dans cette histoire-là, tout avait été dramatiquement tragique y compris le grand amour du producteur, lequel, délaissé par la fille, s'était tiré une chevrotine à bout portant et en plein cœur sur le palier de son amoureuse qui refusait de lui ouvrir la porte. Boris s'en était remis très difficilement, la fille aussi sans doute, sauf qu'au lieu de se rencontrer et de se mettre ensemble, chacun d'eux avait préféré suivre un parcours différent.

Boris, il avait été terriblement déçu, terriblement touché mais par chance il ne s'était pas refermé sur lui-même. Boris, c'était un grand buveur de vodka, un grand cuisinier mais c'était aussi un grand espéreur, un grand explorateur de l'âme humaine. Certes, on ne pouvait pas le comparer à Marco Polo parce que Marco Polo traversait des continents à la recherche d'or et de soieries précieuses alors que Boris, lui, restait sur place envers et contre tous, persuadé qu'un jour ou l'autre il aurait l'occasion d'apercevoir sa baleine blanche et de la harponner. La baleine blanche de Boris c'était peut-être le yéti des neiges, cet abominable et fascinant mythe derrière lequel on court toute sa vie. C'était peut-être autre chose autre part, la part d'une chose ; en tous les cas c'était sûrement une chose à part tellement ses yeux étaient ailleurs lorsqu'il nous regardait.

Boris n'avait pas revu Vince depuis son dernier passage à Katmandou. D'après sa mémoire, ça remontait à plus d'un an. Il n'en était pas très sûr, un peu plus ou un peu moins. Il n'arrivait pas à se rappeler précisément si c'était en novembre ou en décembre, quoique ça ne devait pas être en décembre parce que lui-même, en cette période de l'année, se trouvait en Europe. C'était plutôt en novembre à moins que ce ne soit fin octobre ? Oui, c'est cela, ça devait être fin octobre ou début novembre parce que, maintenant il s'en souvenait très bien, il y avait eu une panne d'électricité qui avait privé Katmandou de lumière une bonne quinzaine de jours. Plus d'électricité, plus de bougies, plus de pétrole à mettre dans les lampes. La panne complète, quoi ! De sorte qu'on s'éclairait à la graisse de chèvre, même que Vince lui avait fait remarquer que son caviar sentait le bouc. Cette réflexion n'avait pas plu à Boris mais comme il l'aimait bien Vince et que son caviar datait d'avant les événements d'Iran, il s'était laissé charrier. Boris, il était aussi connu pour son passé que pour son caviar. Aussi n'étais-je pas étonné que Vince, qui mangeait à tous les râteliers, selon qu'il se déplaçait en montagne ou en ville, dans l'incommensurable comme dans le commensurable, soit venu chez Boris dans l'idée de faire un festin de caviar. Vince, il buvait de l'eau de Vichy à Vichy, il mangeait du cassoulet à Toulouse, des saucisses de Francfort à Francfort, de la tsampa dans les gargotes népalaises, des momos chez les Tibétains ; c'était donc dans sa logique, dans son naturel à lui, de s'être rendu chez Boris.

Ils étaient arrivés à plusieurs, assez tard dans la soirée. Leur nombre ? Boris hésitait. Quatre ou cinq. Peut-être trois. Non, pas cinq car il les avait installés au bout du restaurant autour d'une table de quatre. Pourquoi les avait-il mis à l'écart ? A cause de leur tenue, de leur odeur. Si le caviar de Boris sentait le bouc, Vince, à l'entendre, ne sentait guère meilleur, à croire qu'ils avaient traîné du côté de Muktinapath ou du Langtang parmi les troupeaux, et éventré les mâles porteurs de musc. Ce qu'il y a de certain, et Boris était prêt à le jurer, c'est que Vince, en dehors de sa réflexion sur le caviar et malgré sa crasse, lui avait paru en assez bonne forme. Certes, il ne s'était pas montré très loquace, préférant réfléchir dans sa barbe et même se la gratter plutôt que d'exposer ses projets. C'est un autre qui avait réglé l'addition, un Anglais ou un Américain, à moins que ce ne soit un Néo-Zélandais. Oui, ça devait être un disciple à Hillary, un de ces fameux casse-cou qui se font la main sur le McKinley en attendant de poser le pied en Himalaya. Boris ne les avait pas revus depuis, ni Vince ni les autres, à moins qu'il ne les ait pas reconnus ayant changé d'allure et d'habits. Pour Boris comme pour beaucoup de gens, l'habit faisait le moine mais comment aurait-on pu lui en tenir rigueur car au Népal, encore plus qu'ailleurs, les gens s'affublent et se désaffublent, changeant de peau et de caractère en même temps que de paysage.

Grand-père et moi, ce jour-là, nous avions laissé à l'hôtel knickers, sacs à dos et grosses godasses afin d'éviter les moqueries des Européens rencontrés. On s'était vêtus léger, et pourtant, revenant en ville, on s'était soudain sentis très lourds. On avait laissé la panoplie à l'hôtel, d'accord, mais on avait laissé aussi un peu de notre espoir chez Kalden et chez Boris. Nous avions le sentiment que Vince était là quelque part autour de nous. Peut-être gisait-il dans l'un de ces lodges minables. Peut-être qu'il s'y cachait ou qu'il s'y soignait, qu'il attendait l'inspiration ou la guérison. Peut-être était-il plus loin au fin fond du pays, en marche ou en rade ou les deux à la fois. Peut-être était-il non pas autour de nous, non pas au fin fond du pays mais autour du pays, dans l'une de ces contrées aux accès si difficiles et si périlleux qu'ils en deviennent interdits à un grand-père sans farine et à son petit-fils sans expérience. La seule chose qui nous rassurait, c'était d'ailleurs davantage un point de vue qu'une chose, c'est que personne, ni Kalden, ni Nawang, ni Boris, ni les quelques étrangers interrogés au sujet de Vince, n'avait l'air de s'inquiéter. Pour nous, l'absence de Vince équivalait à une disparition. Pour eux, sa disparition équivalait à une absence.

Tout en se remontant le moral, on s'était retrouvés à nouveau dans Asan Tole, au milieu des souvenirs tibétains et de la foule sans souvenirs. Ce qui frappait dans cette rue, comme dans les autres, c'était d'apercevoir, au fond des cours, des temples et des divinités impies, hier vénérées, aujourd'hui abandonnées, dégradées et comptant pour du beurre. Ces temples, ces divinités à l'abandon, près desquelles on vivait comme si de rien n'était, y pendant son linge, y battant son grain et sa femme, y pissant et y excrémentant, y naissant et y mourant, n'étaient-elles pas à l'image de Vince, à la fois présentes et absentes, complètement oubliées et cependant toujours fréquentées. Elles avaient eu leur heure de gloire et d'adoration et puis un beau jour, on ne sait pour quelle raison, le peuple des dévots s'en était allé traîner sa bigoterie vers d'autres idoles et d'autres lieux. Mais ces monuments et ces statues, bien que souillés, mutilés, méprisés, bien que perdus à jamais dans la mémoire des hommes, n'étaient pas considérés comme des vestiges, comme quelques atlantides supposées englouties ; elles faisaient au contraire vraiment partie de la vie depuis qu'elles étaient désacralisées. C'était pareil avec Vince ; il était certainement par là, planté dans l'une de ces cours, dans l'une de ces montagnes. Peut-être même que les enfants, les poulets, les vaches sacrées et les marcheurs le piétinaient sans pour autant le voir et y faire attention. Vince, c'était notre monument, notre divinité à nous. C'était notre baleine blanche, notre mythe. C'était le but, le bout, le point du jour, le Nouvel An. C'était tout ce que vous voulez mais ça n'était pas un vestige.

Pas très loin d'Asan Tole, en remontant vers Thamel, on était passés devant une droguerie-bazar et j'en avais profité pour rappeler à grand-père qu'il devait acheter un nécessaire à repriser et un dé à coudre. Il s'était fait tirer l'oreille parce qu'il n'avait rien à raccommoder et qu'il voyait d'un mauvais œil son petit-fils s'amuser à remplir le dé à coudre mais finalement il avait cédé, ayant trouvé dans cette même droguerie une pommade contre les hémorroïdes.

On était donc rentrés à l'hôtel si on peut appeler ça un hôtel. Il y faisait aussi sombre en plein jour qu'en pleine nuit. Il y avait toujours autant de merde au premier, toujours la jeune femme en sari et en tresses qui serpillait. Toujours les deux gars au second qui jouait aux cartes. Toujours un groupe de hippies qui se shootaient en écoutant la mélodie triste. Toujours les gosses morveux qui aidaient leur mère à préparer les chapatis. Toujours autant de fumée et de blennorragie chez les voisins.

Il n'était que cinq heures de l'après-midi mais nous n'en pouvions plus de fatigue. On payait l'attente à New Delhi, les décalages horaires, l'émotion, la nouveauté. Grand-père, lui, en plus il payait pour son grand âge, ses vieilles varices, ses vieilles artères, son vieil anus tout usé par le papier-toilette. Il avait du sang plein son caleçon, plein les cuisses et les fesses. Il était au bout du rouleau, tout près du testament. Dans l'obscurité, tapi en tapinois, rusé comme un Sioux, l'Indien guettait avec son tomawak et son arc. Il devait se marrer, l'Indien, en voyant grand-père s'enfoncer le tube de pommade dans le derrière. Oui, se marrer et se dire que hémorroïdes ou pas, ça n'était pas de là qu'il était fragile mais du cœur.

Grand-père s'était endormi le tube de pommade à la main. Il le tenait à pleins doigts comme un enfant tient son biberon. Lui il ronflait, moi je me reprisais. Sans se donner le mot, sans s'être concertés on allait tous deux à la même cadence, poumons et gestes entraînés par le rythme de la guitare. Il faisait étouffant, moite. On se serait cru dans une prison, dans un bagne. Il ne nous manquait que les fers aux pieds, la brutalité des gardiens et une vraie condamnation. Je pensais à Laurence, ma cousine polio. Je pensais toujours à Laurence lorsque je pensais à l'amour. Pas à la Laurence statufiée dans son chariot avec ses guibolles de travers et son ventre affaissé. Non, je pensais à la Laurence des jours de vacances, à une Laurence de paille et de foin, de rivières et d'éclaboussures. Laurence, c'était ma cousine naturelle, une germaine comme on dit, une fille proche, donc pas du tout éloignée ; si proche qu'on était du même sang et qu'on voyait les mêmes couleurs. Et bizarrement, parce qu'on était si parents, si semblables, si consanguins, on avait voulu interdire nos jeux, tourner la clef, serrer la vis. Fallait plus s'embrasser, plus se toucher, plus prendre notre bain ensemble, plus se montrer nos intimités, plus y mettre le nez ou la main. Le sexe de Laurence, je l'avais exploré avec la lampe frontale de papa. Cette lampe il s'en servait pour marcher la nuit mais comme le sexe de Laurence n'était pas un GR et que personne n'y avait encore randonné, je n'y avais vu que du feu, une sorte de gorge rouge à l'haleine de pipi. Généralement, il me suffisait de faire remonter en moi l'image du zizi de Laurence écarté, et de penser, tout en me caressant, aux voluptés troublantes de la pénétration et du sexabouchage, pour éprouver la jouissance. Cet après-midi-là, beaucoup d'autres images avaient défilé dans ma tête, des banales et des ahurissantes, des pures et des impures, des avouables et des inavouables. Tandis que les ronflements de grand-père semblaient dialoguer avec la mélodie triste des hippies, l'un ayant raison de l'autre et vice-versa, j'y avais été de mon cinéma permanent, sensations et représentations, s'imprimant, se gravant, elles aussi, en même temps que la musique. Tout y passait, la cousine, la tante, les amies de ma mère, les mères de mes amis, l'Intouchable qui serpillait plus bas, la blennorragique d'à côté, Mme Tarojxy la Hongroise du Val Fleuri, la marcheuse en jupe-culotte, Mme Kalden la sherpani, la déesse vivante, l'hôtesse de l'air. J'en avais mal à la bébête à force de me repriser, mal au poignet droit à force de l'agiter, mal à la main gauche à force de tenir le dé à coudre prêt à recevoir la fameuse dose, celle qui est à la mesure de l'homme et grâce à laquelle on révèle sa puissance. Et puis sans savoir pourquoi, sans m'y attendre, j'étais brusquement passé des cuisses de Mme Tarojxy la Hongroise à celles d'une inconnue, j'étais passé d'un appartement de la Résidence du Val Fleuri à un taudis boueux et pestilentiel du Centre Népal. C'était un lodge comme le nôtre, dressé quelque part en pleine forêt, à la limite de la végétation et des collines pelées. Au-delà d'une ligne de rhododendrons géants, on apercevait les neiges éternelles du Dhaulagiri mais ça n'était pas moi qui habitais ce lodge, pas moi qui fourrageais tel un taureau furieux les cuisses d'une grande fille blonde évanescente. Pas moi qui étais la cause de son retournement des paupières. Pas moi qui croisais les mains sous ses fesses pour abolir les millimètres d'espace. Pas moi qui étais ventre à ventre, peau à peau, sueur à sueur. C'était Vince qui sexamourait, qui mourait, et qui assassinait la fille avec son sexe. Oui, c'était papa qui baisait, papa qui possédait, qui voluptait. Il faisait ça comme il marchait, en cadence, au pas de charge en se défonçant, en se surpassant. Il l'encordait, la cramponnait, la pitonnait. Il taillait en elle des escaliers, c'était une merveilleuse et sauvage escalade. Il la grimpait comme un fou, la rendant folle, la rendant autre. Alors, en arrivant là-haut, au sommet, tout près du ciel, on avait eu ensemble le même orgasme, le même plaisir liquide ; une jouissance sans pareille quoi ! Si bien que le dé à coudre de grand-père s'était mis à déborder.

Nous avions dormi jusqu'au lendemain matin dix heures. C'est grand-père qui s'était réveillé le premier à cause de ses hémorroïdes mordantes. Il s'était pommadé. On s'était douchés et après avoir pris des œufs sur le plat et du thé, des œufs comme on n'en trouve plus en France tellement ils sont bons et naturels malgré tous les chewing-gums avalés par les poules, on s'était rendus à l'ambassade.

On avait rencontré Bernadette, une première secrétaire, et parlé de Vince tous les trois dans un bureau où un autre employé essayait d'obtenir un hélicoptère pour voler au secours d'un trekeur atteint d'une thrombose. Personne ne savait où était l'hélicoptère pas plus qu'on ne savait si le trekeur était encore en vie. Deux autres marcheurs étaient en rade vers le camp de base de l'Everest, l'un avec une jambe cassée, l'autre avec la malaria. D'après Bernadette, c'était pareil toutes les semaines. La montagne était trop rude, les marcheurs trop faibles et l'hélicoptère trop rafistolé pour être opérationnel.

Bernadette ne nous apprit rien de nouveau au sujet de Vince. Leur dernière entrevue remontait à très longtemps, un an peut-être. Revenant du Sikkim, Vince était passé à l'ambassade pour signaler qu'une randonneuse solitaire s'était fait assassiner du côté de Taplejung. C'était une espèce de grosse fille un peu lesbienne et qu'on connaissait bien à Katmandou. Elle avait préféré se laisser violer morte plutôt que vivante. On ne savait pas qui étaient les violeurs, ni à combien ils s'y étaient mis pour avoir raison de cette grosse bonne femme pleine de biceps. La seule chose dont Vince était sûr, c'est que les types n'avaient pas un goût terrible ou alors c'est que leur goût ne correspondait pas au nôtre. Bernadette se souvenait parfaitement des paroles de Vince et elle en riait encore. Pour elle, Vince était sans doute l'un des deux ou trois plus grands marcheurs himalayens qu'il lui ait été donné de rencontrer. Elle était rassurante. Rien ne pouvait arriver à un bonhomme de sa trempe. Non seulement il était taillé dans le roc mais en plus il pouvait rester autonome et caché en pleine montagne tel un sous-marin atomique sous l'océan. La seule chose qui pouvait freiner Vince dans sa marche et sa passion c'était le manque d'argent. A cette époque justement, il avait emprunté l'équivalent de trois mille dollars à l'ambassade contre un chèque à toucher en France. Le chèque avait été encaissé sans problème quelque temps plus tard. Effectivement Nora s'était mise à râler en s'apercevant que le compte en banque avait été débité de dix-huit mille francs. Heureusement, début janvier, la Sacem était tombée à point pour couvrir les agios et un débit de cinq mille francs. De toute façon, lorsque l'on était gênés entre deux répartitions, grand-père prêtait à Nora de quoi faire la soudure.

Avec ses trois mille dollars touchés fin décembre, Vince pouvait subsister plus d'un an en payant sherpa et porteur. Trois mille dollars, ça équivalait à cinquante ou soixante mille roupies népalaises et lorsqu'on sait qu'un sherpa en demande cinquante par jour et un porteur trente, que l'on peut se nourrir et se loger pour la même somme sans manquer du nécessaire, on n'avait vraiment aucune raison de s'en faire. Bernadette était plus que rassurante, elle était optimiste. Bien sûr, Bernadette ne savait pas tout. Elle ne connaissait que le Vince marcheur, que le Vince sportif, que le Vince en action. Nous, grand-père et moi, savions pourquoi Vince était parti, pourquoi Vince n'était pas revenu. Pour Bernadette, Vince courait la montagne à la recherche de performances et de sensations. Pour nous, Vince courait la montagne à la recherche de l'inspiration. C'est-à-dire qu'il possédait le musc, la moelle, le punch, tout ce qui est clair en apparence, mais qu'il lui manquait l'essentiel, ce talent inspiré grâce auquel il avait réussi à s'élever, à être ce qu'il était avant de partir. Pour Bernadette, Vince était une machine bien réglée, une extraordinaire locomotive avec ses pistons, ses bielles en acier et sa vapeur bouillonnante. Grand-père et moi nous savions par ses lettres que Vince n'était pas aussi bien réglé qu'il le laissait supposer. Vince, il avançait peut-être à la vapeur, ou sur coussin d'air mais ça ne l'empêchait pas de dérailler. On ne quitte pas sa famille, ses amis, son garçon, son pays et son métier comme ça d'un seul coup et sans crier gare, quand bien même on se prendrait pour un train, et cela faisait déjà un bon moment que la machine mentale de Vince allait et venait sur des voies de garage à la recherche d'une station nommée Vérité.

Vince, il avait commencé à marcher vraiment quelque temps après le suicide de Régine, la fille de la concierge du studio d'enregistrement. On aurait dit qu'il s'était mis en route pour fuir le spectre, mais grand-père et moi on savait qu'il fuyait aussi la conjugalité, la banalité, le train-train d'un quotidien étouffant parce que tracé d'avance. On n'était pas certains que Vince se soit fait, comme les autres, sexaboucher par Régine, pas certains qu'il en eût éprouvé un réel remords, assurés de rien étant donné qu'il gardait ses sentiments prisonniers, et pourtant c'était flagrant, les sentiments, un beau jour, à moins que ce ne soit un jour très laid, s'étaient mutinés en lui et l'avaient forcé à lâcher prise. La disparition de Vince, donc, ne surprenait pas Bernadette. Elle avait l'habitude de rencontrer des types inrencontrables, des types inracontables, de ces gens qui vadrouillaient des années durant à raison de vingt francs par jour, éclatants de soleil, de mousson, de neige et d'égoïsme. C'étaient pour la plupart des adultes déjà abîmés par la vie, des êtres qui s'étaient donnés à fond aux autres, à une cause ou à une idée et qui en étaient revenus blessés. Bernadette en connaissait une dizaine qui tournaient ainsi sans fin du Cachemire au Sikkim, ayant fait le vide, ayant viré d'eux-mêmes leur ancien monde et mis à la porte les contraintes. Ils marchaient, ils allaient, complètement axés sur leur nouvel état, entièrement aux aguets de leurs propres sensations, répondant toujours présent à l'instinct, s'introspectant cervelle et doigts de pieds, découvrant minute après minute, telle une pendule qui aurait beaucoup retardé, que le temps était rattrapable à condition de mettre la liberté à l'heure de leur récent fuseau. Peu importaient dès lors les catastrophes internationales, les drames de l'existence et le chagrin qu'ils causaient par leur absence. La seule chose qui comptait pour ces baladins de la balade, pour ces traînasseurs de méridiens, c'était la forme, le souffle, le musc, la moelle et l'oubli dans la défonce.

Bernadette comme Boris étaient persuadés que Vince s'était laissé avoir par deux ou trois de ces drogués du kilomètre et qu'ils avalaient à présent l'espace à plusieurs, se stimulant les uns les autres, s'entraînant chaque jour un peu plus en direction d'un itinéraire confidentiel et ésotérique dans l'espoir de toucher du doigt la vérité et de respirer à foison son émanation.

Vince, il avait écrit une chanson sur la vérité, à ne pas confondre avec la certitude, l'évidence ou l'exactitude. Dans cette chanson il démontrait que la vérité n'était pas chantable, pas avouable car, d'après lui, la vérité c'était justement tout ce qu'on ne révélait jamais, tout ce qui restait caché au fond de soi, bien abrité derrière les mots, des mots qui sont là tout exprès pour leurrer l'imploreur de vérité. Dans la chanson de papa il y avait quatre couplets et quatre refrains. C'était une composition assez classique sauf que refrains et couplets, c'était inhabituel, étaient d'égale longueur. En voici deux pris au hasard :

> *La vérité, je vous le jure, elle n'est,*
> *Ni chez les enfants, ni dans leur cartable,*
> *Ni chez leurs parents, ni dans leur journal*
> *Ni chez l'innocent, ni chez les coupables*
> *Ni chez le minable qui se met à table*
> *Et qu'on interroge à l'interminable*
> *Ni chez la mariée qui dit oui, très pâle*
> *Ni le supplicié transpercé du pal*
> *Ni dans la fumée que certains exhalent*
> *Ni dans la rosée d'un gazon royal*
> *Encore moins*
> *Encore moins*
> *Sous le sabot d'un cheval*

160

*La vérité, je vous le jure*
*Elle est planquée au fond de soi*
*Elle est muselée dans son effroi*
*Elle est vissée à son pourquoi*
*Comme un grimpeur à sa paroi*
*Elle est tapie dans l'inconscient*
*Elle est aussi tapis d'Orient*
*Que l'on secoue par la fenêtre*
*Elle est carpette et paillasson*
*Sur lesquels on fait ses courbettes*
*Elle est fleurette et horizon*
*Elle est pâquerette ou bien chardon*
*Mais elle est muette comme un poisson.*

En réalité, comme dans la chanson de Vince, Bernadette proposait des vérités mais n'était pas en mesure de nous aiguiller. Ce qui était certain, c'est qu'elle avait vu papa, il y a un an et que lui-même avait signalé une grosse fille morte et violée du côté de Taplejung. Ce qui était certain, c'est que son visa népalais arrivait à expiration et qu'il devait, pour le renouveler, soit faire un saut à l'étranger, à New Delhi par exemple, soit mettre un billet de cinquante dollars entre les mains d'un fonctionnaire de l'immigration. Tel que je connaissais papa, il avait adopté à coup sûr la solution du bakchich non seulement pour son visa mais encore pour son permis de treking. Aussi bizarre que cela puisse paraître, on a besoin au Népal d'un permis pour marcher. Bien sûr, ça n'a rien à voir avec le permis de conduire puisque les marcheurs, même les plus expérimentés, savent éviter les collisions et qu'ils restent dans l'ensemble maîtres de leur équilibre. Le permis de treking c'est plutôt un genre sauf-conduit qu'un genre bonne conduite, un moyen pour le roi de contrôler le déplacement de l'étranger bien que l'étranger, s'il est un peu malin et très bakchisant, peut sillonner le pays d'un bout à l'autre sans la moindre autorisation. Quoi qu'il en soit, au Népal comme dans les autres royaumes ou provinces himalayennes, féodalisées à une vague autorité, une fois passés les derniers villages que l'on peut d'ailleurs fort bien éviter, on arrive à patrouiller des mois et des mois entre montagnes et vallées sans rencontrer le moindre poste de police même si, de temps à autre, une section de gurkhas entraînés à l'anglaise manœuvre ou fait semblant de manœuvrer sur les hauts plateaux, occupant parfois cols et passes, histoire de remplir leur carnet de route avant de se présenter au rapport d'un quelconque check-post généralement établi à l'entrée des villes principales et des grosses bourgades. Quant à ceux qui veulent tenter l'ascension d'un sommet, à condition qu'il ne soit ni sacré ni défendu, c'est selon les années et les caprices administratifs, ils doivent non seulement en obtenir l'autorisation mais encore en payer l'accès. Plus le sommet est élevé et l'équipe importante, plus les prix grimpent et s'inflationnent.

Ce qui était certain, toujours d'après Bernadette, c'est que Vince et ses compagnons, à supposer qu'ils naviguent à trois ou quatre, sans sherpas ni porteurs, pouvaient parfaitement se permettre de passer outre les autorisations. Ce qui était moins certain c'est que Vince, qui n'est pas un ascensionniste, se soit laissé entraîner par-delà les grands axes de marche vers ces sommets réservés aux seuls spécialistes et qui, tels des dieux barbares, réclament à cor et à cri leur ration saisonnière de sacrifices humains.

En vérité, Bernadette ne s'était pas préoccupée de Vince depuis leur dernière entrevue. Elle n'avait d'ailleurs aucune raison particulière de s'en soucier car Vince aurait très bien pu rentrer en France sans pour autant signaler son départ. A l'ambassade on ne se préoccupait que des gens dont le cas était préoccupant, notamment des drogués ou des accidentés.

Ce qui était certain, Bernadette ayant appelé la Royal Air Nepal et Air India, c'est que Vince n'avait

162

pas quitté Katmandou par avion. Cela ne prouvait pas que Vince soit toujours au Népal car Vince, comme n'importe quel routard, aurait très bien pu gagner New Delhi par Nantava, et Gorapur, ou Bénarès par Raxaul, Sagauli et Sompur. Il y a au moins dix itinéraires possibles pour se rendre aux Indes à condition de combiner marche, bus et train. On n'était pas certains que Vince soit encore au Népal, pas certains qu'il soit aux Indes, certains de rien en dehors du fait qu'il s'était évanoui depuis près d'un an. On était donc en droit de tout accepter, de tout supposer. En droit de se convaincre qu'il tournait dans le coin, flairant les sommets avec méfiance et fascination, se préparant, comme il l'écrivait dans sa dernière lettre, à tenter son ultime escalade. En droit de penser qu'il avait franchi par mégarde la frontière chinoise, qu'il se planquait au Tibet dans quelque lamaserie, au Laddak avec une fille, ou bien alors qu'il s'était réfugié avec son esprit dérangé dans une gompa himalayenne, un de ces monastères bouddhistes où il apprenait à souffler dans une conque blanche pour appeler le Bodhisatva et atteindre, à bout de souffle, le degré de perfection qui lui permettrait d'accéder à l'illumination et à son nirvâna. Rien ne nous prouvait en effet que cette ultime escalade n'était pas celle de la spiritualité dans la mesure où la vaine recherche de l'inspiration l'avait amené à ce point extrême afin d'éviter que son âme ne soit condamnée éternellement à la torture de l'inassouvissement.

On ne savait rien de papa, ni en bien ni en mal, ni en long ni en large. Peut-être était-il en train de passer l'arme à gauche à flanc de montagne. Peut-être était-il déjà mort, brûlé ou bien hiberné, congelé à vie au cœur d'un glacier. La seule chose que je savais, où qu'il se trouve et quoi qu'il ait fait, qu'il soit devenu pur esprit, ou au contraire pur acier avec des muscles jaillissants et des rotules huilées comme des bielles, c'est qu'il avait oublié de prévenir son petit garçon de ses intentions.

On était restés des heures à discuter avec Bernadette, devisant sur le certain et l'incertain, pesant le pour et le contre mais nous n'avions pas osé lui avouer, de peur qu'elle ne nous l'interdise, notre dessein d'aller à la rencontre de Vince au hasard de l'instinct et des sentiers. Croiser Vince au Népal, un pays grand comme le quart du nôtre c'était aussi idiot que d'essayer de rattraper une aiguille à repriser tombée dans une rizière. Oui, rechercher Vince dans un royaume où en moins de vingt kilomètres la nature fait des bonds de 6 500 mètres à la verticale, dans un pays où il y a encore des pâturages à 5 000 mètres, des jungles à niveau d'océan, dans un pays où les oiseaux n'ont même pas besoin d'accomplir leur migration puisqu'il leur suffit de quelques battements d'ailes pour passer de l'hiver à l'été, c'était parfaitement inutile, parfaitement absurde. Toutefois c'était sans doute la seule façon qui nous restait d'honorer Vince, de lui rendre un hommage solennel ; la seule manière en tous les cas de voir les choses qu'il avait vues lui-même, de comprendre ce qu'il avait compris, d'apprendre ce qu'il avait appris.

En partant de Paris on croyait en la possibilité de retrouver Vince. En arrivant à Katmandou, on y croyait encore un peu. En quittant Katmandou pour Pokhara on n'y croyait plus du tout, et pourtant, on était partis comme des voleurs sans permis de treking, sans prévenir personne, sans même réussir à téléphoner à Nora.

La veille, on avait été chercher le permis au bureau central de l'immigration, à Ram Shah Path, mais quand les employés nous ont vus ils ont fait « non non » de la tête. On avait essayé avec de la conviction et des bakchichs mais les gars ne s'étaient pas laissé convaincre. Ils nous examinaient, tirant sur leurs cigarettes qui dépassaient comme un tuyau de leurs poings serrés. C'est ainsi que les Népalais fument, mine de rien, discrètement. Ils fument comme ils vivent, comme ils meurent, sans avoir l'air d'y toucher, sans avoir l'air d'être là. Oh ! bien sûr, on savait bien pourquoi ils ne voulaient pas nous donner le permis. C'était pas à cause de moi parce que lorsque l'on a treize ans en Asie c'est pareil que si on en avait vingt ; non seulement les autres vous prennent au sérieux mais encore ils vous prennent pour porter des charges surhumaines. A treize ans, en Asie, on est presque déjà un vieux tellement on traîne depuis longtemps dans les rues et la misère.

Le permis, c'est à cause de grand-père que nous ne l'avions pas obtenu car lorsque l'on a quatre-vingt-deux ans en Asie, on n'est déjà plus un homme mais un zombie, on n'a pas un pied sur le bûcher mais les deux.

Les gars de l'immigration ne s'y trompaient pas. Grand-père, ça n'était plus un vivant mais un survivant. Il était en transit, entre deux vols, attendant l'embarquement à bord de son karma dans une espèce d'antichambre flottant entre ciel et terre.

A Paris on se serait mis en colère contre les fonctionnaires. A Katmandou, on leur avait souri et puis on était sortis du ministère sans s'en faire une montagne. Ce qui ennuyait grand-père ça n'était pas qu'on lui ait refusé son permis de marcher parce qu'il se connaissait assez pour savoir qu'avec ou sans permis il n'irait pas loin, mais qu'il irait tout de même assez loin et assez haut jusqu'à un sentier où il pourrait mettre ses pieds dans les empreintes laissées par Vince. Non, ce qui ennuyait grand-père c'était de partir sans avoir réussi à téléphoner à Nora, bien qu'on ait attendu près d'un jour à la poste et un autre dans le hall de l'hôtel Annapurna, un super-palace, en espérant qu'on allait nous passer la ligne. Le standardiste gratifié d'un bakchich de prince, de quoi nourrir sa famille pendant un mois, avait pourtant fait tout ce qu'il fallait auprès du central pour avoir Paris mais, hélas ! c'était peine et argent perdus. Grand-père, il ne voulait pas avoir Nora pour lui demander quel temps il faisait à Paris, ni si Vince par hasard n'était pas revenu à la maison entre-temps. Il voulait sûrement lui dire quelque chose de très grave, quelque chose de très important, un truc qu'il gardait secret et dont il refusait absolument de me parler. Grand-père, c'était un grand hippie, un grand brahmane, un grand résistant, un grand voyageur mais c'était aussi un grand têtu. Peut-être voulait-il juste prévenir Nora, lui apprendre qu'on quittait Katmandou, qu'on descendait sur Pokhara, lui dire qu'elle ne s'en fasse pas, que tout allait bien et qu'on rentrerait comme prévu sans manquer l'école. C'était bête, idiot, ça tenait du caprice, quoi ! Peut-être désirait-il que Nora conserve de lui une bonne image, celle d'un bon grand-père responsable. Peut-être voulait-il lui parler du testament, lui confirmer ses dernières volontés, à moins que son appel ne soit destiné qu'à la torturer, à lui donner mauvaise conscience, qu'à la pousser à venir prendre le relais lorsqu'il n'y serait plus.

Voyant qu'il ne pouvait réussir à avoir Paris, il avait demandé Londres, puis Bruxelles, puis Lausanne, New York, Karachi, et New Delhi. Il était devenu complètement fou, Léon. Pas fou dangereux et coléreux mais fou comme celui du jeu d'échecs, mangeant du câble et des ondes en diagonale tant que ça pouvait. Il avait sorti de sa poche le calepin où étaient notés les noms et les téléphones de ses copains radio-amateurs, pensant qu'il aurait la chance de parvenir à en joindre un, mais malgré les bakchichs et l'acharnement du standardiste, le central était resté aussi muet sur Karachi que sur Paris. Finalement, il s'était enfermé dans une cabine avec un papier et un crayon et avait envoyé un télégramme à Nora et un autre à sa concierge.

Quelque temps plus tard, craignant que les télégrammes ne parviennent jamais à destination, il avait été obligé de me mettre dans le secret. Ah !

oui, mon grand-père, c'était un type vraiment diabolique.

On avait pris le bus pour Pokhara. La deuxième
ville du pays n'était qu'à deux cents kilomètres de
Katmandou mais on avait mis onze heures en
comptant les arrêts catastrophes et pipi. Comme
nous étions les seuls étrangers dans ce bus bourré
à craquer de Népalais de toutes origines, Intouchables pour la plupart, il fallait faire drôlement attention pendant les instants critiques où le chauffeur
négociait les virages. La peur, elle ne montait pas
des abîmes bien que le véhicule ait failli y basculer
plus d'une fois. Non, la peur, elle venait du regard
paniqué des autres passagers lorsque les corps,
précipités par la force centrifuge, se collaient aux
nôtres. Il y avait un mouvement de recul immédiat,
des frayeurs criantes ou muettes, selon les tempé-
raments, mais il était très difficile de savoir qui
contaminait qui. Était-ce nous en touchant les
Intouchables, ou bien étaient-ce les Intouchables
en nous touchant ?
Le chauffeur et son aide s'en fichaient. Eux, ils
étaient de caste supérieure. Il connaissait la route
et la musique et s'en donnaient à cœur joie dans les
virages. Protégés par une statuette de Shiva vissée
sur la plage avant et dont les yeux s'allumaient à
chaque coup de frein, en même temps que les feux
« Stop », ils fonçaient sur trois pattes dans les
descentes vertigineuses et escargotaient durant les
montées. On avait été obligés de descendre à plusieurs reprises pour aider le moteur à retrouver les
siennes, poussant tels des damnés de la terre ce
vieux car sino-soviétique qui s'étouffait d'essence
frelatée et poussiéreuse.
Tout le long de la route défoncée par la dernière
mousson, une route sans ruban, sans goudron, sans
accotements stabilisés ni panneaux de signalement,
on rencontrait des villageois stabilisés dans la
dèche depuis des siècles. Il y en avait qui travail-

167

laient aux champs et aux rizières, qui tiraient eux-mêmes des charrues de bois, d'autres assis en plein milieu du passage tels des chiens endormis, perdus entre rêve et abrutissement et que les klaxons ne sortaient pas de leur torpeur. Le chauffeur avait le choix. Ou bien il les évitait au risque de se planter en plein décor, ou bien il les écrasait et continuait tout droit au prix d'une crise de conscience. Le miracle c'est qu'il n'écrasait presque jamais personne, réussissant à éviter hommes et décors, mais comme il fallait bien compenser l'extrême attention et la tension nerveuse, il se vengeait sur les chiens, les poulets et les autres véhicules que l'on croisait ou que l'on doublait. Notre chauffeur aurait pu être un remarquable pilote de stock-car. D'ailleurs, tous les véhicules rencontrés, que ce soient des camions, des bus ou des stationwagons, étaient marqués par cette conduite sportive. Aux uns il manquait les portières, les capots, les ailes ; aux autres il ne manquait rien mais tout était cabossé, défoncé sans compter les roues voilées, les pare-brise éclatés, les vitres coincées, les phares arrachés et qui pendaient comme un œil de verre divorcé de son orbite. Partout ça n'était que tas de ferraille bringuebalant, fumant, crachant, rendant l'âme ou le vomi. A chaque instant on frisait la catastrophe, la mort, la trépanation et l'amputation mais dans l'ensemble grâce aux Shivas, aux Vishnous, aux Brahmas, aux Devis, aux Durgas, aux Kumaris, à toutes les divinités boulonnées ou accrochées au tableau de bord, grâce à la dextérité instinctive des chauffeurs et à la confiance inconsciente des passagers, les voyages se passaient plutôt bien. Oh ! certes, il arrivait bien qu'un bus bascule dans le vide avec son cortège de mutilés et de réincarnés, qu'un camion se retourne sur sa cargaison de grappes humaines faisant, du coup, rougir la poussière et les flots tumultueux des rivières, qu'une voiture accrochée au passage par une autre prenne feu ou qu'un enfant soit fauché dans sa course. C'était comme partout quoi ! Sauf qu'ici, peut-être, les accidents paraissent plus spectaculaires car les rescapés ne comptent ni sur le S.A.M.U., ni sur les transfusions, ni sur d'éventuels brancardiers. Les rescapés, ils font comme les soldats de Napoléon, à la guerre comme à la guerre, ils s'amputent eux-mêmes à l'aide de leurs khukriss, ils se garrottent avec leur pan de chemise et se transfusent avec des bouts de durite au hasard d'un sang voisin qui n'est pas forcément de leur groupe.

Ballotté au milieu des Intouchables, qui nous fuyaient comme la peste à chaque virage, préférant verser de l'autre côté plutôt que de nous frôler, serré contre grand-père qui ne valait pas mieux que le car tant il était cabossé, bleui et dégueulant, je regardais fasciné, au fur et à mesure qu'on se rapprochait de Pokhara, la masse écrasante des Annapurna et la cime du Machapuchare que l'on compare à une queue de poisson mais qui ressemblait plutôt à un calot de militaire. Quoi qu'il en soit, calot ou queue de poisson, le Machapuchare impressionne davantage que les Annapurna parce que son sommet toujours sacré reste encore inviolé. Tous les ascensionnistes du monde voudraient bien aller respirer là-haut l'air de la virginité et toucher du doigt gelé ce sexe fabuleux, voire s'y engouffrer et même y rester allongé la nuit entière à le sexaboucher comme on le ferait avec un esquimau géant. Seulement voilà, le Machapuchare est interdit d'himalayistes car les dieux ne veulent pas qu'on vienne y mesurer sa virilité à coups de piolet et de dé à coudre. Au Népal les dieux sont jaloux des hommes. Ils se réservent certaines montagnes comme un mari se réserve sa femme, comme un père protège sa fille. Évidemment, plus une femme est protégée, plus une fille est réservée, plus on s'acharne en idée sur elle, plus on veut en découdre et ça peut aller jusqu'au crime, jusqu'au viol. C'est pareil avec un sommet. Plus il est défendu, plus il est inaccessible, plus il est étroit, plus il est vierge ; plus on veut lui donner l'assaut et y planter son drapeau. Il y a quelques années, un Anglais particulièrement violeur et dépuceleur, particulièrement macho et sournois, s'était mis dans la tête d'aller dépuceler le Machapuchare. Il était parti avec des pitons et des cordes plein son sac à dos, avec une envie furieuse plein les testicules, avec un amour fulgurant plein son cœur. Il avait grimpé et grimpé en plantant ses pitons, en s'accrochant à son piolet, en bivouaquant dans son désir, en se nourrissant d'amour et de potages lyophilisés. Il avait eu les doigts et les orteils gelés et sa peau avait collé au cuir et le cuir était rentré si profondément dans sa chair que ses extrémités étaient devenues une espèce de bouillie, un mélange de peau de vache et de peau d'homme, complètement congelé. Il avait eu le courage de continuer encore un peu, puis ça avait été au tour des oreilles, du nez et des yeux de ne plus entendre, de ne plus sentir, de ne plus voir. Alors, parvenu à trois cents mètres du but, au lieu d'avoir son orgasme et de remplir son dé à coudre, au lieu de se mettre à plat ventre et de fourrager furieusement la queue du poisson pour laquelle il était monté, il s'était couché en chien de fusil sur un surplomb en demandant pardon aux dieux d'avoir voulu faire le violeur. Les dieux, tel un mari jaloux, tel un père déshonoré, l'ont immolé sur place. On raconte qu'il y est toujours, même que l'on peut voir par beau temps et à la longue-vue la tache rouge de sa doudoune suspendue entre deux arêtes.

On s'était arrêtés pour excrémenter et uriner à Benigat, au kilomètre 76. C'était un village en bordure de route où la plupart des échoppes faisaient lodge et restaurant. Les W.-C. se trouvaient soit attenants à la cuisine, soit au fond du jardin. Il n'y avait ni papier, ni eau, ni siège bien sûr et heureusement, mais on avait intérêt à se pousser du coude pour être dans les premiers car les Népalais visent plutôt très mal ou alors c'est qu'ils visent

170

à côté du trou, leur anus étant atteint semble-t-il de strabisme. De toute façon, dans le trou ou à côté, près des cuisines ou au fond des jardins, les excréments sont aussitôt ramassés après le passage des cars et épandus dans les potagers par des préposés, généralement des gosses armés de pelles et qui guettent avec un plaisir non dissimulé l'instant libérateur de la défécation. M. Lourmel, le psychiatre avec son long manche de pelle, il aurait été vachement content et très perturbé, ne sachant plus où donner de la tête ni du derrière.

Lorsque les potagers et les vergers en ont ras la terre de leur engrais, ces mêmes gosses transportent leur précieuse charge en des terrains plus lointains vers les rectangles de rizières ou d'orge cultivés en terrasses et qui s'accrochent au flanc des collines, donnant au paysage une luxuriance qui ne se reflète pas dans le regard de ses habitants, à croire que le paysage ici est bien plus heureux que les hommes.

Hors des routes et des bourgades qui la bordent et en vivent, par-delà ce ruban poussiéreux où l'on trafique en vendant ce qu'on peut à qui l'on peut, et cela va d'un chewing-gum desséché, parfois même déjà mâché, aux oranges amères, aux bananes à cuire, on aperçoit retirés, coupés du monde, malgré cette route qui en vient ou qui y va, des villages miniatures accrochés eux aussi comme leurs cultures aux pentes dangereuses des collines.

Des collines il n'y a que ça. Les unes boisées, les autres pas. Les unes verdoyantes, les autres pelées. Il y en a des caillouteuses, des valeureuses et des fainéantes, des fertiles et des stériles, des habitées et des désertes. Impossible de savoir si c'est le paysan qui a su faire verdoyer sa colline ou si c'est la colline qui n'a pas voulu se laisser irriguer par le paysan. A moins que certaines ne soient également sacrées, tels le Machapuchare et l'Ama Dablam, donc interdites de cultures, de sentiers, de maisons, de rases canalisant l'eau des torrents et de pompes archaïques aux tuyaux rafistolés avec lesquelles, ailleurs, on suce le cœur de la terre. Cette eau si précieuse, si courante en période de mousson, on la cherche et on la vénère le reste du temps, préférant capter les ruisseaux égarés, cette sueur froide des glaciers, et dédaigner les grands fleuves comme la Mahes Khola et la Trisuli qui coulent au fond des gorges profondes et sans rives, là où la culture ne peut ni s'étager ni s'épanouir. Certes, on aperçoit de loin en loin dans la vallée basse, de vastes et riches rizières englouties, sortes de lacs verdoyants qui sont le résultat d'un détournement réussi, dont la rivière ne se rend même pas compte.

De Benigat à Mugling, on avait mis deux heures pour faire trente-deux kilomètres tellement la route était défoncée. C'étaient des ingénieurs chinois en costume mao qui donnaient des ordres aux terrassiers en costume nature, ces derniers ne portant qu'un short aussi délabré, aussi mal en point qu'eux-mêmes. Les types étaient si fatigués qu'ils s'y mettaient à deux pour envoyer une pelletée de gravier dans la benne des camions. Il y avait celui qui pelletait à même le tas et l'autre, un apprenti, un grouillot qui tirait ensuite sur une corde attachée à ras du manche aidant ainsi artificiellement un mouvement qui aurait dû être naturel.

Ils étaient des centaines et des centaines de cantonniers à flageoler des membres sous un soleil de plomb, continuant à casser du caillou et à arracher leurs pelles tandis que claquaient en écho les tirs de mines et que dévalaient des parois des blocs de rochers qu'il fallait aussitôt dégager pour permettre l'écoulement d'un trafic bouchonnant. Ici point de Bison Futé, de C.R.S. en tenue d'été, point d'antennes chirurgicales sous les tentes de la Croix-Rouge ni de conducteurs en ceinture de sécurité, mais une espèce de grande ceinture à l'échelle de l'existence qui serrait l'humanité à l'estomac. Ici, point de départ en vacances, ni de planches à voile sur le toit des camions, mais une vacance totale de précautions, un absolu mépris du danger, une sorte de foutoir où les usagers de la route, qu'ils soient travailleurs, véhiculeurs ou passagers, s'en sortaient comme par miracle. Et quand ils ne s'en sortaient pas, touchés à mort par les retombées d'une explosion ou écrasés par le dessin usé d'un pneu rechapé, on les alignait sur le bas-côté, une feuille de bananier sur la tête en guise de couverture.

Juste avant Mugling, on avait été obligés de s'arrêter pour charger sur le toit, au milieu des bagages, des cochons et de la volaille en cage, un vieux bonhomme qui avait eu le thorax défoncé par un rocher qui s'était détaché de la montagne alors qu'il n'aurait pas dû. Sa presque veuve avait aidé à son chargement puis sans un mot, sans une larme, elle était descendue du toit pour continuer à pousser devant elle son troupeau de buffles. C'était une bonne femme en sari violet avec un collier de faux corail autour du cou et un autre au front fait de pièces de monnaie, qui retenait ses cheveux mal tressés. Elle s'était éloignée de son mari agonisant sans même se retourner, préférant fouetter les fesses de ses buffles que celles du contremaître responsable. Grand-père, qui en avait vu d'autres dans les camps nazis, n'en revenait pas. Oubliant soudain son arthrose, ses hémorroïdes, sa fatigue séculière, il était intervenu auprès du chauffeur et des quelques autorités surgies au dernier moment de la masse anonyme, exerçant leurs talents d'organisateurs sans que rien ne les y autorise, afin qu'on installât le blessé à notre place, ne serait-ce que pour l'assister en ses derniers instants. On lui avait fait comprendre sèchement que ça n'était pas ses oignons. Plus même, l'un d'eux exhibant un papier officiel nous avait demandé les nôtres. C'est moi qui, depuis la veille, avait la charge des passeports et de notre argent. Pris au dépourvu, j'avais sorti de dessous mon short le sac de toile confectionné par Vince et montré pêle-mêle notre identité et notre

fortune. Non seulement nous possédions des dizaines et des dizaines de milliers de roupies que les
gens agglutinés dévoraient des yeux mais en plus
nous avions assez de dollars pour lever une armée
et fomenter une rébellion dans la province.

Oubliant l'agonisant qui rendait l'âme sur la tôle
surchauffée au milieu des cochons et des poulets
déshydratés, on nous avait conduits à quelques
centaines de mètres de là jusqu'à un poste de
contrôle où un inspecteur en moitié d'uniforme, un
type bête et méchant, têtu comme un âne, s'était mis
dans l'idée de relever un à un les numéros de nos
billets. En récompense de notre attente on avait eu
droit à un thé et à des gâteaux glucosés, un genre
de petit-beurre à l'usage des populations faméliques
et que connaissent fort bien les médecins sans
frontières. En un rien de temps le check-post fut
pris d'assaut par les curieux ; on se serait crus dans
un P.M.U. un jeudi de quarté, sauf que là il n'y avait
que deux gagnants, un vieux grand-père et son
petit-fils, et encore n'étaient-ils pas sûrs de retrouver leur mise. Pendant que l'inspecteur relevait les
numéros, salivant sur ses doigts et bavant d'envie,
un autre type, en slip chiasseux et en casquette
d'officier inférieur, s'ingéniait à obtenir Katmandou
au téléphone. Il tournait nonchalamment la mani-
velle de l'appareil, gueulant dans le combiné « Allô !
central ! Allô ! central ! » tout en sachant très bien
que le central ne répondrait jamais. C'était de la
frime, de l'esbroufe, une manière de nous en foutre
plein la vue en nous en prenant un maximum, sauf
que pour nous leur maximum équivalait à un
minimum. Finalement, au troisième verre de thé,
au centième « allô ! central » grand-père, grand hippie, grand brahmane, grand résistant, grand ascensionniste, mais aussi grand seigneur, proposa cent
roupies en échange de la liberté et cinquante de
plus pour les permis de treking.

On leur avait serré la main. Ils nous avaient
salués militairement, à l'anglaise, à la gurkha.

174

Accompagnés de notre cohorte de touchables et d'Intouchables, nos compagnons de voyage et d'infortune, nous avions regagné le car pour y retrouver le mourant de tout à l'heure salement décédé. Il était complètement exsanguiné, même que ça avait coulé à travers le toit et que ça sentait fade, une insupportable odeur de boudin frais à l'intérieur du véhicule.

On avait descendu le cadavre de la galerie et nettoyé à la va-vite. Plusieurs femmes étaient montées à bord, déversant le contenu de leurs jarres de cuivre sur les sièges en skaï maculés où s'accrochaient de solides morpions ravis de l'aubaine d'être ainsi rafraîchis.

Le mort tiré à l'ombre d'un pipal, un de ces arbres sous lequel Bouddha reçut l'illumination et dont les racines parcourent la terre comme autant de messagers, nous étions repartis sur Mugling pour s'arrêter en fin de bourg dans une gargote où le chauffeur touchait sa commission chaque fois qu'il y déposait des touristes.

Il faisait bon et presque frais à l'intérieur de la petite pièce sombre où étaient rangés dans une vitrine des plats en fer-blanc compartimentés tout exprès pour y recevoir, sans qu'ils se mélangent, divers aliments : riz, légumes, pâtés de viande, curry et dal, cette sauce à base de lentilles ou de haricots rouges et sans laquelle la cuisine népalaise ne serait pas ce qu'elle est. Nous étions les seuls à manger et c'était très gênant. Les autres se contentaient de nous regarder en écarquillant les yeux. Parmi eux, des gosses qui s'étaient faufilés aux avant-postes et n'arrêtaient pas de nous lancer des « namasté » à chaque bouchée. Namasté ça veut dire bonjour, au revoir, bienvenue, que la paix soit avec vous, mais ça veut aussi dire pense à moi, ne m'oublie pas, file-moi quelque chose. On était tellement gênés de manger et de boire, tellement gênés d'être les hôtes privilégiés de cette épouvantable gargote de Mugling où les mouches suivaient la fourchette jusque dans nos bouches, que l'on avait fini par tourner le dos au paysage et à l'assistance, bouffant en suisse et rêvant de filer à l'anglaise. Mais voilà qu'en plein milieu du repas, grand-père, qui s'était déguisé en trekeur pour le voyage avec ses belles chaussettes rouges, son bonnet de laine bleue et ses knickers d'été en tergal, avait été pris de crampes au ventre. Pâle et plié en deux, les mains croisées sur les fesses comme pour mieux contenir son envie, il avait filé au fond du jardin pour se jeter dans une sorte de casemate en planches ajourées à moitié bouffées par la végétation. Les chiottes de Mugling ça n'était pas l'Opéra de Manaus mais presque. Tous les jours le proprio coupait au khukriss plantes délirantes et herbes folles mais chaque nuit, en douce, profitant de la rosée et de l'engrais elles repoussaient.

Grand-père, lui, il n'avait pas eu besoin de pousser parce qu'il s'était vidé avant d'y arriver et que ça avait coulé partout. C'était une situation terriblement humiliante car il était coincé dans sa jungle sans oser en sortir. Au bout d'un moment quand même il s'était mis à crier : « Alex, Alex ! Apporte-moi mon sac à dos. » Alors Alex lui avait amené son sac et aussi quelques seaux d'eau, du savon et de l'eau de Cologne. Grand-père, il avait fait sa toilette à poil au fond du jardin, sa toilette et sa lessive, retournant au coin plusieurs fois entre-temps mais personne, en dehors du préposé qui se régalait, n'avait osé jeter le moindre coup d'œil ou s'était permis de réflexionner. Comme son sac à dos ne contenait pas d'autres habits qu'un caleçon et un tee-shirt et qu'on ne voulait pas descendre de la galerie le grand sac de marin type Millet qui renfermait son linge de rechange, grand-père avait continué le voyage en sous-vêtements. On avait accroché pantalon, chaussettes et godasses aux châssis des vitres. Le vent, la poussière et la chaleur aidant, en une heure tout était sec et désinfecté. Oh ! bien sûr, de Mugling à Pokhara le chauffeur avait dû s'arrêter encore une bonne dizaine de fois pour permettre à grand-père d'expulser ses saloperies.

En caleçon et tricot de corps, avec ses cheveux blancs qui dépassaient de son bonnet made in Vieux campeur on aurait pu prendre Léon pour un pèlerin indien retour de Bénarès ; un hindouiste à moitié converti au christianisme, car depuis Mugling il souffrait tant qu'il se tenait à genoux sur son siège. Grand-Père, il était un peu comme Gandhi et un peu comme Jean-Paul II, sauf que lui, il ne dégageait pas une émanation de mahatma ou de sainteté mais plutôt des effluves pas très catholiques.

Les hémorroïdes de grand-père ne dataient ni d'aujourd'hui ni d'hier. Elles n'étaient pas dues à des excès de bonne chère mais au contraire à un manque d'excès. C'étaient des varices, des veines qui n'avaient pas assez de boyaux pour s'exprimer, des boyaux qui n'avaient pas eu assez de veine quoi ! Les hémorroïdes de grand-père, elles remontaient à une époque très lointaine. Elles venaient de la nuit et du brouillard, de l'âge des S.S. lorsqu'il était à Birkenau, en Pologne, un camp à côté d'Auschwitz. Les déportés n'avaient rien à bouffer, rien à rêver, rien à perdre ni à gagner en dehors de la vie à conserver. Et pour conserver cette vie qu'on pouvait leur supprimer à tout instant en les gazant ou en les brûlant, en les cravachant et en les avilissant, les plus malins d'entre eux utilisaient des trucs. Le truc de grand-père, c'était un tube de cigare qu'il se mettait dans le derrière. Son tube, c'était un peu comme un sac à dos sauf que, au lieu d'y fourrer des boîtes de conserve et des habits, de quoi marcher en restant autonome pendant des jours et des jours, il y planquait ce qu'il pouvait faucher au hasard de sa détresse. Dans son tube il y avait des miettes de pain, des médicaments, quelques mégots jetés par les S.S., mais il y avait également les photographies de ses parents, une carte postale qui représentait le général de Gaulle sous un drapeau français et une lime à ongles qui aurait dû lui servir à se taillader les poignets mais qu'il utilisait en fait pour s'extraire les morpions du pubis. C'est comme ça, à force de garder ce tube de métal en lui, que les hémorroïdes attirées par la curiosité s'étaient approchées de l'orifice et ne l'avaient plus jamais quitté. Certes, ça n'aurait pas été facile d'expliquer à des Népalais l'origine des hémorroïdes de grand-père mais comme personne ne demandait pourquoi, il voyageait agenouillé en se cramponnant au dossier du siège, et ça nous avait rudement facilité les choses.

On était arrivés à Pokhara en fin de journée, réclamant de l'air frais à cor et à cri. Il n'y avait pas un souffle de vent et malgré la neige éternelle des Annapurna que l'on pouvait voir, comme si on y était, depuis qu'on roulait dans la vallée, la chaleur torride nous serrait à la gorge.

Après avoir débarqué ses passagers sur un terrain vague bourré de camions et de cars, le chauffeur, moyennant bakchich, nous avait conduits au bord du Phewa Tal, ce lac dont tout le monde faisait grand cas mais qui était fort décevant. C'était un lac boueux, vaseux et somme toute assez mesquin sur les bords. Des campeurs, il y en avait de toutes sortes, des nomadisants et des sédentaires, de toutes les nationalités et de toutes les conditions. Des très organisés, des complètement désorientés, des groupes rassemblés sous leurs fanions, d'autres éparpillés comme des prisonniers derrière un long grillage qui était censé protéger des foules la résidence royale d'hiver, une résidence qui avait l'air aussi abandonné, aussi mal en point que les hippies vautrés sur leurs bardas. Bien sûr, par-ci par-là on rencontrait des fortiches, des types qui virilisaient ; les uns revenant de trek ou d'expédition, les autres se préparant à y aller. Il y en avait qui gymnastiquaient, qui joggaient, qui jouaient au volley et au foot en se déshydratant tant que ça pouvait. Il y en avait d'autres qui faisaient leur tambouille, leurs besoins ou leur toilette, d'autres un peu plus cool qui s'entassaient à la terrasse de gargotes buvant bières ou sodas, fumant des joints ou se défonçant au champignon hallucinogène.

Tous les lodges, toutes les gargotes portaient des noms anglais ou étrangers. Il y avait des Hilamaya Lodge, des Annapurna Lodge, des Machapuchare Lodge, des Dhaulagiri Lodge, des Canabis Lodge, des Hachisch Lodge, des Tramps Lodge, des Hillary Lodge, des Shoot Lodge, des Feeling Lodge, des Herzog Lodge, des Cervin Lodge, des Mont-Blanc Lodge, des Helvetia Lodge, des California Lodge, des Amsterdam Lodge, des Tour Eiffel Lodge. Des lodges, il y en avait pour tout le monde, pour tous les goûts, pour toutes les fortunes, mais dans l'ensemble ils étaient tous aussi minables, aussi crasseux, aussi mal équipés les uns que les autres, avec des chiottes qui débordaient, des puits taris, des douches qui ne fonctionnaient pas. C'était pareil pour les restaurants, en dehors des œufs, du riz et du thé, il valait mieux ne pas s'y risquer. A voir les gens se lever précipitamment et se mettre à courir dans tous les sens en se tenant le ventre, on comprenait tout de suite que ça n'était pas meilleur à Pokhara qu'à Mugling et ailleurs. Toute la ville, toute la région était dysentérique, épidémique, contaminée et c'est pourquoi les vrais ascensionnistes, les vrais marcheurs, ceux qui voulaient lutter avec la montagne, préféraient camper au bord du lac, manger des conserves et boire du thé à l'hydroclonozone. Oui, tout ici était hallucinant et pas seulement à cause des champignons et des drogues ensorcelantes que les gosses vous proposaient. Pas seulement à cause des marchands tibétains ambulants qui voulaient échanger leurs colliers ou leurs moulins à prières contre nos chaussures ou nos chemises. Pas seulement à cause des hippies décharnés assis en lotus se prenant, selon les cas et les idées, pour Akshobya le Bouddha de l'Est, pour Amitaba celui de l'Ouest ou Ananta le chef des serpents. Pas seulement à cause des filles vérolées qui chantaient Are Krishna en montrant leurs sexes enflés aux sherpas dégoûtés. Pas seulement à cause des Sadhu squelettiques plongés dans la bouillasse jusqu'au cou et qui faisaient leurs dévotions à Rama, le priant de bien vouloir les aider à atteindre le bonheur éternel. Pas seulement à cause des bandes d'enfants livrés à eux-mêmes qui se battaient pour l'os d'une côtelette ou une mandarine roulée à terre. Pas seulement à cause des roulottes déglinguées qui arrivaient des Indes par la percée du Mahabarat avec leurs cargaisons d'Européens hébétés. Pas seulement à cause des couleurs provocantes des saris et des draperies qui éclataient devant les yeux comme des feux d'artifice, travestissant ainsi la misère en une espèce de fête lumineuse. Pas seulement à cause des orages électriques qui éclataient par-delà les Annapurna au cœur d'un ciel assombri. Pas seulement à cause des bougies et des lampes à pétrole qui sortaient des placards à la nuit tombante comme autant de lucioles pour éclairer le cimetière des vivants. Pas seulement à cause des fantômes qui déambulaient en files indiennes et en ombres chinoises, tendant leurs mains vers n'importe qui et sur n'importe quoi. Pas seulement à cause des rondes de joueurs en haillons qui lançaient leurs dés et leurs cris en pleine rue. Pas seulement à cause du passage incessant des bicyclettes et des rickshaws, du va-et-vient des clameurs et des tours de passe-passe. Pas seulement à cause des ténèbres magnétiques d'où montait l'appel d'outre-tombe des chanteurs Gaïnés, vieillards aveugles guidés par des mômes trébuchants. Non, ce qui était hallucinant, ensorcelant, sortilégeant c'est que cahin-caha, vaille que vaille, visités et visiteurs se transfusaient leur manière d'être, de sorte que tout le monde, autochtones et étrangers, semblait y trouver son compte et son équilibre. Les premiers comme les seconds récoltant ce qu'ils n'avaient pas semé eux-mêmes et allant chercher en profondeur ou en surface ce que l'autre était prêt à donner, que ce soit une émotion réelle, une extase stupide, un cadeau de pacotille ou une offrande exceptionnelle. Certes, en dehors des hippies qui planaient en crevant le plafond des rêves, et des débiles qui tanguaient dans l'irréel, personne ne rentrait vraiment en communion totale avec le peuple et son entourage car les étrangers étaient trop étrangers pour se sentir à l'aise au milieu d'un foutoir aussi détonnant. Touristes, marcheurs et ascensionnistes n'avaient pas d'autre solution donc que de se laisser prendre par le bout des yeux et d'entrer un peu bêtement en contemplation.

Après avoir beaucoup contemplé, beaucoup souri, beaucoup gambergé, par osmose et presque par nécessité, car il n'est pas question de séjourner en un lieu aussi étrange sans essayer de s'y assimiler, grand-père et moi avions monté notre tente à arceaux, le fin du fin en matière de technologie du camping, auprès d'un camp très organisé, de façon à bénéficier des avantages de la surveillance. Il y avait là tout un groupe de Français à moitié crevés mais assez heureux qui s'en revenaient d'une balade de quinze jours autour de l'Annapurna. Comme leur chef était guide à l'école d'alpinisme de Chamonix et qu'il connaissait énormément de choses sur la montagne et les ascensionnistes, je n'avais pas osé faire passer grand-père pour ce qu'il n'était pas. Il redevenait donc un vieillard genre commun des mortels et moi un enfant gâté qui la ramenait un peu trop. En fait on les dérangeait tout de même parce qu'on était là, à Pokhara, en même temps qu'eux et que notre présence, nos intentions, rabaissaient leur exploit. Le chef, qui s'appelait Albert, nous avait pris en compassion, c'est-à-dire que d'une part il nous prenait pour des cons, de l'autre pour des passionnés. Oui, on était des cons d'être, encore ou déjà, passionnés à nos âges, des imbéciles de se lancer dans une aventure difficile où on risquait d'y laisser la santé et la peau. Chacun à leur tour, ils nous avaient raconté des histoires de défaillance physique, mettant l'accent sur les périls encourus, la flotte empoisonnée, la nourriture intoxiquée, la chaleur, les sangsues, la vermine, les dénivellations, l'altitude, la solitude, les claquages, les thromboses et l'agression des fameux escaliers népalais dont les marches s'en prenaient aux rotules pour laisser en définitive le marcheur sur les genoux. En nous mettant en garde ils en profitaient pour se mettre en valeur.

Presque tous connaissaient Vince soit de réputation, soit par ses chansons, soit par sa légende qui commençait à courir la montagne et à battre la campagne. On leur avait montré la photo de papa, ce qu'on faisait d'ailleurs chaque fois qu'on pouvait discuter avec quelqu'un susceptible de l'avoir aperçu, mais la photo de Vince n'amenait guère de réaction car rien n'est plus changeant qu'une photographie qui ne suit pas l'évolution de son modèle. Il s'agissait pourtant d'un portrait de Vince en action pris par moi avec un Instamatic, un portrait où on voyait les grands yeux noirs de Vince transpercer le papier du tirage tellement son regard était prenant. En deux ans Vince avait sans doute changé d'expression et de tenue, d'autant qu'il aimait s'accoutrer de vêtements qui lui donnaient des allures de macho, des apparences de baroudeur. Il ne faut pourtant pas s'y tromper ; c'est parce qu'il n'aimait pas la guerre qu'il se la faisait à lui-même. Vince, il avait écrit plusieurs chansons sur la guerre où il la dénonçait tout en sachant que c'étaient paroles et musique perdues étant donné que les chansons antimilitaristes n'ont jamais empêché les militaires de déclarer la guerre. Il pensait au contraire que les guerres, et ça n'est pas les exemples qui manquent, sont une source inépuisable de chansons patriotiques que les uns et les autres se jettent à la figure et à la conscience comme autant de grenades et de bombes. Rien n'est plus blessant, plus meurtrier, plus efficace qu'une chanson guerrière que les soldats fredonnent en marchant ou en s'exaltant, sans compter qu'il n'y a aucune différence entre une chanson de marche qui sert à faire la guerre et une chanson guerrière qui sert à faire sa marche. Vince détestait toutes les chansons entraînantes parce qu'elles vous entraînent presque toujours vers l'irrémédiable, les bas instincts et qu'elles excitent les sens primitifs de l'homme.

Les seules chansons que Vince admettait, c'étaient celles qui appelaient les peuples à se révolter contre les tyrans et les méchants parce qu'elles correspondaient à une réelle souffrance et qu'elles avaient été ressenties par la collectivité des esclaves et des opprimés avant de monter au hit-parade de l'histoire des insurrections. Papa, il aimait bien *Ami, entends-tu le vol noir des corbeaux* parce qu'elle avait été écrite, cette chanson, pendant la guerre par des gars qui résistaient aux Allemands mais il détestait *Paris brûle-t-il ?* écrite après coup pour les besoins d'un cinéma politico-sentimental.

Pendant que grand-père se reposait sous la tente à arceaux qui tenait debout par le seul poids de son corps, j'avais été faire le tour des campements comme un mendiant en montrant la photo de Vince. Je n'étais qu'un petit garçon qui cherchait son père directement, de la main à la main, un petit garçon qui lançait un avis de recherche angoissé pareil aux pères et aux mères des enfants fugueurs et dont on publie chaque jour les portraits dans *France-Soir*. Comme eux, j'avais eu des déceptions et des illusions. Il y en avait qui étaient catégoriques dans leur négation, d'autres hésitants, qui tournaient et retournaient la photo comme si la vérité aurait pu y surgir soudain au verso. Je me rendais compte que les gens, ennuyés ou très consciencieux, voulaient éviter de me donner de fausses joies, de vrais chagrins. C'étaient des « non je ne crois pas », des « ça lui ressemble mais ça ne peut pas être lui » des « tu sais mon petit tous mes randonneurs ont la même allure ». C'était la valse des hésitations quoi ! Le tango des « non non », le rock des « si-mais-non-quand-même », les boogie-woogie des étonnements, le slow des conseils qui coulaient sur moi comme un camembert hors de sa cloche empestant la déprime alentour. Je me rendais compte cependant, rock ou slow, réponse brutale ou sirupeuse, que Vince était à la fois partout et ailleurs, une sorte d'être de nulle part, insaisissable et illimité que chacun avait peut-être vu, cru voir ou pas voulu voir. On le signalait tantôt du côté de Manang, de Tatopani, au sud de l'Annapurna, à l'est, du côté de Bukha ou alors plus à l'ouest au pied du Dhaulagiri dans les villages de Kanti et Sokung.

La même chose avec Diana. A l'entendre, elle avait rencontré Vince pas très loin de Hinko au sortir de la forêt de bambous, en retrait du sentier qui mène au camp de base du Machapuchare. Tout ce qu'elle disait, bien sûr, portait à croire que c'était Vince, sauf que Vince ne parlait pas l'anglais, à moins qu'il l'ait appris depuis, mais ça m'étonnait drôlement parce que Vince n'était pas doué pour les langues.

Diana, elle était arrivée pliée en deux sous son sac à dos, pliée mais flexible. Elle venait de Manang, là-bas, aux frontières du Népal et du Mustang. Cela faisait des mois et des mois qu'elle vadrouillait en solitaire. Elle était toute blonde et toute jeune, toute frêle, tout au bout d'elle-même. Entourée d'ombre et de brume, elle se déplaçait silencieuse dans la nuit qui gargouillait, cherchant un endroit où poser sa tente. Elle avait atterri, en planant, à côté de la nôtre et m'ayant aperçu, jetant son sac à mes pieds, elle m'avait demandé en anglais, c'est ce que j'en déduisais, si sa présence ne nous gênait pas. Comme la présence de Léon se manifestait par de sonores ronflements j'avais lâché ma seule phrase d'anglais, « I don't speak English », ajoutant en français que mon grand-père, lorsqu'il serait réveillé, pourrait sans doute lui répondre. Je n'eus pas besoin de réveiller grand-père car à dix-neuf ans Diana parlait trois langues dont le français et suffisamment de népalais pour se faire comprendre des populations locales.

Il faisait lourd et poisseux, presque nuit noire en dépit des brasiers qui couvaient et du feu des loupiotes autour desquelles s'agglutinaient insectes et porteurs. Les insectes papillonnaient ou piquaient en vrille pour remonter aussitôt, dégoûtés par le mélange de vitamine B et de jus de tabac, une mixture à l'odeur forte qui sortait des tentes et dont les campeurs s'enduisaient le corps. C'était un repoussoir à moustiques et à sangsues ; un remède sherpa contre la malaria et le mauvais œil. Indifférents au manège des moustiques et autres bestioles, les porteurs concentrés sur leurs cartes ou leurs dés jouaient leur paie.

J'avais aidé Diana à monter sa tente et l'on s'était retrouvés à genoux sur le tapis de sol, face à face à l'intérieur de cette chambre de toile qu'éclairait discrètement une lampe de poche. Instantanément j'ai su qu'il allait se passer quelque chose entre elle et moi. Elle était bien plus belle que ma cousine Laurence et de plus pas du tout polio. Elle était bien plus captivante que les amies de Nora, bien plus sensuelle que Mme Tarojxy, la voisine de grand-père, bien plus jeune aussi, bien plus somptueuse malgré sa lassitude et son accent traînant, bien plus intéressante à remplir qu'un dé à coudre. Je ne sais pas si elle avait ressenti ma gêne, mon trouble, mon envie, ma folle audace, mais elle était repartie à reculons en me regardant au fond des yeux, sans me lâcher un seul instant. Je m'étais avancé à quatre pattes au fur et à mesure qu'elle se reculait, apparemment sans ciller, sans sourciller, mais j'entendais mon cœur battre très fort dans ma poitrine comme après avoir fait une marche en altitude et qu'on se repose allongé sur le dos sans savoir si c'est nous qui filons sous les nuages ou les nuages qui filent sur nous.

Dehors, elle avait eu un regard vers l'entourage et voyant que personne, hormis moi, ne lui prêtait attention, elle avait commencé à se déshabiller. Elle était juste vêtue d'un chemisier et d'un bermuda mais elle avait pris tout son temps pour les ôter, se déboutonnant au ralenti sans cesser de me tenir par le bout des yeux. Les seins nus, en slip, les cheveux blonds remontés sur la nuque et piqués d'un peigne en bois, elle s'était penchée sur son sac à dos pour y prendre un savon et une serviette. J'étais toujours à genoux, pas comme un mendiant cette fois-ci qui aurait tendu la main et réclamé l'aumône mais plutôt comme un môme apeuré qui aurait réclamé la main d'un grand. En souriant elle m'a dit :

« Sois gentil, Alex, surveille mes affaires. Je vais me laver. »

Je l'avais regardée partir vers le lac sombre et boueux, tellement sombre, tellement boueux, tellement excrémentique et épidémique que grand-père et moi n'avions pas voulu nous y tremper. Elle n'était qu'à quinze ou vingt mètres de moi, ombre désirable et désirée sur laquelle je projetais la mienne, elle était mon soleil de minuit, ma colline surchauffée, mon ombre portée. J'entendais ses soupirs et l'eau qui clapotait, douce musique envoûtante scandée par les ronflements de Léon et les pets bruyants des sherpas qui se soulageaient sans retenue. C'était leur manière à eux de s'affirmer et d'emmerder légalement la bande de touristes qu'ils traînaient de saison ouvrable en saison fermée.

Elle était revenue, la serviette nouée autour des

186

reins. Je m'étais furtivement levé à son approche pour me retrouver presque contre elle, la bouche à hauteur de sa poitrine. J'étais furieux d'être aussi petit, déçu de ne pas avoir osé la prendre à la macho et de la faire plier sous mon bras telle une danseuse andalouse, l'arrêtant net dans son mouvement et sa cambrure. C'était une fille très cool, très calme, prête à tout et à rien ; une fille à la fois provocante et improvocable. Sans doute attendait-elle que je fasse un geste, que je prenne les devants, que je dise quelque chose de très profond, de très viril, de très choquant, de très amourardant, mais tout ce que j'avais trouvé à dire c'était :

« Vous n'avez pas eu peur que je vous vole ?
— Me voler ?... Mais me voler quoi, Alex ? »

Elle chuchotait, elle survolait la nuit de sa nudité éclatante, riant à l'étouffée pour n'être entendue que de moi-même. J'ai dit :

« Je ne sais pas, Diana, votre argent, vos habits, vos affaires quoi ! »

Elle avait passé un tee-shirt propre sur ses seins lisses et luisants, des seins sur lesquels je me cassais le nez car l'amour, je le sentais bien, tombait à l'eau du lac. Elle a dit :

« Tu sais, Alex, j'ai été volée tellement et tellement de fois que j'ai appris à vivre de rien. Chez vous en France je crois que ça s'appelle : « Vivre « d'amour et d'eau fraîche. »

Je n'avais pas osé lui répondre qu'ici, au Népal, l'eau fraîche était polluée, pas osé lui demander de quelle sorte d'amour elle se nourrissait ni combien elle se faisait payer, ni quel genre de maladie elle avait attrapé. Pas osé lui demander si elle était blennorragique comme la fille du Nepali Guest House ou salpingitique comme la mère de Nico, standardiste à la Samaritaine. Rassemblant mon courage, parlant très bas afin que grand-père ne risque pas d'intercepter la conversation à l'aide de ses micros espions j'ai dit :

« Si vous voulez, je peux vous prêter de l'argent.

— Toi ?

— Oui, moi... »

Profitant de l'avantage et de la surprise, vexé d'être pris pour un enfant alors que je me considérais déjà comme un homme, j'ai ajouté :

« Vous voulez mille roupies, deux mille, cinq mille, dix mille... »

Voyant qu'elle ne me croyait pas, qu'elle restait cool, calme, prête à tout et à rien, pas surprise pour un sou, qu'elle était détachée de tout et attachée à rien, j'ai haussé le ton :

« Eh bien, venez, venez voir ! »

J'étais entré sous sa tente. C'était une tente classique à deux places, bien étanche et bien grande ; une tente que j'avais montée en partie et dont j'avais enfoncé les piquets ; autant avouer que je m'y sentais un peu comme chez moi.

A côté, grand-père avait cessé de ronfler. Il se tournait et se retournait, geignant à qui mieux mieux. Les coliques le reprenaient.


Assise en lotus sur son duvet, elle contemplait les billets sans vraiment les contempler. Son regard était à son image, ailleurs, absent, très lointain, aussi lointain que son corps était proche. On ne peut pas dire qu'elle en restait baba, qu'elle éprouvait le choc de sa vie. Elle regardait les billets sans avidité, sans s'y accrocher et pourtant ils étaient là, éparpillés sur le tapis de sol, comme si d'un seul coup on s'était retrouvés en Europe, en plein pré, avec des pâquerettes et des boutons d'or tombés du ciel.

Ça n'avait pas été facile de retirer mon sac de toile sans défaire ma ceinture ni ouvrir ma braguette. La pudeur m'ayant paralysé j'avais tiré sur le cordon comme un sourd, m'écorchant au passage.

Troublé par son silence et son manque d'enthousiasme, j'avais finalement ramassé le gros de ma fortune, poussant vers sa main mille roupies, de quoi vivre quinze jours en mangeant et en buvant des choses plus solides que l'amour et l'eau fraîche. Pour moi ça n'était pas un énorme cadeau. Pour elle c'était un énorme problème. Ça n'était pas mon argent puisqu'il appartenait à Vince mais j'étais certain, et je le lui expliquai, que Vince aurait vachement aimé qu'une petite fille vienne sous sa tente lui refiler mille roupies. Son problème à Diana ça n'était pas les roupies que je lui offrais ni pourquoi je les lui offrais, mais c'était mon âge, rien que mon âge apparemment. Si j'étais assez grand, assez adulte pour me balader avec des millions sur moi et les distribuer à qui je voulais, je n'étais hélas ! pas assez adulte, pas assez virilisant pour sexamourer à la vie à la mort et faire disparaître à tout jamais de mon enfance ce pucelage ridicule et qui pèse des tonnes d'interdits et de préjugés.

Nous avions eu une très longue conversation, si longue et si conversante, si prenante, si insistante que j'avais fini par obtenir de Diana, elle n'avait vraiment rien de Mme Tarojxy, qu'elle me laisse seulement tendresser auprès d'elle et que la tendresse aidant on verrait peut-être par la suite quelle tournure nous pourrions lui donner. Nous étions convenu qu'en cas où la tendresse resterait à son niveau le plus haut, c'est-à-dire exclusivement transfusionnante, source d'émotions et d'images elle recevrait cinq cents roupies au lieu de mille. Si par hasard, et je le souhaitais ce hasard oh ! combien, la transfusion des sentiments faisait que l'on quittait un très haut niveau pour un plus bas, qu'au lieu de s'interpénétrer les corps en y accrochant nos atomes, on s'en décrochait pour se pénétrer, abandonnant la tendresse et ses diverses infusions pour la fusion totale, Diana serait en droit de me réclamer le double.

Malgré la chaleur, le poissé et l'humide, par pudeur, on s'était glissés dans son sac de couchage. Sa peau sentait le poisson et l'huile solaire, ses cheveux la poussière des chemins. Autour du cou elle portait une amulette, un gri-gri tibétain qui devait en principe servir à purifier les êtres mais dont le lacet de cuir mal tanné dégageait une forte odeur de boucané. Je m'étais lové contre elle, un bras passé sous sa taille l'autre par-dessus, n'osant me servir ni de ma main ni de mon ventre. J'étais resté ainsi un long moment délicieux à m'abreuver de ses épaules, de son dos, de son cou, ouvrant à fond les vannes de mes sens, de sorte que la transfusion puisse se pratiquer de partout à la fois. Mon corps tout entier était une veine, une artère perfusée où s'écoulait en goutte-à-goutte un torrent, un déluge de sensations. J'en avais le sang bouillonnant, les tempes battues, les testicules rabattus, et c'était très dur, très laborieux, très pénible de résister à l'impulsion sous prétexte qu'il fallait respecter la parole donnée. On avait convenu que c'est elle qui donnerait le signal par va-et-vient de pieds et de reins, par frottement instinctif au cas où le désir prendrait le pas sur la raison. Comme je ne voyais rien venir de semblable mais que je me sentais malgré tout aux anges à l'idée de partager pour la première fois de ma vie le sac de couchage d'une femme, j'avais fermé les yeux et je m'étais mis à parler de Vince.

Je lui avais tout raconté, tout décrit, tout fait comprendre. J'étais descendu au fond de ma vie, au fin fond de mon enfance. J'avais été le plus loin possible au bout de la mémoire, au bout des intuitions, au bout des déductions. Oui, j'avais voyagé en pensée contre son dos et sa chaleur, contre ses mollets, son derrière et son gri-gri pour en revenir finalement accompagné d'un personnage fabuleux, d'un type qui lui disait vraiment quelque chose car ce n'étaient pas les similitudes qui manquaient entre elle et lui. Alors, en m'écoutant parler de Vince, elle s'était mise inconsciemment à ramener ses pieds sur les miens, à se déhancher, à se défesser, à se déreinter. C'étaient des signes qui ne trompaient pas ; ça n'était ni du morse ni de l'algèbre mais bel et bien le langage même de l'amour, un langage susceptible d'être perçu par un sourd et muet et de réveiller un mort endormi depuis des décennies dans son caveau glacial.

Je m'étais retrouvé sous elle, le visage enfoui dans ses seins avec le gri-gri puant qui effleurait mes lèvres mais en cet instant béni où sa respiration semblait scander un « Om mani padme hum » fervent, le pourri devenait divin ; d'autant plus divin, d'autant plus céleste que mon joyau avait de lui-même trouvé le chemin de son lotus. Je ne sais pas lequel de nous deux se réincarnait dans l'autre, si c'est moi qui ressuscitais en elle ou elle en moi, si c'est moi qui la déchirais ou elle qui me prisait et me reprisait, ne cessant d'en redemander encore, mais ce dont j'étais certain c'est que les dés à coudre, eux, s'étaient réincarnés en tonneaux tellement ça coulait, tellement ça débordait, tellement ça inondait. Mon sexe étant trop petit pour le sien, il lui arrivait de s'emmêler les pieds, de perdre les pédales en même temps que son lotus. Ça faisait « floc floc » comme quand on saute à pieds joints dans une flaque d'eau mais ça faisait aussi rudement mal lorsqu'il loupait les profondeurs du vagin et qu'il venait buter, aveugle, contre le pubis.

C'est grand-père, le salaud, qui nous avait interrompus. Grand-père, il n'avait pas son pareil pour écouter aux portes et aux sexes. On aurait pu égorger n'importe qui devant sa tente, il ne se serait pas réveillé. On aurait pu tirer au canon et au bazooka que ça ne lui aurait fait ni chaud ni froid dans les oreilles. Seulement voilà, grand-père, il était conditionné par les bruits et les cris de l'amour. Il les enregistrait mine de rien durant son sommeil et puis, tout à coup, son subconscient, réalisant qu'il était tenu à l'écart d'un sexamourage, se mettait à ruer dans les brancards, le forçant à sortir du coma et à reprendre sa vigilance.

Trois fois déjà il était sorti de sa tente sans sortir

de son coma, sans même s'apercevoir que je n'étais pas là, endormi à côté de lui. Il avait été excrémenter en courant dans le lac, et puis il était revenu se recoucher, pareil à un somnambule qui aurait eu besoin de funambuler sur un fil, histoire de couper un peu le beurre de sa nuit.

La quatrième fois on l'avait entendu remuer, entendu s'asseoir, entendu écouter. Il respirait très fort mais pas en cadence. Rien à voir avec le « om mani padme hum » de Diana. Sa respiration n'était pas une litanie mais plutôt une pitié. Au bout d'un moment, comprenant sans doute que Mme Tarojxy, sa voisine, n'était pas la seule à aimer les jeunes garçons, il était devenu furieux d'avoir été mis au rancart ; alors il avait appelé :

« Alex, Alex. Merde alors, où es-tu ? »

C'était la panique. On l'entendait tapoter mon duvet. On voyait la lueur de sa lampe de poche se balader aux quatre coins de la tente.

« Réponds-moi ! Qu'est-ce que c'est ce remue-ménage ? »

Craignant qu'il n'indispose les gens du campement, j'ai dit :

« Ta gueule, grand-père, tu vois bien que je sexamoure.

— Merde alors, qu'est-ce que tu déconnes, Alex ? Et avec qui sexamoures-tu ?

— Avec Diana, grand-père.

— Diana ? Qu'est-ce que c'est que celle-là ?

— C'est une Américaine, grand-père. »

Il s'était extirpé de sa tente et était venu en rampant jusqu'à celle de Diana. Comme elles se touchaient il avait les fesses sous la sienne et la tête sous la nôtre. Il était à quatre pattes avec son long corps désossé pareil à celui d'un basset artésien mal nourri, cherchant à dévisager celle qui engrossait d'amour son petit-fils. Tandis qu'il regardait de toute la puissance de ses pauvres yeux exorbités, Diana s'était laissée aller sur le côté. Elle avait posé sa tête contre mon épaule d'homme, une fantastique épaule prête à l'épauler et à la protéger pour la vie. Elle souriait, elle était cool, sereine, heureuse. Elle avait dit avec un merveilleux accent :

« Bonjour, monsieur, alors tu es le grand-père d'Alex, tu es le père de Vince ?

— Oui, mademoiselle. Et vous, à qui ai-je l'honneur ?

— Je m'appelle Diana et j'habite à Tucson dans le Colorado. Et toi, tu viens d'où ? »

Elle savait très bien d'où il venait et où on allait puisque je le lui avais expliqué, mais c'était sa façon à elle de paraître naturelle. Il la vouvoyait, elle le tutoyait. C'était une question de langue, de race, de conventions ; il n'empêche que pendant ce temps-là, clandestinement, sous le duvet, elle conversait avec mon sexe, le vouvoyant, le tutoyant, le testiculant du bout des doigts. Elle faisait ça sans acharnement, sans vice et sans problème, tout en répondant à grand-père, si bien que je m'étais mis à avoir mon sixième orgasme en plein dans la paume de sa main. C'était mille fois mieux qu'un dé à coudre mais beaucoup moins bon cependant que l'intérieur nénuphardisé de son lotus. En jouissant j'avais poussé ma plainte dans le cou de Diana en même temps que mes doigts tout au fond d'elle. Mes doigts, ils se débrouillaient comme des chefs, pas aussi bien évidemment que ceux de Diana mais tout de même ils agissaient par instinct, par hérédité, par culture. Ah ! si grand-père avait pu les voir ces doigts-là, et ça n'était pas l'envie qui lui en manquait, il aurait été fier de son petit-fils.

Au bout d'un moment, comme il restait fasciné, à quatre pattes sous l'auvent de la tente essayant de deviner qui était vraiment cette fille et ce qu'elle pouvait bien me faire en douce de délices et de tripotages, il avait demandé d'une voix timide si on lui permettait de rentrer à cause de ses vieux genoux qui l'arthrosaient. Grand-père, il n'avait peut-être plus de farine, il était peut-être au seuil de la mort, tout hémorroïdant et croulant, avec son

Indien caché dans un coin qui commençait à bander son arc, mais ça ne l'empêchait pas, ce vieux saligaud, de se foutre dans l'idée qu'il aurait pu me faucher Diana. Diana, elle s'en fichait éperdument. Elle était cool, sereine, décontractée, détachée. Sans doute que pour une poignée de roupies en plus elle lui aurait caressé le joyau et scandé à coups de reins le « om mani padme hum », ne serait-ce que pour l'aider à se libérer du cycle infernal de l'obsession. Diana, elle avait l'air cool, sereine, détachée. Elle avait l'air de planer sur les ailes de Garuda l'aigle du soleil, ayant lu pour sûr le Bhagavad Gita, ce chant du bienheureux qui conte les étapes de la purification et de l'ascension des croyants, et pourtant elle avait son quant-à-soi, ses principes et ses préjugés. Contrairement à ce que je supposais, grand-père n'aurait pu faire un pas de plus dans sa direction.

Diana avait très mal pris sa question, très mal pris qu'on la prenne pour ce qu'elle n'était pas. Elle s'était dressée divinement nue, extraordinairement femme dans la nuit pokharienne, refermant d'un coup le zip du rabat de l'auvent sur l'interrogation de grand-père. J'en avais eu des douleurs pour lui, des remords, des humiliations. On l'avait entendu rentrer à reculons sous sa tente en pleurnichant sa honte. Et puis, égoïstement, on s'était à nouveau empêtrés l'un dans l'autre imbriquant tout ce qu'on pouvait faire rentrer d'humain en nous.

De l'autre côté, je l'entendais, grand-père avait commencé à se repriser tant que ça pouvait. Ça ne devait pas être un simple accroc parce que la reprise avait duré longtemps, très longtemps. Ça devait être un trou gigantesque, une déchirure immense car tout s'était mis à trembler en même temps dans nos oreilles, les arceaux et la tente, à croire qu'il y avait des cavaliers dans la main de grand-père tellement l'écho des sabots résonnait à l'horizon.

Diana, elle était un peu comme Vince, bien sûr,

mais elle était également un peu comme moi. Moi je courais après mon père, elle, elle courait après sa mère, sauf que sa mère à elle était morte alors que mon père à moi n'était porté que disparu.

Un jour, elle était encore petite fille, son père, courtier en assurances, avait eu de gros ennuis d'argent. Non seulement ça ne marchait pas avec son boulot mais en plus, justement parce que ça ne marchait pas, il s'était mis à jouer aux courses et à miser sur les chevaux, les bijoux de sa femme et les meubles de la famille. Le désastre quoi ! Le père s'était retrouvé ruiné et endetté si bien qu'ils avaient dû quitter la ville où ils habitaient, une ville située tout en haut des États-Unis, à la frontière du Canada. On avait entassé toute la famille dans une vieille Cadillac des années 50. Il y avait le père évidemment qui conduisait, la mère de Diana et ses huit frères et sœurs plus un fox-terrier, les bagages et un vieux tapis persan trop long pour rentrer à l'intérieur et qu'on avait attaché à la galerie. La galerie aussi était pleine à craquer de vieux trucs inutiles et misérables que les usuriers n'avaient même pas voulu saisir. Devant, à côté du père, on avait entassé tous les dossiers d'assurances, plus un frigo et une machine à laver, et un vieux juke-box qui mélodiait quand il le voulait mais que les enfants ne se décidaient pas à abandonner. A l'arrière de la bagnole donc, il y avait Diana, sa mère, ses huit frères et sœurs, le fox-terrier et tout un barda minable qui empêchait d'allonger les jambes. Au lieu de partir pour le Canada où il aurait pu refaire sa vie comme bûcheron dans les forêts, le père de Diana s'était mis dans la tête de traverser tous les États-Unis pour aller crécher chez un vague cousin qui tenait un garage à Tucson. Il y en avait pour des jours et des jours à traverser les États, sans compter avec la chaleur torride de l'été, la déshydratation, les ankylosements et la mauvaise santé de la mère qui s'était rongée les sangs durant la mouise.

Le voyage avait été un vrai cauchemar. Les gosses n'avaient eu le droit ni de parler ni d'entendre la radio ; le seul droit qu'ils avaient eu, c'était celui de la fermer et d'écouter leur père râler. La mère aussi râlait mais ça n'était pas un râle de la même famille. Le sien, de râle, il n'avait rien à voir avec la colère, le dépit ou l'aigreur. C'était un râle de souffrance, une plainte quasiment ininterrompue et qui montait des entrailles, précisément du pancréas où s'était logé un cancer qui ne voulait plus en sortir.

En abordant le Colorado et après des tas et des tas d'avaries mécaniques et de zizanies caractérielles, la tuile, la vraie, celle qui tue en vous tombant sur la tête était arrivée. La mère de Diana s'était éteinte en pleine nuit pendant son sommeil, même qu'au petit matin quand les gosses se sont réveillés, inquiets de ne pas l'entendre se plaindre et qu'ils l'ont touchée, elle était déjà toute raide et toute froide. Oh ! pas très froide bien sûr parce qu'il faisait une chaleur terrible dans la bagnole, mais assez froide et assez raide pour se rendre compte qu'on ne pouvait plus rien pour elle. Et c'est là brusquement que les choses se corsent et deviennent très difficiles pour Diana, si difficiles que quelques années plus tard elle s'en ira marcher en Himalaya derrière sa baleine blanche, tout comme Vince l'avait fait après le suicide de Régine.

Craignant les complications administratives, n'ayant pas assez d'argent pour se payer une concession ni même pour débarquer les mômes le temps nécessaire aux préparations des funérailles, le père de Diana décide de continuer le voyage avec la morte assise entre les gosses et les paquets. On l'enterrera à Tucson dans le caveau des cousins. Ça sera plus rapide et moins cher. On pense atteindre Tucson le surlendemain matin, à condition de ne pas trop forcer le moteur et de réussir à calmer les gosses épouvantés par le fantôme de leur mère, lequel au fil des heures et des kilomètres de désert se décompose si rapidement qu'il donne l'impression de redevenir vivant. Comme les mouches commencent à attaquer le corps pour ne pas en laisser le monopole aux bactéries et aux asticots qui le sapent de l'intérieur, le père s'arrête, ôte le tapis persan de la galerie, y roule le cadavre de sa femme et replace le tout sur le toit. Ni vu ni connu ; ils rouleront ainsi jusque tard dans la nuit entre un chagrin énorme et une solitude à couper au couteau. C'est l'exode, Steinbeck et *Les Raisins de la colère* mais c'est aussi Faulkner et Sulivan, *Lumière d'août* et *Le petit arpent du Bon Dieu*. On est en plein dans la littérature américaine des années 1935, autant de romans exemplaires que Diana découvrira par la suite et qui seront déterminants en ce qui concerne son flottement actuel.

Vers une heure du matin, on s'arrête dans une station-service pour le plein et la pause hamburger. Tout le monde est ravagé d'émotion, aussi traine-t-on un peu plus que prévu à la cafétéria d'où l'on ne parvient pas à quitter les néons rassurants auxquels on se raccroche. Pendant ce temps-là des loubards entrent en action. On pense qu'il s'agit de loubards mais on n'en est pas certain. Peut-être s'agit-il plutôt de quelques évadés d'un pénitencier voisin ou de clandestins mexicains. Toujours est-il que les gars fauchent la vieille guimbarde et disparaissent avec son chargement.

En attendant l'arrivée de la police, le père sermonne les gosses : ne pas parler de leur mère enroulée dans le tapis. Ne pas pleurer. Ne pas gémir. Avoir l'air naturel, décontracté.

Les recherches dureront plusieurs jours et resteront infructueuses. Prévenu par téléphone, le cousin garagiste de Tucson enverra un vieux GMC à leur rencontre. Ils n'entendront plus jamais parler ni de la voiture, ni du tapis, ni du cadavre et c'est cela justement, cette fin ouverte où tout reste imaginable qui hantera et hante encore la pauvre

Diana au point que parfois elle se demande s'il s'agit réellement d'un événement vécu, d'une de ces tranches de vie empoisonnées et empoisonnantes, ou d'un de ces effrayants cauchemars d'enfants incubés en même temps que les vaccins.

Diana, elle avait tout fait, tout eu, tout su, tout bu, tout enduré. Elle était comme l'héroïne d'une chanson de Vince. Elle avait tellement eu, tellement subi, tellement su et tellement bu de tasses qu'à présent plus rien ne pouvait lui arriver de fâcheux et qu'elle se tirait sans dommage des tempêtes et des océans démontés. Elle était restée quatre ans à Tucson à s'occuper de ses frères et sœurs. Elle avait fait la baby-sitter et le mécano, des études, le trottoir et la prison. Elle avait été violée par le cousin de son père, elle avait été amoureuse d'un cow-boy, elle avait été entretenue par un vieil industriel et puis un jour elle en avait eu assez de se décomposer d'alcool, de drogue et de prostitution, alors elle avait réagi et elle était montée à Tanersville, dans l'État de New York, chez une tante qui était gardienne d'un club pour gens riches. Le club était situé au milieu d'une forêt, jungle domestiquée où foisonnaient biches et cerfs, sans compter les porcs-épics et même les ours dont on parlait souvent mais qu'on ne voyait jamais. La maison de la tante, un chalet de bois, se dressait au bord d'un lac où pullulaient les poissons et les milliardaires capricieux. C'est là, à Tanersville, que Diana s'était mise à marcher pour la première fois en compagnie d'un bûcheron moitié Sioux, moitié Viking qui lui apprenait à sentir les odeurs inédites, à voir l'invisible, à écouter les silences. Chaque jour ils arpentaient un trail marker différent. Il y en avait des balisés de cocardes bleues, jaunes, blanches ou orange. Il y en avait aussi des non-marqués, des secrets, des confidentiels que seul le bûcheron connaissait.

Ils marchaient sans rien dire, sans rien faire d'autre que d'avancer et de ressentir, ne se nourrissant que d'oxalis, une espèce de trèfle à cinq feuilles au goût d'oseille surnommé « herbe à Indien » parce que, au temps où ceux-ci étaient pourchassés, ils puisaient force et courage en la mastiquant.

L'extraordinaire c'est que Vince lui aussi avait été treker dans les Catskills à l'époque où Diana s'y trouvait et qu'ils auraient pu s'y rencontrer. Vince était resté basé deux semaines à Hunter et il avait couru la région dans tous les sens de North Lake à Ashland-Pinnacle, de High Peak à Twadell Point, faisant couler à gogo sa sueur sur ces sentiers d'Apaches. Si Diana croyait avoir vu Vince à Hinko, vision fugitive d'une silhouette zombifiante, Vince avait sans doute croisé Diana bien des fois du côté des Catskills. Mais Vince comme Diana étaient excusables d'avoir laissé passer l'autre aussi près sans s'engager plus avant. Un marcheur ne drague pas, ou s'il drague, c'est à la façon des engins qui nettoient les fleuves, pour élargir son champ d'action et remonter du fin fond de lui-même de vieux souvenirs rouillés et obsédants qu'il ruminera dans sa tête durant le parcours.

Après s'être beaucoup reprisé, grand-père s'était calmé, si bien qu'au petit matin alors que Diana nous préparait le thé et que les campements alentour commençaient à ramener leurs toiles comme autant de voiles de bateaux au mouillage, il lui avait proposé, moyennant cinquante roupies par jour, de nous guider jusqu'à Hinko. Grand-père, bien sûr, ne savait pas, et il n'était pas prêt de l'apprendre, que Diana s'était mise mille roupies dans la poche au cours de la nuit. Cela faisait cher, très cher même le dépucelage et c'est pourquoi il parut assez surpris lorsqu'elle déclara vouloir nous accompagner pour rien du tout, juste pour nos beaux yeux. Elle était comme cela, Diana, à la fois prostituée et grand seigneur, à la fois clochardi-sante et reinifiante. C'était une fille cool, une fille entière, une fille qui avait de la quille et du pont, autant de surface que de profondeur, ce qui lui permettait d'être incoulable, insubmersible, parée à tous les coups du sort et de la vie.

La disponibilité de Diana, ses côtés planants et flottants fascinaient grand-père. Jamais il n'avait rencontré une femme tellement fille, une fille tellement femme et si peu vicieuse. Aussi commença-t-il tôt le matin, dès qu'il eût avalé son thé, à l'entreprendre en anglais. D'une part il croyait la snober en lui parlant la langue des « Français parlent aux Français », de l'autre ça lui permettait de la séduire sans que je m'en aperçoive et de se renseigner sur mes performances de la nuit. Ce matin-là, grand-père, il avait eu vingt ans de moins mais ce qu'il ignorait c'est que même en faisant le vieux beau, même en ayant l'air d'avoir vingt ans de moins, il en paraissait encore soixante-deux et que c'était trop, beaucoup trop pour Diana qui en avait dix-neuf. Léon, il aurait pu être le grand-père de Diana ou le beau-grand-père dans le sens de beau-père au cas où on aurait décidé, elle et moi, de se marier.

Puisque grand-père se sentait vingt ans de moins il ne fallait surtout pas lui dire le contraire au moment où il semblait prêt à se mettre en route. Je me rendais compte naturellement qu'il marcherait bien plus derrière Diana qu'il n'irait au-devant de Vince parce que Vince, en ce petit matin pokharien, nous apparaissait plus loin et plus introuvable que jamais. Au sujet de Vince, grand-père ne se faisait aucune illusion. Sans être d'un pessimisme noir il était plutôt d'une extraordinaire passivité au point que je ne pouvais m'empêcher de me demander pourquoi il était venu de si loin en y croyant aussi peu. Certes, nous avions malgré tout atterri à Pokhara et on s'apprêtait à en repartir pour Hinko sous la conduite du sherpa-Diana mais il me semblait que cette virée tenait davantage de l'excursion que de la recherche car le Vince de Diana, elle me l'avait suffisamment évoqué durant la nuit, n'avait pas grand-chose de notre Vince à nous. On se devait néanmoins de vérifier et c'est donc au nom de cette vérification que l'on s'était mis en marche, direction Machapuchare.

Normalement c'était une question de quarante à quarante-cinq heures de défonce, un trajet que les gens du pays se seraient payé les doigts dans le nez, mais en ce qui nous concernait, que grand-père ait quatre-vingt-deux ou soixante-deux ans, qu'il fasse le vieux beau ou le jeune laid, on était bons pour le double ou le triple de temps sans compter qu'une fois rendus à Hinko j'avais bien l'intention de monter jusqu'au sanctuaire de l'Annapurna et d'y planter ma tente ne serait-ce qu'une seule nuit.

Grand-père, il était incapable d'arriver jusqu'à Hinko. Tout juste pouvait-il tenir jusqu'à Lundrung et encore. L'avis de Diana ne différait pas du mien. Il allait falloir le pousser dans les côtes et le retenir dans les descentes.

Avant de lever le camp et tandis que les occupants des tentes s'étaient disséminés dans la nature, les uns accroupis au-dessus d'un trou creusé dans le sable ou le mâchefer, les autres immobilisés jusqu'à la taille par l'eau du lac et lançant des regards pathétiques de chameaux, on avait engagé un porteur. C'était un Tamang de caste Sudras, une moitié d'Intouchable dont on ne connaissait ni l'âge ni les capacités mais cela ne nous avait pas empêchés de fourrer dans sa hotte le sac à dos de Léon et le gros de notre barda : tentes, batteries de cuisine et sac à pharmacie. Il s'appelait Tsam, un nom qui signifie : frontière, lisière ou au bout de... Il devait avoir entre quatorze et dix-huit ans à voir, comme cela, il faisait bien plus pitié qu'envie, bien plus au bout de ses forces qu'autre chose. A côté de lui, Léon paraissait colosse et jeune homme et l'on s'était dit, Diana et moi, que Tsam serait le compagnon idéal pour grand-père, qu'on les laisserait venir tous deux à leur rythme et qu'on en profiterait pour sexamourer en les attendant, cachés derrière les chautarès, ces murs en forme de gradins contre lesquels les porteurs se reposent de leur charge. On s'était dit sans savoir parce que si on savait tout on ne se dirait plus rien ; et l'on avait eu la surprise de constater que Tsam n'était pas si pourri qu'il en avait l'air. Oh ! bien sûr, il crachait ses poumons et ses intestins comme tout le monde, il se mâchonnait du bétel, de la noix d'arec et fumait la ganja histoire de favoriser la méditation parce que, on s'en doute, un type qui n'a rien d'autre à faire que de porter ce qui appartient aux autres a le loisir de méditer sur sa condition car la méditation, comme la religion et les croyances, ne fait de mal à personne tant qu'elle reste enfermée au fond de soi. On se disait qu'à force de gamberger, qu'à force de mastiquer son bétel et son chanvre, Tsam allait finir par exploser, par se révolter, par nous jeter sa hotte à la gueule en nous traitant d'esclavagistes ; alors, pour parer à toute éventualité, intercepter les mouvements de mauvaise humeur et montrer que les Français n'ont pas guillotiné Louis XVI pour rien, on s'était mis en quatre, y allant de nos petits soins, de notre politesse, désirant même partager boisson et nourriture, mais Tsam, qui n'était pas habitué à ces traitements de faveur, s'était retranché encore plus sur lui-même, nous montrant du regard qu'il n'appréciait pas du tout notre libéralisme. Tsam, il aurait préféré être battu qu'être caressé, être traité comme un chien que d'être traité comme un homme parce que c'était dans la logique des castes et des choses de l'Asie. Alors voyant qu'on l'embarrassait avec nos sentiments d'Occidentaux sentimentaux, on avait opté pour un milieu ni très juste ni très convenable, se contentant de le traiter non pas comme un chien de chez lui auquel on jette des pierres mais comme un chien de chez nous auquel on jette des os. Pierre ou os, coup ou caresse, quoi qu'il en soit on était les maîtres de Tsam et c'est en tant que maîtres qu'il nous reconnaissait pleinement. Lorsque l'on s'arrêtait pour casser la croûte, Tsam s'arrêtait également, à ceci près qu'il se tenait en retrait, à la fois visible et caché, silencieux et présent, préparant sa propre bouffe entre deux pierres léchées par le feu et qu'il avalait d'une seule grande lampée. De toute façon, comme il n'avait plus de dents, rien que deux grosses gencives toutes boursouflées, Tsam était condamné à la bouillie, qu'elle soit d'orge ou de riz, de nouilles ou de lentilles. Le soir c'était pareil. Tsam disparaissait sans vraiment disparaître. On ne savait pas où il était mais lui savait où nous étions. C'était son côté chien, son côté dépendant. Il dormait à notre porte, à notre portée, roulé en boule, recouvert d'un vieux sac de jute, avec de la morve plein les narines et une odeur de fumée qui rappelait celle du jambon.

Grand-père, il avait beau se sentir vingt ans de moins et faire le jeune homme pour capter l'attention de Diana dans l'espoir de me la faucher, le résultat n'était quand même pas très brillant, si bien qu'on avait mis toute une longue journée pour aller de Pokhara à Suikhet, un trajet que l'on peut couvrir normalement en trois ou quatre heures.

De Pokhara à Suikhet c'était plat comme une main ouverte ; pas la moindre côte, la moindre colline en dehors de celle de Hengia sur laquelle se dresse le camp tibétain protégé par ses drapeaux de prière qui flottent au vent. Ça n'est qu'une longue et chaude vallée traversée par la Setikhola, une rivière qui change de nom à tous les carrefours et dont on a dompté les flots au profit des rizières. Au départ de Pokhara, et si l'on ne craint pas de se mouiller les pieds en glissant d'un de ces murets de terre qui retient l'eau, on a vachement intérêt à lever la tête et à marcher le nez en l'air car pour peu que le ciel soit dégagé et les yeux prêts à l'éblouissement, on aperçoit ou l'on devine de droite à gauche et dans l'ordre, écrasants et aériens, les sommets du Lamjung-Himal, de l'Annapurna II, de l'Annapurna IV, de l'Annapurna III, celui du Machapuchare, de l'Annapurna I, de l'Annapurna Sud pour terminer en apothéose avec le Dhaulagiri. C'est un spectacle à ne pas manquer, un de ces inoubliables « silence et lumière » que seul l'Himalaya peut offrir pour le reprendre d'ailleurs presque aussitôt. A peine sont-ils engagés dans la vallée que les marcheurs sont privés de sommets ne retrouvant que le Machapuchare à Hengia, l'espace d'une halte, à croire que les collines et les dos d'âne se vengent de leur petite taille en masquant durant des heures ceux vers lesquels on avance.

On s'était arrêtés manger des œufs frits chez des Tibétains qui tissaient leurs tapis en poils de yak. Grand-père, pour faire plus jeune, pour être dans le coup, s'était acheté un collier de lama qu'un marchant ambulant proposait aux étrangers de passage. Le collier était aussi frais que les œufs, c'était un bijou du jour, une sorte de sexo-gri-gri fabriqué tout exprès à l'intention des types dans le genre de grand-père qui croient encore ou toujours au pouvoir magique des amulettes. Outre les boules de corail, il y avait des fanfreluches bouddhistes, des breloques pieuses qui pendaient accrochées à des bouts de ficelle, un cure-dents de métal et un cure-oreilles. C'était la copie d'un objet rituel mais le type le lui avait vendu en laissant entendre que ça valait aussi bien pour la paix de l'âme que pour le tourment sexuel. J'avais éprouvé pas mal de honte à l'idée que les Tibétains nous prenaient pour des gogos. J'avais beau moi aussi me sentir cool et décontracté à l'exemple de Diana, ça me faisait mal au cœur de voir des dizaines et des dizaines de trekers se laisser prendre au piège d'un exotisme de pacotille sous prétexte qu'ils côtoyaient là leurs premiers Tibétains alors que le village tout entier gagnait son droit à l'existence en truquant les lignes de la vie. Bien sûr que les gars n'avaient pas eu de bol, que les Chinois occupaient leur pays, leurs monastères et qu'ils avaient été obligés de franchir la plus haute montagne du monde avant de se retrouver parqués, en différents points du pays voisin, par des Népalais eux-mêmes aussi mal en point que les réfugiés qu'ils accueillaient. Très vite pourtant, avec l'aide de leurs moulins à prière, de leurs mandalas, de leurs tambourins, de leurs dagues magiques, de leurs cymbales, de leurs thang-kas, de leurs trompettes, de leurs conques, de leurs sorciers, de leurs divinités, de leurs astuces et de leur Dalaï-Lama, ils avaient réussi à prendre les Népalais de vitesse, fabriquant du folklore à la chaîne et ouvrant un peu partout le long des circuits à trek des gargotes où ils servaient le tchang et des raviolis fourrés à la viande de n'importe quoi. Le pire, c'est qu'ils nous prenaient pour des cons sans rien en laisser paraître et qu'ils nous fourguaient leurs produits de faussaires en nous donnant l'impression qu'on était demandeurs et même collectionneurs.

Comme on essayait, tout en sauçant nos œufs, de prendre le peu de vent que la montagne dispensait, espérant qu'il suffirait à sécher nos habits, on s'était mis dans l'idée de snober les marchands qui nous roulaient, histoire de leur apprendre que les sorciers ne sont pas toujours ceux que l'on croit être. J'avais demandé à grand-père de me passer son micro-émetteur miniaturisé acheté à Dubaï et je l'avais épinglé mine de rien dans les cheveux de la servante pendant qu'elle débarrassait la table. Placé entre les peignes à épouiller et un ornement frontal, le micro s'en était retourné en cuisine avec sa propriétaire innocente, si bien qu'au bout d'un instant Léon, qui s'était collé sur le nez les lunettes aux branches réceptrices, manifesta le désir de s'éloigner de la terrasse du lodge en compagnie de son fournisseur en colliers. C'était un grand Tibétain lamatisé par des siècles et des siècles de pratiques occultes et magiques ; toutefois, lorsque grand-père, jouant le jeu des visionnaires, com-

205

mença à invoquer les esprits au grand étonnement de Diana qui n'était pas dans le secret, le vendeur de camelote fut quelque peu dérouté. Il faut dire que grand-père valait le coup d'être vu. Tourné vers le Machapuchare, la montagne sacrée et vénérée de tous, il gesticulait du torse et de la tête à la façon des bergers solitaires et des rabbins plongés dans la lecture du talmud. Dans son oreille ça criait tant que ça pouvait, sans compter qu'à l'accent des voix venaient s'ajouter le fracas des casseroles et de la vaisselle de fer-blanc, le crépitement des flammes, le grognement des petits cochons noirs qui sont aux foyers tibétains ce que les chats sont aux nôtres et même un peu plus puisqu'on les aime aussi bien en ragoût qu'en tendresse.

Grand-père, on s'en doute, était à son affaire. Son seul regret c'était de ne pas comprendre ce que cette bande de bonnes femmes racontaient, ni de quoi elles se moquaient tant ça jacassait et riait. Ça le décompressait, grand-père, ça lui faisait oublier ses vieux genoux arthrosiques, ses vieux intestins hémorroïdants, son vieux cœur promis à une flèche indienne, sa vieille mauvaise foi, son épouvantable mauvaise conscience. Il s'en donnait à cœur joie ! A la fois pour me faire plaisir, pour épater Diana et l'assistance. Quand il a eu bien remué, bien invoqué, bien fait mousser l'imposture, il a ôté ses lunettes et les a posées lui-même cérémonieusement sur le nez du grand Tibétain au visage anguleux. La foudre l'aurait frappé que ça n'aurait pas été pire. Il était resté un moment complètement paralysé, écrasé par les envoûtements de grand-père. Et puis, soudain électrisé par un courant au voltage extra-terrestre, il s'était mis à courir dans tous les sens, semant en même temps sa marchandise et sa raison. Il allait en accéléré d'une maison à une autre, entrant et ressortant aussitôt, alertant les gens, les âmes, les esprits ; ameutant le quartier et la région tout entière. Il criait strident, longue plainte interplanétaire, sorte de chant des baleines capable de prévenir d'aussi loin qu'il trouvait n'importe quel Tibétain né ou à naître.

Pour la sorcellerie c'était de la sorcellerie. Ayant réussi à intercepter le marchand de colliers dans sa course folle, d'autres réfugiés qui avaient chaussé les lunettes furent à leur tour possédés à la fois du démon et par la haute technologie japonaise. Tous cherchaient à savoir de quelle baraque, de quel ciel provenaient les voix entendues parce que, bien sûr, rien n'est plus commun qu'une voix de cuisinière ou qu'un bruit de casseroles, sauf que tout à coup on passa de la cuisine des anges à celle de la gargote où l'on avait consommé les œufs. On ne saura jamais ce qu'a entendu celui qui portait les lunettes, ni quel lien affectif l'attachait à la servante, toujours est-il qu'au passage il arracha le phurba des mains d'un moine et se précipita la dague levée dans les cuisines du lodge. On ne sait pas s'il avait l'intention d'en percer le cœur de la fille ou bien celle de poignarder les esprits malfaisants qui en émanaient et ça aurait pu se terminer très mal si grand-père, dépassé par ses tours de magie, comme le docteur Frankenstein par sa création monstrueuse, ne s'était lui aussi précipité en cuisine. Ne m'ayant pas vu planter l'épingle émettrice dans les cheveux de la jeune fille, il avait donc été obligé de la tâter et de la palper sur toutes les coutures. Le gars à la dague avait été si étonné, si estomaqué qu'un vieux bonhomme d'Occidental se permettre de peloter, comme cela, au nez et à la barbe de tout le monde, une fille de sa tribu, qu'il était resté pétrifié dans son mouvement, le phurba en l'air, ne sachant s'il devait en frapper l'infidèle car il apparaissait bien que la servante avait fait des confessions à une autre femme, ou le vieux sorcier blanc qui avait permis l'écoute d'un tel aveu. J'étais par chance arrivé à temps pour éviter le massacre. Me saisissant du micro-émetteur je m'étais livré, avec le concours de Diana, à une démonstration publique. Pendant qu'elle expliquait la chose du mieux qu'elle pouvait à un moine rimpoché, lequel reprenait peu à peu sa communauté en main, traduisant et interprétant alentour, je convertissais le surnaturel en naturel, n'hésitant pas d'ailleurs, à l'aide de mon canif, à démonter l'appareil miniaturisé au point que je ne sus le remonter et que de ce fait, faute de connaissances, ayant perdu des pièces quasiment invisibles à l'œil nu je dus interrompre la démonstration. Notre crédibilité en avait été grandement affectée.

Débarqués à Hengia avec les honneurs, nous en étions repartis quelque peu honteux, étant passés de l'état de magiciens à celui de charlatans. C'est tout juste si on ne nous avait pas jeté des pierres et l'opprobre, à moins, comme on le verra par la suite, qu'ils nous aient jeté un sort et que ce soit leur sort à eux qui ait fait trébucher grand-père.

Vince, il avait écrit une chanson dans laquelle il s'était amusé à retourner le proverbe suivant : « Il ne faut pas faire à autrui ce que tu ne voudrais pas qu'autrui te fasse. » Dans la bouche de Bobby Laser le proverbe était devenu : « Il faut faire aux autres ce que tu aimerais que les autres te fassent. » C'était une chanson où les mots et les sentiments jouaient ensemble. Après une intro explicative où le narrateur s'amusait à parodier les Évangiles, ça démarrait tout à coup comme un cri :

*Je voudrais qu'on me saute dessus dans la rue*
*Je voudrais que sur moi les autres se ruent*
*Qu'on me dise : vous n'avez besoin de rien*
*De répondre : si c'est de rien, j'ai pas besoin*
*Qu'on me dise : c'est l'expression qu'est pas au*
*[point*
*De répondre : en ce cas, laissons là le malentendu*
*Et de chanter*
*Et de chanter*
*Je veux qu'on m'aime à perdre haleine*
*A perdre la laine du pull-over*
*A perdre l'alène du cordonnier*

*Et pouvoir me retricoter*
*Et pouvoir me ressemeler*
*Mes jeunes amours des jours de veine*
*Mes vieilles amours des mois en R*
*Et de chanter*
*Et de chanter*
*Je veux qu'on m'aime à corps perdu*
*Au corps à corps, au coude à coude*
*A corps et âme, à cri de guerre*
*Et pouvoir encore en découdre*
*Et pouvoir encore satisfaire*
*Mes vieilles amours des jours déchus*
*Mes jeunes amours si court vêtues.*

Il y avait trois autres couplets où Bobby Laser demandait qu'on l'aborde dans une banque, dans un désert, dans un cimetière et entre chaque couplet revenait très cool, très lentement, à la Diana quoi, la phrase clef : « Vas-y garçon, allez vas-y donc, fais-leur aux autres ce que tu voudrais qu'ils te fassent. »

A la même époque, Vince avait écrit un second texte qui devait en principe compléter le thème, mais en cours d'écriture les paroles s'en étaient éloignées. Vince, il était comme tous les grands peintres, il partait sur une idée, sur une nature morte ou vivante et puis brusquement sa nature à lui prenait le pas sur les autres natures. M. Mandel n'ayant pas retrouvé l'humour de Vince dans *Je devrais* l'avait fourguée à un vieux chanteur un peu crooner pour fans du troisième âge. Voici ce que ça donnait :

*Je devrais pouvoir m'en aller*
*Sans essayer de te retenir*
*Je devrais pouvoir revenir*
*Sans essayer de te rattraper*
*Je devrais pouvoir m'évanouir*
*Sans essayer de te ranimer*

209

*Je devrais pouvoir m'endormir*
*Sans essayer de te réveiller*
*Je devrais pouvoir te chercher*
*Sans essayer de me retrouver*
*Je devrais pouvoir m'en passer*
*Sans essayer de t'en redonner*
*Je voudrais pouvoir te toucher*
*Sans essayer de te caresser*
*Je devrais pouvoir t'inventer*
*Sans essayer de te découvrir*
*Je devrais, je devrais*
*Je devrais te le devoir*
*Je devrais*
*Je devrais faire un devoir*
*Je devrais*
*Je devrais te le faire voir*
*Oui, je devrais*

Grand-père, il était comme le héros de la chanson de Vince. Son coup de jeunesse passé, il s'était mis à noter sur un carnet intime tout ce qui lui passait par la tête. Carnet de devoirs ou de brouillon ? Je ne me doutais pas alors de ce qu'il me préparait. Dès qu'on s'arrêtait, au lieu de se reposer, d'admirer ou de contempler, au lieu d'être avec nous, de tendresser avec moi ou de désirer Diana, il griffonnait ses pensées qui le griffaient de l'intérieur et les déchiraient presque aussitôt, pareil à un élève qui n'arriverait pas à faire ses devoirs. Impossible de lui tirer une parole, de savoir ce qui le tourmentait à ce point. Écrivait-il une lettre d'amour à Diana, un nouveau testament dans lequel il me déshéritait à son profit ? Mettait-il au propre ses sales remords ou bien transcrivait-il plus simplement ses sensations exceptionnelles en langage de tous les jours ? Grand-père, il était tellement occupé à rédiger qu'il ne prenait même plus le temps de saluer les gens qu'on croisait. Il était seul avec son moi et son surmoi, en plein dans son schéma, ses hypothèses et ses obsessions.

De Hengia à Suikhet on n'avait cessé de rencontrer des marcheurs. Il y avait ceux, comme nous-mêmes, qui partaient se disperser quelque part autour des Annapurna, mais il y avait surtout ceux qui en revenaient et qui affichaient des airs de supériorité du genre de « Moi je reviens de l'enfer, je suis le plus fort et le meilleur ». Généralement, ils nous adressaient un salut de pitié, un sourire ironique et puis ils disparaissaient à l'horizon en traînant leurs pattes et leur autosatisfaction. Heureusement, dès qu'on arrivait aux abords de Suikhet, un village qui n'en finissait pas de s'étirer le long des canaux d'irrigation, les groupes quittaient ce boulevard du trek et s'éparpillaient comme par enchantement dans l'immensité, à croire que le paysage népalais faisait l'ogre en même temps que le vide, à moins que les marcheurs, jetés ainsi dans l'aventure, se biodégradaient comme l'épluchure des citrons qu'ils suçaient.

Concentrés dans la plaine de Pokhara, touristes, marcheurs, hippies et vagabonds faisaient la bonne affaire des habitants qui transformaient pour la saison leurs bicoques en lodges et leurs auvents ombragés en gargotes. On pouvait s'arrêter n'importe où et chez n'importe qui pour y boire, manger et dormir, au milieu des enfants morveux, des buffles et des cochons noirs sans compter qu'on avait le loisir de s'halluciner avec des champignons et la ganja qu'on nous proposait tout le long du chemin. Dès qu'on commençait à monter sur Damphus, une dénivellation de mille mètres, champignons et ganja disparaissaient de la circulation et les villageois se retrouvaient tels qu'en eux-mêmes, dans leurs champs et leurs maisons, comme si les drogués paralysés des jambes ne touchaient les cimes qu'en esprit.

On avait couché à Suikhet dans une pièce surchauffée où grouillaient pêle-mêle cochons noirs, rats et vermines. Il n'y avait ni douches ni commodités, juste un peu d'eau chaude à boire et des chapatis à manger. On n'avait pas voulu monter les tentes pour pouvoir partir plus tôt le lendemain matin si bien que je n'avais pas osé parfaire mon éducation d'homme au nez et à la barbe de grand-père. On s'était juste serrés très fort, Diana et moi, l'un contre l'autre sans qu'il soit question d'argent ou de sexe et l'on s'était transfusé notre sueur et notre tendresse peau à peau et bouche à bouche. Grand-père n'avait pas fermé l'œil de la nuit. On l'avait relégué de mon côté afin qu'il ne puisse s'attaquer à Diana mais il avait tout de même essayé à plusieurs reprises de passer son bras maigre par-dessus mon torse dans l'espoir qu'il aurait pu effleurer l'épaule de Diana et faire le chat caressant. Au bout du compte, il avait fait le veau affamé avec moi, me donnant des coups de tête dans le dos, une manière de trouver le sommeil et son alibi, mais l'un et l'autre étaient restés introuvables.

On était partis à cinq heures pour profiter de la fraîcheur relative et l'on avait pu, à la sortie du village, occuper la seule fontaine où coulait un filet d'eau et s'en asperger le visage et les pieds. Pas question de s'en abreuver sans dissoudre dans les gourdes les pastilles d'hydro-clonozone bien plus efficaces d'ailleurs pour le moral que contre la pollution.

Pour monter de Suikhet au col de Damphus il faut attaquer une colline d'une raideur extrême aux marches creusées dans la terre. C'est un peu comme si on grimpait quatre fois de suite la tour Eiffel, sauf que là il n'y a pas d'ascenseur ni de marchands de glaces et qu'on avait été obligés d'encorder grand-père soudainement pris de faiblesse et de vertige. Toutes les quatre ou cinq marches, il s'arrêtait pour souffler, notant parfois une idée sur son calepin, même que Diana s'était demandée si ça n'était pas plutôt une manière de tricher, histoire de gagner quelques secondes de plus. Il y a des marcheurs qui n'osent plus avouer leur fatigue et qui mettent au point des tas de trucs destinés à tromper les autres membres du groupe. Soit qu'ils s'immobilisent tout à coup s'extasiant sur le panorama, décrivant d'un geste du bras des choses vraiment insignifiantes. Soit qu'ils décident, alors que rien ne peut provoquer leur enthousiasme artistique, de faire une pause-photo. Soit qu'ils se déchaussent sous prétexte qu'un caillou s'est glissé à l'intérieur de leur godasse. Soit qu'ils se désinfectent un suçon de sangsue. Soit qu'ils se découvrent une vocation de botaniste, collectionnant avec acharnement plantes et fleurs. Soit qu'ils distribuent des bonbons à des gosses qui les leur réclament, y allant de leur drôle d'incantation : « Mitaï mitaï. » Soit qu'ils doivent changer de tee-shirt ou régler la courroie rebelle de leur sac à dos. Soit qu'ils sont pris de coliques torturantes, ce qui les oblige à se retirer dans la végétation hostile.

Tout est bon pour le marcheur lorsqu'il s'agit de lambiner ou de tirer au flanc. Tout le monde a son truc mais grand-père, lui, quoi qu'en pensait Diana, il avait beau noter ses idées, appuyé contre un arbre, ou un mur à porteur, il ne simulait rien du tout car il était plutôt au bout du rouleau, guetté par son Indien sur le sentier de la guerre.

Lorsqu'on en avait marre de se fatiguer à l'attendre, on tirait sur la corde de rappel ou bien, quand la configuration du terrain ne s'y prêtait pas, Diana passait devant comme la carotte suspendue au bout d'un bâton et moi derrière, poussant aux fesses ce vieux mulet paresseux et têtu. On avait dû le faire avancer comme cela jusqu'au col de Damphus et le miracle c'est qu'il y était tout de même parvenu, plus mort que vif bien sûr. C'était la première fois en dehors de ses sauts en parachute qu'il montait aussi haut, à 2 100 mètres, mais le plus dur restait à faire car Diana, qui connaissait parfaitement la région, voulait atteindre Lundrung avant la nuit. Pour aller du col de Damphus à Lundrung il fallait redescendre dans l'autre sens presque tout ce qu'on avait monté mais c'était encore bien pire pour aller de Lundrung à Gundrung. Les deux villages se faisaient face ; ils n'étaient qu'à quelques tirants d'ailes d'oiseau, seulement entre les deux il y avait un abîme et tout au fond de l'abîme la Modi-Khola, qui coulait glacée depuis Chulu et le Peri-Himal pour se réchauffer peu à peu à force de buter contre le Mahabharat à la recherche d'un passage qui lui permettrait de se jeter dans le Gange.

## 5

C'EST après avoir franchi le col de Damphus que l'accident est survenu. C'était un accident bête et méchant comme tous les accidents de sentier. Cela n'avait rien à voir avec une collision d'automobiles, de motos ou de vélos parce que depuis qu'on avait quitté Pokhara nous étions à nouveau en plein Moyen Age et même plutôt avant qu'après puisque la roue ici, quand bien même elle serait inventée, n'aurait été d'aucune utilité. On n'avait pas emprunté ce sentier pour éviter les encombrements d'une route, comme on le fait chez nous en France avec les GR, ni pour communier plus profondément avec la nature, mais on avait pris ce sentier parce qu'il était l'unique moyen d'accès aux villages vers lesquels nous allions. Ça n'était pas un sentier pour flâner ou buissonner, un sentier des amoureux et des écoliers mais une vraie voie de communications où deux hommes pouvaient à la rigueur se croiser de front mais certainement pas trois. Il n'empêche que tout ce qui allait et sortait des villages de montagne, ravitaillement et matériel de construction, transitait ici à dos d'homme.

C'est en voulant éviter d'être écharpé par le bout d'un câble d'acier destiné à renforcer la suspension du pont de la Modi-Khola que grand-père avait fait son faux pas. Porté par une trentaine d'hommes, posé à même un coussin de chiffons sur l'épaule, le câble qui s'étirait au moins sur deux cents mètres avait la priorité sur tout ce qu'il rencontrait le long du chemin. C'était une sorte de convoi exceptionnel sauf qu'ici il n'y avait pas de motards pour prévenir et que ceux qui convoyaient ce long serpent d'acier gardaient la tête baissée tel un buffle tirant la charrue.

Ne sachant pas qu'il fallait respecter la priorité népalaise, c'est-à-dire s'arrêter et laisser passer tout homme chargé, qu'il descende ou qu'il monte, grand-père, pris de court à la vue du filin qui arrivait sur lui, s'était écarté un peu trop rapidement pour se retrouver, gémissant et cassé, quelques mètres en contrebas. On ne savait pas au juste si la cheville était vraiment cassée ou simplement foulée, si l'os en avait pris un coup ou si c'étaient les ligaments qui avaient lâché. C'était peut-être le tout à la fois avec la peur en plus et le cœur qui battait à tout rompre le rappel de l'Indien. La seule chose que l'on savait, c'est que grand-père ne parvenait plus à se tenir debout et que la cheville s'était mise à enfler et à noircir.

On avait réussi à hisser grand-père sur une plate-forme et on avait commencé à lui fabriquer une attelle. On lui avait donné de la Coramine à sucer, des aspirines à avaler et des encouragements tant que ça pouvait, mais malgré les médicaments, l'attelle et le réconfort, il n'avait pu se remettre debout. Les porteurs de câble, qui n'étaient ni plus ni moins que des chauffards, n'avaient pas jugé bon de s'arrêter et il avait fallu attendre dans la rocaille et en plein soleil un éventuel secours. Comme on ne voyait rien arriver ni d'en haut ni d'en bas et qu'on ne pouvait compter sur le ciel, Diana était descendue sur Lundrung.

On était donc restés tout seuls, grand-père et moi. Enfin pas tout à fait seuls car Tsam-la-frontière s'était assis un peu plus loin, se foutant éperdument du malheur des autres. Tsam, on l'avait engagé pour porter, pas pour pleurer, et ça l'arrangeait drôlement de piquer son roupillon en touchant tout de même ses roupies. Bizarrement, l'indifférence de Tsam m'aidait à supporter la situation. Pour Tsam, l'accident de grand-père c'était la banalité du quotidien, un truc pas plus grave qu'une piqûre de moustique, qu'une sucée de sang-sue. C'était comme pour nous un froissement de tôles en ville, un carambolage à l'arrêt, rien d'autre quoi qu'un incident de la circulation. Les secours allaient venir de Lundrung et puis, de retour au village, on jetterait sans doute le vieux à la casse en attendant qu'il se désagrège de lui-même.

Grand-père, il avait essayé de retenir Diana en disant que c'était pas la peine de se taper quatre heures de marche et autant pour en revenir, et qu'il valait mieux attendre le passage d'un groupe de trekers. Diana avait répondu que les trekers ne se baladaient pas avec un brancard et que seuls les gens du pays seraient capables de le convoyer jusqu'à Lundrung.

Grand-père et moi, on se faisait une fausse idée de Lundrung. Le village était marqué en gros sur la carte, en aussi grosses lettres que Rambouillet ou Dourdan sur celle du GR 11. On n'avait pas pensé à la relativité des choses et c'était mieux ainsi pour le moral.

Appuyé contre un rocher, la jambe pendante, grand-père avait regardé s'éloigner Diana puis il s'était tourné vers moi. Ses yeux semblaient dire que j'étais un fameux veinard d'avoir trouvé une fille comme elle mais sa voix avait dit tout autre chose :

« Si j'étais pas si égoïste, je te demanderais bien un peu à boire. »

Je lui avais donné ma gourde car la sienne était vide depuis longtemps mais je dus lui rationner les gorgées compte tenu du long moment qu'on risquait de passer ensemble. Pour le consoler et me rassurer j'ai dit :

« Je ne crois pas que ce soit cassé parce que, si c'était cassé, tu souffrirais bien davantage.

— Et comment sais-tu que je ne souffre pas ?

— Parce que tu crierais.

— Merde alors ! mais je crie, Alex. Je crie de l'intérieur. Ma parole, ça me fait un mal de chien ! »

J'ai dit :

« Dis, grand-père, tu sais ce qu'ils disent les chiens quand ils ont très mal... eh bien, ils disent qu'ils ont un mal d'homme. » Comme ça ne suffisait pas à le faire sourire, j'ai ajouté :

« Et les chevaux, grand-père, tu sais ce qu'ils disent quand ils ont la fièvre. Et les canards quand ils ont froid. Et les loups quand ils ont faim ? »

Il ne se déridait toujours pas mais je savais que j'allais réussir avec celle-là :

« Et les cerfs, qu'est-ce qu'ils disent les cerfs quand ils bandent ? »

Celle-ci non plus n'avait pas réussi à le faire sourire. C'était la preuve qu'il gambergeait déjà sur l'au-delà parce que de l'autre côté de la vie l'humour n'est pas le même qu'ici-bas. J'avais eu tort de lui remettre la douleur en mémoire. Il grimaçait en pelotant les perles de son sexo-gri-gri. Ça n'était ni des vraies perles, ni des vrais coraux, ni un vrai vieux grand-père tel qu'on se l'imagine et pourtant on était bel et bien au cœur d'un vrai drame. En face de moi il y avait les plus beaux vrais sommets du monde, des cimes qu'il suffisait de contempler pour se sentir grandi. Plus près, il y avait les collines boisées, des rhododendrons géants et des orchidées qui poussaient anarchiquement entre les branches qui ne leur appartenaient pas. Il y avait un ciel très bleu et très pur ; et là-bas, au loin, on pouvait voir Diana qui bondissait de marche en marche comme si elle était poursuivie par des méchants. Il y avait Tsam tout à côté qui s'était endormi la tête renversée dans sa hotte d'osier. Derrière Tsam, derrière Diana, derrière les orchidées et les rhododendrons, derrière les collines et les villages qui s'y accrochaient, il y avait la queue de poisson du Machapuchare avec son panache de brume. Et là, tout près, gisant en cet émerveillement, mon vieux grand-père qui commençait à grelotter de fièvre.

J'avais dû défaire l'attelle et les bandelettes tellement ça lui torturait la jambe et lui enduire la cheville d'une pommade à la percutalgine. Elle était devenue presque aussi grosse que sa cuisse. La chair était bleu-noir et sentait déjà le pourri. Quand il a vu les corbeaux qui commençaient à tournoyer au-dessus de nous, grand-père ne s'y est pas trompé. Il m'a demandé de lui passer son calepin et il s'est mis à écrire ses dernières volontés. Excédé par son obstination et ses geignements, j'ai dit :

« Mais repose-toi, grand-père, arrête d'écrire. Dismoi ce que tu veux et je le ferai. »

Il m'a regardé en trébuchant des yeux et il a répondu exactement ce que je pensais qu'il allait répondre :

« C'est impossible, Alex. N'insiste pas car je n'ai pas le courage de te le dire en face. Après ma mort tu ouvriras ce carnet et j'espère alors que tu seras assez grand et assez fort pour me pardonner. »

Qu'est-ce qu'il voulait dire, grand-père, par « assez grand et assez fort » ? Que je devais attendre ma majorité et qu'il allait lutter pour rester en vie jusqu'à cette époque ? Certes, c'était assez valeureux d'essayer de m'en persuader en me laissant croire qu'il possédait encore assez de ressources en lui pour me tenir la main aussi longtemps. Seulement moi je voyais bien qu'il ne tiendrait jamais le coup d'ici là et pas uniquement parce que les corbeaux commençaient à tournoyer, mais plutôt à cause de ses yeux qui commençaient à se révulser. Qu'est-ce qu'il voulait dire par : « N'insiste pas car je n'ai pas le courage de te le dire en face. » ? Qu'est-ce qu'il mijotait, qu'est-ce qu'il me cachait ? Qu'avait-il fait de si atroce, de si ignoble que je ne puisse lui pardonner ? Je voulais savoir, apprendre la vérité tout de suite et pas demain. J'ai dit :

« Tu peux me parler, grand-père, je suis assez grand et assez fort. Je suis un homme maintenant... »

Je pensais à ma nuit d'amour avec Diana, à mon enfance qui s'était à jamais perdue dans ses bras et son ventre, à tous les dés à coudre déversés et qui avaient arrosé en quelques heures des années et des années de miocherie, me faisant pousser d'un seul coup dans le temps comme une plante qu'on aurait droguée d'un engrais chimique super-puissant.

D'un air pitoyable il avait répondu :

« N'insiste pas, petit. C'est moi qui ne suis plus assez grand ni assez fort. Je veux que tu me promettes, que tu me jures... »

Il y avait de la prière dans ce qui lui restait de regard :

« Jure-moi que tu n'ouvriras pas ce carnet tant que je serai vivant. Jure-le-moi, Alex. Jure-le-moi vraiment ! »

Il me coinçait. Pour me dégager en ménageant une porte de sortie à la tricherie, j'ai juré d'un ton mi-figue, mi-raisin, mais il avait beau être cassé, diminué et rapetissé, il était encore assez malin pour se rendre compte que ma promesse n'était pas valable. Il avait dit :

« Sur quoi tu le jures ?

— Sur ce que tu veux, grand-père.

— Bon. Alors jure-le-moi sur la tête de Vince.

— O.K. Je le jure sur la tête de Vince. »

En promettant à Vince de ne pas ouvrir le carnet de grand-père avant sa mort j'engageais ma parole et il aurait dû le savoir. Malgré tout il avait remis ça, comme si l'image de Vince ne pesait pas assez lourd en moi :

« Bon ! Maintenant tu vas le jurer sur ma tête. »

En jurant sur la tête de Vince, sur la sienne et la mienne, nous formions ainsi une Sainte Trinité, j'avais apaisé ses craintes et angoissé les miennes.

Bien qu'ayant juré j'avais tout de même essayé une autre fois de l'amener à la raison, mais comme ma raison n'était pas la sienne il s'était écrié lamentablement et véhémentement :

« Merde alors ! Tu veux me tuer tout de suite ou quoi ? »

Je m'étais excusé. J'avais été me blottir contre lui, épaule contre épaule, tête contre tête, détresse contre détresse, mais ça ne l'avait pas empêché de refermer le carnet aussitôt, de peur que je n'en lise quelques phrases. Il me connaissait aussi bien que je le connaissais. J'étais pétri de la même farine, issu de la même crevasse, du même terrain tourmenté.

On était restés ainsi tous deux à tendresser en plein Himalaya, lui avec sa jambe cassée, moi avec le cœur brisé, et nos larmes s'étaient mises à couler sur nos joues pour s'évaporer aussitôt dans le ciel. Et puis grand-père, qui claquait des dents à l'idée de perdre sa vie, s'était mis à arranger sa mort. Il était revenu à la charge, disant qu'il ne faudrait surtout pas rapatrier son corps mais au contraire le laisser sur place dans quelque village que ce soit et le remettre aux mains des prêtres qui se chargeraient de la crémation.

Ne pouvant en écouter davantage et bien que je fusse, depuis peu, devenu un homme, j'avais éclaté en sanglots et on s'était remis à chialer l'un sur l'autre ; moi parce que je ne voulais pas voir partir mon grand-père en fumée, lui parce qu'il me voyait déjà en train de lire sa confession et qu'il pleurait en imaginant mon chagrin. Nous avions été heureusement dérangés par un groupe de trekers japonais qui montaient au sanctuaire de l'Annapurna, à six jours de marche. Ils étaient une quinzaine avec autant de porteurs et un peloton de sherpas, des cuisiniers et des guides. L'un des Japonais, qui devait être découpeur de poisson cru, avait examiné la jambe de grand-père, la tâtant de la plante du pied au genou, déclarant finalement qu'il ne pouvait se prononcer tellement elle était enflée. Il s'agissait peut-être d'une fracture, peut-être d'une entorse, d'une déchirure des ligaments, peut-être même des trois à la fois. Il avait administré à grand-père des tas de médicaments afin d'éviter la thrombose et la phlébite, puis l'ayant retourné prudemment sur le côté il avait injecté en plein dans la fesse un produit miracle qui aurait dû calmer la douleur mais qui au contraire la ravivait de plus belle. Voyant que grand-père se tordait de souffrance au point d'en tourner de l'œil, j'avais insisté auprès des Japonais afin qu'on essaie de le transporter à dos d'homme jusqu'à Lundrung mais personne, pas plus les Japonais que les sherpas, n'avait cédé aux pressions. Ils étaient beaucoup plus respectueux des horaires d'étape que des grands principes humains. Ils avaient fait le strict minimum vis-à-vis de leur conscience de sorte qu'ils ne puissent un jour se reprocher de ne pas avoir porté assistance à une personne en danger. Si je pouvais à la rigueur comprendre les sherpas, car en pays sherpa comme en pays gurung où nous nous trouvions, les gens valides ont mieux à faire que de s'occuper d'un vieillard qui a dépassé, et depuis des lustres, l'âge de mériter son bol de riz, je comprenais moins bien, en revanche, l'attitude des Japonais, grands maîtres en électronique et en traditions. Non seulement les salauds nous avaient planté là mais ils étaient repartis en chantant un hymne guerrier qui les soutenait dans l'effort.

Pendant qu'ils descendaient en gueulant des cris gutturaux qui résonnaient au fin fond des précipices, grand-père, lui, requinqué par ce produit miracle au niveau du cœur mais pas de la tête, s'était mis à crier à son tour, si bien que cette vallée tranquille était devenue en un rien de temps un champ de bataille où les uns luttaient contre les éléments alors que l'autre, ayant précipitamment attrapé la vie à bras-le-corps, se révoltait contre un sort qu'il ne considérait plus comme fatal. Grand-père, il se battait n'importe comment et en utilisant toutes sortes d'armes. Il tapait pêle-mêle sur les Japonais qu'il traitait de bourreaux nazis, d'enfanteurs de génocides, de chiens putrides, de mangeurs de poisson cru, de sales boches, de gestapistes. Mais grand-père, il tapait aussi sur les dieux, sur les curés, sur les écrivains des Évangiles et des Livres saints, sur les philosophes, sur les prophètes, les gourous, les meneurs de foules et des esprits qu'il accusait de droguer les peuples. Il parlait de religion, d'opium, de fanatisme, d'ayatolisme, de merdisme, de cataclysmes, de foutoirs et même aussi d'un bordel de Dieu dont l'expression lui revenait sans cesse aux lèvres. Il se débattait, quoi ! Au milieu de toutes les contradictions inhérentes à l'existence même de l'homme et qui font que celui-ci est condamné dès sa naissance à retourner au néant encore plus nu, encore plus paumé au départ qu'à l'arrivée malgré les enseignements dont on l'a abreuvé durant son bref passage sur la planète Terre. Puis, abandonnant les êtres suprêmes, les saints, les anges, et les innombrables divinités et philosophes qu'il venait de salir, il se remettait plus prosaïquement à haïr les Allemands, les Japonais et même les Italiens parce que, eux aussi, soi-disant, avaient fait partie de l'Axe durant la dernière guerre. Je ne savais pas ce qu'il entendait par « Axe » ni pourquoi l'Axe passait à présent par le Népal en ayant fait un crochet par l'Espagne de Franco qu'il rendait responsable de son accident, mais bien que nul en histoire, j'en connaissais tout de même assez pour me rendre compte qu'il était dans une phase d'incohérence totale avec, par-ci par-là comme dans toutes les incohérences, une extraordinaire lueur de lucidité qui éclairait tout l'univers. L'ennui c'est que plus il crachait son désespoir et sa rancœur à la figure des juges souverains comme à celle des Allemands, plus il fallait lui donner à boire. De l'eau il en perdait de tous les côtés, par la salive, la sueur et également par la bébête car il était aussi incontinent qu'incohérent. Comme je n'avais pas songé à faire remplir les gourdes par les Japonais dont les porteurs trimbalaient pourtant, ficelés aux hottes, de grands thermos chinois à fleurs, j'avais été obligé d'envoyer Tsam à la recherche d'une source, sans être sûr qu'il ait bien compris mes intentions. Tsam, il disait oui, oui à tout parce que c'était dans son destin de ne jamais rien refuser à un sahib, d'autant que les sahibs, même avec une jambe cassée, ont toujours le bras assez long pour descendre jusqu'au porte-monnaie. Je lui avais donné vingt roupies afin de l'encourager à foncer vers un point d'eau en performant, mais au lieu de se mettre à dévaler la pente il était parti de son pas de buffle aussi prudemment que s'il portait son chargement.

Le départ de Tsam n'avait pas calmé grand-père. Il ne s'en était même pas aperçu tant il était en proie au délire. Il était là, allongé sur un rocher himalayen, comme un vieux yéti qu'on aurait blessé pour mieux l'encager. Il enrageait et gesticulait, refusant de se rendre corps et âme à ses dompteurs.

Il était toujours en pleine crise lorsqu'un couple fantomatique de villageois drapés, en dépit de la chaleur, d'une vieille couvrante qui avait dû être blanche au temps jadis mais qui depuis s'était fondue, tels les caméléons, à la pauvre palette délavée des couleurs de la misère, déboucha derrière nous. On aurait dit qu'ils étaient arrivés directement du ciel ; tombés en parachute de l'antre du Diable.

Ils avaient des visages d'aigles, œil perçant, nez en lame de couteau, bouche en bec. L'un d'eux, le plus âgé, peut-être le père ou le frère aîné, se tenait d'ailleurs droit devant nous sur une seule jambe, ayant croisé l'autre par-dessus comme le font les échassiers. Ils étaient squelettiques et terriblement menaçants dans leurs façons d'être en arrêt.

Insensible à leur présence, Léon continuait à gueuler tant que ça pouvait contre le grand foutoir de l'existence, ponctuant ses invectives de sonores « merde alors ! », quand l'un d'eux, subitement tiré de lui-même par les divagations excentriques de grand-père, se démasqua :

« On veut le pognon, petit ! »

Il avait l'accent du Midi, la cigale sur la langue.

C'étaient des gars qui n'étaient pas plus hindous, pas plus népalais, pas plus villageois que nous. C'étaient deux Français aux abois, deux frères partis pour une grande vadrouille asiatique et qui se retrouvaient démunis de tout et surtout de leur enthousiasme après avoir séjourné une année entière aux Indes. Ils avaient passé la frontière sans même s'en rendre compte et erraient ainsi sans passeports ni argent, camouflés en fils du pays à la recherche d'un mauvais coup. C'étaient des minables, des anti-Vince.

Une pierre dans la main, menaçant, le gars avait lancé :

« Donnez le pognon et on ne vous fera pas de mal ! »

Le pauvre, il était si décharné, si faiblard, qu'il n'aurait pu jeter la pierre sans prendre le risque d'être entraîné derrière elle.

M'étant rapproché de grand-père pour le couvrir en cas d'attaque, j'ai dit :

« Écoutez les gars, si vous avez besoin d'argent je vais vous en donner. Et même plus que vous ne pensez ! »

Ce disant, je m'étais mis à faire les poches de Léon, une manière de leur laisser croire que j'étais leur associé et que le Vieux ne comptait pas pour moi. C'est Vince qui m'avait appris cette parade à l'agression. Ne jamais se laisser déborder par un refus radical mais au contraire prendre les devants en ayant l'air presque content d'être détroussé. Ne pas se frotter les mains de plaisir bien entendu, mais s'intéresser à la personnalité du voleur et à ses mobiles. Compatir, comprendre, discuter, donner l'impression qu'il n'a pas dérobé mais emprunté, qu'il n'est pas venu vous tordre le cou mais qu'il est venu amicalement, comme ça, en copain, disserter sur la vie chère, le coût de la drogue et le chômage des hippies.

Dans les poches de grand-père il y avait cinq cents roupies et des poussières. Les gars n'en avaient pas vu autant depuis leur départ en France et ça leur a semblé si énorme, si insensé qu'on puisse se balader au Népal en trimbalant une telle fortune qu'ils n'avaient pas cherché à prendre autre chose. Pour un peu ils nous auraient remerciés. Ils étaient tombés du ciel, d'accord, mais nous on était tombés à pic. Grâce à nous ils allaient enfin pouvoir manger et se piquer à volonté ; c'est pourquoi, au lieu de continuer sur Lundrung où il n'y a rien d'autre à se mettre sous la langue que de la ganja, un chanvre en herbe qu'il faut piler durant de longues minutes si on veut le rouler en cigarettes, ils s'en étaient retournés sur Pokhara.

Les gars, ils n'avaient rien de cassé en dehors de leur mécanique qui paraissait vraiment très déréglée et pourtant physiquement ils ne valaient guère mieux que grand-père. Je les avais regardés partir, oscillant et flottant comme un drapeau de prières tout déchiré, en me demandant si Vince pouvait déchoir à ce point et s'il n'était pas en ce moment même quelque part en train d'agresser des touristes pour se payer une dose de rêve. Ça me paraissait inimaginable que Vince puisse en arriver là et cependant, depuis que j'étais au Népal, je ne cessais de rencontrer des gens qui y avaient laissé leurs plumes et leur brillance, à croire que ce pays si clair et si haut avait la sournoise faculté de dédoubler les êtres, à moins que ça ne soit l'inverse, que le pays n'attire à lui que des êtres dédoublables, qu'il ne soit, en somme, que le catalyseur d'un déséquilibre inconscient.

Grand-père ne s'était rendu compte de rien. Il

avait continué à hurler ses vérités à la face de l'humanité en décrivant des moulinets avec ses bras, se battant comme Don Quichotte contre les ailes des moulins. Il ne s'était même pas aperçu un peu plus tard de la venue d'une drôle de bonne femme surgie elle aussi d'on ne sait où avec sa sébille et sa poudre rouge, et qui parcourait les chemins à la recherche d'impies à baptiser. La vieille gourou nous avait peint sur le front, à la va-vite, à la surprise, un point rouge qui nous faisait à grand-père et à moi un troisième œil au milieu des deux autres. Et puis, avant de disparaître, elle nous avait montré une affreuse plaie au bras, peut-être une morsure, un coup de poignard, nous demandant si des fois on n'aurait pas des médicaments ou des mitaï. Je lui avais donné une pommade antiseptique à appliquer et un chewing-gum à mastiquer, mais comme elle était, elle aussi, assez atteinte de la tête et de la vue malgré les troisièmes yeux qu'elle distribuait, elle avait pris la pommade pour du lait concentré et en avait avalé la moitié du tube sans que je parvienne à l'en dissuader.

On était restés trois heures en crevant de soif à attendre le retour de Tsam-la-frontière qui remontait la pente du même pas qu'il l'avait descendue. Tandis que je suivais à moitié déshydraté sa lente progression, grand-père, de but en blanc, s'était tu. Il m'avait regardé comme s'il sortait d'un long séjour à l'hôpital, comme s'il revenait d'un long voyage en contrée d'amnésie. Son front était trempé et glacé, mélange de fièvre et de sueur. Il était là, superbe mourant ressuscité, allongé à l'ombre d'un pan de tente avec son sexo-gri-gri autour du cou et son troisième œil au milieu du front, avec sa barbe d'une semaine et ses traits de quatre-vingt-deux ans, avec son terrible secret et son carnet de notes posé à même la peau sous la chemise et qui avait déteint sur la poitrine. Il gisait là, donc, avec un point rouge au front et une tache noire en plein poumon quand brusquement il était revenu à lui, calmant du même coup le paysage. On pouvait à nouveau s'entendre et communier avec les sommets bien que ses premières paroles d'homme sensé aient eu pour effet de dépoétiser presque aussitôt la transcendance retrouvée. D'une voix pathétique, il avait dit :

« J'ai envie, Alex. Faut que tu m'aides à y aller.

— Et où est-ce que tu veux aller, grand-père ?

— A la selle, petit. A la selle. »

Il m'avait tendu ses bras comme un enfant qui désire que sa mère le prenne :

« Dépêche-toi, Alex. J'ai peur de salir mes pantalons.

— Mais où veux-tu que je t'emmène, grand-père. Ça sera partout la même chose puisque tu ne peux pas t'accroupir ? »

Il m'avait regardé en suppliant comme si j'avais la possibilité de faire un miracle :

« Vite, vite ! Enlève-moi le pantalon et tiens-moi un peu en hauteur. »

Il en avait de bonnes, grand-père. Il me prenait pour un hercule ou quoi ? Et comment aurais-je pu le soutenir au-dessus du sol. Il avait beau être tout décharné, il pesait encore rudement lourd. C'est alors que j'ai eu l'idée de fabriquer en hâte une sorte de W.-C.-barbecue, c'est-à-dire que j'avais posé deux grosses pierres l'une en face de l'autre comme quand on veut griller une viande, mais au lieu de mettre le feu en dessous, j'avais assis grand-père dessus. Ça n'avait pas été facile bien entendu parce que, en le déplaçant, sa jambe avait porté à faux mais grâce à cette invention on avait évité le pire pour un homme digne de ce nom. Il avait même réussi à s'essuyer tout seul mais comme il craignait que la colique le reprenne il s'était entêté à garder la position assise. Tout en se vidant sur ces chiottes de fortune moitié turques, moitié népalaises, il s'était remis à écrire sa confession. De temps à autre il levait les yeux pour voir si des fois son Indien se serait pas déjà planqué dans le coin. Il écrivait par à-coups, un peu comme il déféquait, tirant la langue en même temps qu'il poussait. Parfois, lorsqu'un mot tardait à venir, ne reflétant pas vraiment sa pensée, il se tournait vers moi aussi malheureux que les pierres qui le soutenaient et disait :

« J'espère que tu me pardonneras, Alex. Oui, j'espère bien ! »

Ne désirant pas le tourmenter davantage vu que je ne pouvais reprendre mon serment, je répétais comme un amen à sa prière :

« Mais je te pardonne, grand-père, je te pardonne. »

Ça lui faisait du bien de savoir que je lui pardonnais, que quoi qu'il arrive il resterait toujours mon grand-père chéri ; alors il se replongeait dans sa confession. Je savais qu'il y était question de lui, de moi, de Vince, de Nora, de notre famille, de notre vie, de quelque chose de terriblement important et d'inavouable de vive voix. J'essayais de chercher, de deviner quel pouvait être ce mystère familial dont on n'avait jamais osé m'entretenir. Ainsi, à force de gamberger, je m'étais mis dans la tête la plus insupportable des idées noires, celle qui effleure un jour ou l'autre tous les gosses du monde, sauf que chez moi l'idée ne faisait pas que m'effleurer mais commençait à me miner dans la profondeur, pareille à un terroriste déguisé en spéléo et qui descendrait sous la terre pour y déposer une bombe atomique. La vision était effrayante et il fallait que je me raisonne drôlement pour éviter d'y aller moi aussi de mon délire.

De toutes les suppositions, et bien que je n'en eusse aucune preuve, en dehors de l'instinct qui me le criait, celle que je n'étais pas le fils de Vince s'imposait avec force. Je me voyais bébé trouvé sur les marches d'une synagogue, enfant adopté pareil au fils de Robert Hossein dans *Les uns et les autres*, recueilli et apprivoisé au fil des années par la famille Valberg. Plus j'y pensais, plus ça devenait clair, évident, totalement vrai ; jusqu'aux défaillances maternelles de Nora qui se justifiaient à présent parfaitement, sans compter qu'en me remémorant certains faits, certaines attitudes enregistrées aussi bien chez Vince que chez Nora, encore même peut-être davantage chez grand-père, j'y trouvais les explications de ma frustration sentimentale. Si j'étais un gosse mal aimé, mal éduqué, mal dans sa peau, ça ne pouvait venir que d'un manque d'amour, que d'un manque d'entourage, que d'un manque de racines. D'ailleurs, aurais-je été le fils de Vince, son petit garçon du tout début, son nourrisson de sperme, pourquoi serait-il parti, pourquoi m'aurait-il abandonné ? Peut-être que lui aussi, pareil à grand-père, n'avait pas eu le courage de m'avouer la vérité et qu'il s'était enfui lâchement dans les montagnes pour éviter l'épreuve.

J'avais attendu, mortifié, que Léon me repose sa question qui était devenue une sorte de tic de confiance, puis appuyant sur les mots j'ai dit :

« Mais je te pardonne, grand-père, oui, je te pardonne même si tu n'es pas mon vrai grand-père... »

Il m'avait regardé très étonné. Les yeux et le feutre en suspens :

« Qu'est-ce que tu veux dire par là, mon garçon ? »

Comme il m'avait appelé « mon garçon » j'ai compris que je ne pourrais jamais lui faire part de mes doutes sans risquer de l'achever. Je m'en étais tiré par la bande, comme une boule de flipper mal renvoyée :

« Mais rien, grand-père. Je ne veux rien dire, c'était juste pour rire. »

Au bout d'un moment, lorsqu'il fut bien vidé et bien attaqué aux fesses par les sangsues qui vrillaient leurs têtes goulues et qu'on voyait grossir à vue d'œil, je l'avais traîné par les aisselles sur son rocher. Sa jambe devenait de plus en plus grosse, de plus en plus bleue, mais les sangsues qui détestent la percutalgine ne voulaient pas s'y attaquer et c'était bien dommage parce qu'elles auraient sans doute contribué à faire résorber l'œdème. On avait pourtant tout essayé pour les attirer sur sa pauvre cheville et même plus que cela puisque j'y déposais celles que j'ôtais de mes propres jambes, et qui s'infiltraient mine de rien par les œillets des chaussures. Les sangsues, elles surgissaient des herbes la faim au ventre en serpentant hypocritement et puis, en un clin d'œil, elles passaient à l'assaut des œillets. Ça leur évitait l'effort de transpercer le cuir des godasses.

Il n'y avait rien eu à faire. Les sangsues refusaient de se laisser adopter par la jambe blessée de grand-père. Elles préféraient, les garces, se faire orpheliner par ses cuisses et son derrière qui étaient devenus presque aussi bleus que la blessure. Tant qu'on ne les dérangeait pas elles suçaient tranquillement et sans douleur jusqu'à plus soif pour retomber un peu plus tard gorgées et gavées à en rendre jaloux les vampires. Lorsqu'elles attaquaient en petit nombre, le mieux était de les laisser, vu qu'un dé à coudre de sang de plus ou de moins ça n'est pas la mer à boire. L'ennui c'est que si on avait le malheur de fouler des herbes hautes et humides sans y prêter attention, on risquait de s'en retrouver couvert et s'être saigné comme les jeunes buffles offerts à la kumari.

Dans l'une de ses premières lettres, Vince me racontait que le meilleur moyen de se débarrasser des sangsues ça n'était pas de les arracher, ni de les couper avec un ciseau parce que la tête même séparée du corps pouvait très bien continuer à sucer, un peu comme un bébé qu'on retirerait du sein de sa mère et qui le remplacerait en prenant son pouce. C'était une image qui n'avait ni queue ni tête. Elle était juste destinée à faire sourire son petit garçon adopté. Mais le petit garçon, le jour où il a reçu cette lettre, je m'en souvenais très bien, n'avait pas ri car il en avait déjà gros sur le cœur de l'absence de son père.

Pour combattre les sangsues en étant sûr de les terrasser Vince conseillait, c'est d'ailleurs ce que font les Népalais, de les asticoter un peu avec le bout incandescent d'une cigarette. En deux temps trois mouvements la sangsue roulait à terre. Ceux qui n'ont pas le vice de fumer, poursuivait Vince, et c'était son cas, peuvent toujours essayer avec une allumette ou une bougie sauf que par grand vent la méthode est aussi inefficace qu'une pincée de sel sur la queue. Vince, qui était bien plus malin que les sangsues et bien plus riche que les Népalais, avait mis au point la technique de l'ampoule électrique à nu. Il ôtait la loupe de sa lampe de poche et brûlait ainsi la bestiole en appuyant l'ampoule contre elle. Vince écrivait aussi, je ne m'étais pas non plus tordu de rire, qu'il lui arrivait de faire la cueillette des sangsues comme on fait la cueillette des mûres et qu'il s'en régalait le soir venu car rien n'est meilleur que du boudin de sangsue, sans compter que c'est un moyen de leur rendre leur chien de la chienne et de récupérer les globules qu'elles vous ont fauchés. Je ne sais pas si Vince disait vrai et s'il transportait les sangsues récoltées dans une boîte au couvercle aéré, mais sa méthode d'extermination, en revanche, était tout à fait efficace.

Tsam, qui était remonté de la source pendant que je brûlais les sangsues de grand-père, n'avait pas compris pourquoi on se servait d'une lampe électrique en plein jour ni ce que je cherchais comme cela le long des cuisses d'un vieux bonhomme déjà à moitié brûlé. Il faut dire que Tsam ne s'approchait jamais de nous et que les sangsues népalaises n'ont rien à voir avec nos espèces de grosses limaces que l'on trouve parfois près des terrains marécageux.

A peine eut-il déposé les deux gourdes qui ruisselaient encore de pollution qu'on s'était jetés dessus avidemment, pareils au bébé que Vince évoquait dans sa lettre. La gourde, c'était à la fois le sein et le pouce et j'avais été obligé de sevrer grand-père en fonction du temps qui nous restait à passer ici et que l'on ne pouvait prévoir. Il m'en avait drôlement voulu de le rationner, me reprochant de jouer l'officier des Marines dont les troupes assoiffées sont cernées en pleine brousse par les Vietnamiens. C'était sûrement vrai que j'en remettais trop sur le côté boy-scout et je comprenais son indignation ; il n'empêche que notre situation ne valait guère mieux que celle d'Errol Flynn dans *Aventures en Birmanie* et que nous étions bel et bien assiégés par la mort qui commençait à balancer sa faux.

Soutenu par la coramine et des tas de comprimés antidouleur et antifièvre, grand-père avait pu mettre le mot « fin » à sa confession, regrettant toutefois de ne pas avoir une machine à taper à sa portée, de peur que je ne puisse déchiffrer son écriture. Il avait refermé le calepin noir sur son secret, l'entourant au moins d'une demi-douzaine d'élastiques semblables à ceux que Nora utilisait pour bloquer la natte de ses cheveux quand elle n'avait pas envie de se faire une beauté. Par précaution, craignant que je ne revienne en catimini sur ma parole donnée, il avait glissé le carnet dans son slip en disant d'une voix où perçait la malice :

« A mon âge je suis sûr que personne ne viendra le chercher là. »

Pour le flatter j'ai dit :

« Et si Diana venait ? Hein, grand-père, si elle te mettait la main ?

— Voyons, Alex ! Mais ça n'intéresse pas Diana.

— Je parle pas du carnet, grand-père.

— Tu parles de quoi, alors ?

— De ce que tu aimerais qu'elle te touche.

— Merde alors, Alex. C'est pas le moment.

— Au contraire, grand-père ; c'est le bon moment. Tu veux que je lui demande, quand elle reviendra ?

— Tais-toi. Je suis assez grand pour le lui demander moi-même.

— Peut-être, grand-père, mais tu ne le feras pas.

— Et pourquoi je ne le ferai pas ?

— Parce que si tu le faisais avec elle j'aurais une grosse peine.

— Tu n'es qu'un sale petit gamin jaloux.

— Et toi un vieux grand-père vicelard. Et d'abord pour te punir de penser tout le temps à Diana, eh bien, moi je ne le lirai pas ton carnet ! »

Il y avait eu de la panique dans son regard. Il n'était plus question de jouer à s'envoyer les mots à la figure. Il a dit :

« Ah ! mais non. Tu dois le lire. Il faut que tu saches... »

Il était terrible, Léon. Après avoir juré sur la tête de la famille que je ne chercherais pas à lire sa confession avant sa mort, il avait fallu jurer sur la tête de tout le monde que je la lirais après sa mort.

Le coup avait été si rude que pour me faire pardonner j'avais dû lui permettre de reprendre quelques gorgées d'eau afin que les reins puissent fonctionner autant que les pores de la peau. Et puis, comme cela, soudainement apaisé, sans rien dire, sans crier gare, il s'était endormi la bouche ouverte à l'ombre de sa toile de tente comme il le faisait parfois devant ses télescopes. Il avait une grande bouche aux lèvres très minces, une de ces bouches béantes et sans rebord comme un gouffre aux parois duquel on n'aurait pas pu s'accrocher, sans compter qu'il ne lui restait que trois ou quatre crocs rescapés d'un dentier d'occasion offert par la Croix-Rouge en 1945. Il y avait très peu de différence entre la bouche de grand-père et celle de Tsam parce que l'un et l'autre avaient attrapé le scorbut, grand-père dans les camps, et Tsam en liberté, mais c'était pas la peine de porter un sexo-gri-gri en pendentif pour se rendre compte que Tsam ne mangeait pas davantage en étant libre que grand-père en étant captif.

Pendant que Léon dormait j'avais essayé d'ouvrir la barrière des castes qui me séparait de Tsam. Hélas ! plus je faisais d'efforts pour communiquer, plus il s'enfermait dans son mutisme, affichant un sourire bête et gentil mais pas du tout complice si bien que j'avais dû écourter ma tentative de rapprochement des peuples. Je m'étais retrouvé seul à assumer passé, présent et avenir au moment où la nuit tombait sur la vallée et que le Machapuchare et le Hiunchuli la coiffaient encore de reflets irrisés. Au loin, les sommets flamboyants se détachaient de la masse sombre, exactement comme sur une carte postale. Il ne manquait que le timbre, le message et le facteur.

Le hurlement du vent qui s'engouffrait dans la vallée m'avait empêché de suivre la progression des secours. On n'entendait que son long mugissement et les gémissements de grand-père qui s'était remis à râler, mais cette fois-ci il ne faisait pas de littérature. Il ne s'en prenait ni au monde entier ni à lui-même ; il était complètement dans sa douleur, aussi seul et impuissant avec elle que je l'étais moi-même avec lui.

Diana avait surgi de la nuit, silencieuse et cool. Elle venait de se taper sept heures de marche et je ne sais combien de tracasseries mais n'en paraissait nullement affectée. Derrière elle suivaient deux villageois qui portaient un brancard et puis à la traîne s'amenait un troisième bonhomme sec et fragile comme une branche de bois mort. Le gars était aussi âgé que grand-père, si ce n'est plus, mais ça ne l'avait pas empêché, à peine arrivé, de se pencher sur le sahib pour se rendre compte s'il était transportable ou s'il ne valait pas mieux le laisser crever sur place. Ayant jaugé et palpé à tâtons la cheville, la jambe et le reste du corps y compris la bouche et les oreilles dans lesquelles il fourra ses doigts, le Bombo jugea que le malade avait encore quelques beaux jours devant lui et entreprit le sauvetage. C'était un sorcier-chirurgien, un homme qui a le droit de vie et de mort sur son village, un type dont personne ne conteste l'autorité et la compétence sous peine d'être mis au rancart par la communauté et de passer l'arme à gauche sans aucune assistance.

Agenouillé devant grand-père qui n'en menait pas large d'être ainsi traité par un indigène clochardisé dont les habits n'auraient même pas résisté à un lavage, le type s'était mis à défaire de sa musette poudres, fioles et petits pots. Infirmiers de circonstance, les deux brancardiers, obéissant au doigt et à l'œil, l'assistaient dans ses opérations. Le type parlait peu et dédaignait le faisceau de nos lampes électriques. Il y voyait parfaitement en pleine nuit, peut-être parce qu'il bouffait beaucoup de myrtilles, peut-être à cause de son troisième œil, ce fameux Tika dont nos fronts étaient également ornés. Les yeux du type étaient à la mesure de ses ordres : précis et sans bavure.

Le sorcier avait touillé une étrange mixture qui n'en finissait pas de cuire sur un pauvre feu anémique que chacun de nous alimentait de tout ce qu'on pouvait trouver de consumable. Ça allait des touffes d'herbe au papier hygiénique car le bois dans le coin est aussi rare que l'acier. De temps en temps le sorcier puisait au fond de la musette et jetait dans la boîte de conserve qui lui servait de casserole quelques pincées de poudre ou d'herbe exactement comme l'aurait fait une cuisinière avec le sel et le poivre sauf que lui ne se risquait pas à goûter sa préparation préférant la doser à l'expérience et à l'instinct.

Jugeant que le remède avait suffisamment bouilli, le vieux Bombo s'était mis à psalmodier une espèce de prière ancestrale qui nous avait glacé les os. Ça avait démarré lentement du fond de la gorge et des siècles et puis peu à peu l'incantation s'était élevée en même temps que le vieillard et la voix était passée du rauque aux décibels, du guttural au mur du son pour nous résonner longtemps dans les oreilles.

Diana avait expliqué à grand-père que c'était comme un cri de guerre, que c'était pareil au aïkido, que c'était exprès pour faire reculer les forces du mal et paralyser les bactéries, les virus ; tous les microbes à fièvre et à infection quoi ! Mais grand-père s'était mis à gueuler à son tour en disant qu'il était déjà bourré d'antibiotiques et que la comédie avait assez duré. Grand-père, il était anticlérical, antimystique, antisorcier. C'était un rationaliste, un cartésien, un vieil athée et cela expliquait sans doute pourquoi la potion magique du sorcier lui était restée sur l'estomac. On s'y était mis tous ensemble pour le forcer à boire, tellement il se débattait, tellement il n'y croyait pas mais ça n'avait pas donné grand-chose parce qu'il recrachait aussitôt ce qu'on avait réussi à lui ingurgiter de force. Le sorcier n'en revenait pas ; il n'avait jamais vu de toute sa vie de sorcier un patient aussi récalcitrant, aussi peu serviable, et il aurait certainement abandonné la partie, s'en retournant avec ses fioles et son brancard si Diana, autrement plus sorcellisante que lui, ne s'en était pas mêlée. Diana, elle était cool et douce, persuasive et sexy, bien plus déesse que gourou, bien davantage reine que bouffon. C'était un être de chair et d'esprit auquel grand-père croyait d'autant plus qu'il pouvait la toucher, et le vieux salaud ne s'en privait d'ailleurs pas, s'accrochant et se raccrochant à elle tandis qu'elle lui donnait sa bouillie infâme à la petite cuiller. En un rien de temps grand-père était devenu le bébé de Diana, un bébé peloteur et vicieux comme tous les nourrissons. En les voyant si près l'un de l'autre, si communiants, si communicants, je n'avais pu m'empêcher d'éprouver un sentiment de jalousie. Bien sûr j'essayais de me raisonner, de me dire que je devrais peut-être favoriser son envie et donner ainsi à grand-père la possibilité de vivre sa dernière grande aventure.

Vince, il avait écrit une chanson à boire, un truc pour soldats et poètes dont les phrases marquaient la tête en martelant le rythme. J'imaginais grand-père chanter :

*Ah ! Tenir dans mes bras une fille de Loth*
*Au seuil de la mort qui me guette.*
*Ah ! Tenir contre moi une vraie salopé*
*Au bord de la tombe entrouverte*
*Ah ! Tenir dans mes bras la Veuve Clicquot*
*Au fond d'un cercueil à roulettes*
*Ah ! Pouvoir déguster un ris de veau*
*Au fond d'un caveau sans squelette*
*Ah ! Pouvoir se faire une amourette*
*Derrière le dos du Père Lachaise*
*Ah ! Tenir dans mes bras une fille de Claude*
*Dans un corbillard couleur fraise*
*Ah ! Sentir dans ma gorge le goût reine-claude*
*Quand sur les lèvres la mort me baise.*

Grand-père, il était semblable au héros de la chanson de Vince sauf qu'il se foutait du ris de veau, des amourettes et de la reine-claude et qu'il aurait échangé toutes les bouteilles de champagne du monde contre un sexamourage au seuil de la mort.

Tout en continuant ses incantations dont la puissance vocale baissait en même temps que la résistance de grand-père, le sorcier lui avait enduit la cheville du reste de la potion que son estomac refusait. Il s'était bien débattu encore un peu parce qu'il trouvait complètement idiot que la même potion puisse se boire et s'appliquer mais il avait fini par céder, comprenant, je crois, qu'il était lié corps et âme aux villageois de Lundrung et à leurs pratiques et que son avenir, à supposer qu'il en ait encore un, passait obligatoirement entre leurs mains et leurs prières.

Diana, qui parlait suffisamment le népalais usuel pour se débrouiller, pensait comprendre que l'on préparait grand-père au yama-mara, le jugement dernier, mais elle n'en était pas très sûre et cela valait mieux ainsi car elle était assez cool, assez naturelle pour lui en faire part, ce qui aurait entraîné, on s'en doute, une grande panique dans toute la région. Grâce à sa connaissance de la langue et des caractères typiquement gunrung, elle en remettait pas mal, histoire de m'impressionner ; Diana était devenue notre agent de liaison, la voix et la conscience par laquelle on passait lorsque les uns voulaient savoir ce que préparaient et décidaient les autres. En l'espace de quelques jours, et sans avoir l'air d'y toucher, cette fille inconnue était entrée en nous, infiltrant cœur, sexe et langage de sorte qu'on en ressentait un frisson dans la chair à chacun de ses mouvements, à chacune de ses paroles, craignant qu'elle pût disparaître aussi soudainement qu'elle nous était apparue, nous laissant, grand-père et moi-même, en face de notre solitude extrême. La présence de Diana ne remplaçait peut-être pas l'absence de Vince mais elle nous aidait à supporter l'idée qu'on ne le retrouverait sans doute jamais. En cherchant Vince on avait trouvé Diana, et Diana nous avait donné ce qu'on espérait en partie trouver chez Vince, cette chaleur et cette tendresse innée qui m'avaient fait tomber dans ses bras et à laquelle grand-père se raccrochait. Sans Diana je crois qu'il serait mort beaucoup plus tôt et qu'on n'aurait pas eu besoin de le transporter, comme cela, en pleine nuit du col de Damphus à Lundrung, un sauvetage qu'aucun C.R.S. n'aurait entrepris avant le lever du jour.

On avait donc assis grand-père dans le brancard mortuaire, une sorte de chaise à porteur pour rois fainéants et moribonds gémissants, puis on était descendus droit sur le village, guidés par le faisceau des torches électriques et un vague filet de lune, s'arrachant marche après marche en se demandant pourquoi on était obligés de piquer si profondément dans l'abîme pour remonter si abruptement dès le lendemain vers le sommet, regrettant pour une fois de ne pas être oiseau, un de ces damphes aux ailes noires, moitié corbeau moitié cigogne, moitié ange et charognard et qui refuse obstinément, sous prétexte qu'il est l'emblème de la nation népalaise, de venir s'encanailler à moins de trois milles mètres d'altitude.

A mi-chemin, les brancardiers, épuisés à force de freiner et d'amortir sur les rotules, avaient déposé grand-père si brutalement que sa jambe s'était retrouvée toute ballottante malgré l'enflure qui faisait comme un emplâtre à la cassure. A voir le pied se balader de droite à gauche comme un pendu à son gibet on se rendait compte qu'il ne s'agissait ni d'une entorse ni d'une déchirure, comme l'avait supposé le cuisiner japonais, mais bel et bien d'une fracture. En dépit de la potion magique qui aurait dû atténuer la douleur, grand-père s'était remis à gueuler appelant, tel un muezzin hérétique, tous les infidèles à la révolte. Il voulait qu'on cesse de le transporter, qu'on le laisse ici jusqu'au petit matin tiède renifler l'haleine de la mort et s'habituer à la présence de l'Indien embusqué avec son tomahawk et son arc derrière quelque rocher. Il avait essayé du geste et du cri de congédier les sinistres croque-morts qui l'accompagnaient, redoutant qu'ils ne soient là que pour le priver des rares sacrements qu'il aurait voulu recevoir à travers mon regard et l'étreinte de Diana. On était restés très longtemps à essayer de le persuader qu'il fallait continuer sur Lundrung et peut-être même sur Gundrung où se trouvait le seul dispensaire de la région. On avait discuté âprement en lui faisant miroiter les meilleures choses, en lui promettant des moments d'extase, en inventant sa guérison, en lui peignant la vie en rose et bleu, en l'arc-en-ciellant tant que ça pouvait au nez et à la barbe des sorciers en haillons qui attendaient aux portes de l'enfer de reprendre leur proie et leur marche. Bref, on avait tellement insisté, tellement promis, tellement colorié l'avenir, qu'il avait fini par admettre qu'il n'était peut-être pas si atteint et que le meilleur moyen d'obliger la mort à reculer c'était d'avancer sur elle au lieu de la laisser s'approcher en toute impunité.

On était donc repartis après l'avoir ligoté sur sa chaise à porteurs afin d'éviter qu'il n'en bascule aux passages périlleux, qu'il n'en dégringole pour se recasser autre chose lorsque les brancardiers végétariens, manquant de tonus, lâchaient prise trop brusquement.

Un peu plus tard, à force d'être ballotté sur son espèce de chameau de bois aussi fou que le terrain dont il épousait le relief tordu, grand-père s'était mis à ressentir les effets du mal de mer. Celui-ci ajouté à l'angoisse, à la mauvaise conscience, aux médicaments, et à la terrible mixture indigeste du sorcier, l'avait amené à dégueuler par larges jets par-dessus son corbillard ambulant. Il s'était vidé ainsi de toutes les pourritures, de tout ce qu'il avait appris, de tout ce qu'il savait, de tout ce qu'il était, pour se retrouver inanimé, l'œil révulsé.

L'évanouissement de Léon, c'était la meilleure chose qui pouvait nous arriver, aussi avions-nous pressé le pas et pris des risques insensés de façon à profiter au maximum de la relative tranquillité qui était soudainement tombée sur nous, pareille au soleil qui s'enfonce à l'horizon d'un océan.


On était arrivés vers les deux heures du matin à Lundrung, un village en espaliers suspendu à flanc de colline. A coups de roupies on avait réquisitionné le meilleur lodge mais comme le meilleur lodge de Lundrung correspondait au pire des taudis, on avait eu droit ici encore à la vermine et aux rats. On s'était installés tous les trois à l'étage supérieur et de là on pouvait apercevoir sur le versant de l'autre colline les loupiotes de Gundrung, le village frère, et entendre le grondement de la Modi-Khola qui irritait ses gorges.

Grand-père n'était toujours pas revenu à lui et c'était drôlement mauvais signe d'autant qu'il nous semblait que le cœur faiblissait, sans parler de la jambe qui dégageait une sale odeur. Pendant que le sorcier cuisinait à la hâte une autre mixture, le patron du lodge, qui paraissait plus européen de mentalité bien qu'il fût, si l'on en jugeait par ses colliers de grains de riz, adorateur de Matsyendranath, le dieu des miséricordes et grand dispensateur de pluie, envoyait des signaux en morse à l'aide d'une lampe de poche ; signaux destinés en principe à l'infirmier du dispensaire de Gundrung mais que personne à cette heure tardive n'était en mesure de recevoir.

Voyant que son message n'était pas perçu et que le vieux sahib risquait de passer chez lui sa nuit éternelle, le patron du lodge réveilla son fils aîné, un gosse de huit ans, et l'envoya en pleine nuit et au bout du monde raconter de vive voix à l'infirmier la tragédie qui se déroulait dans le bourg voisin. Pour aller de Lundrung à Gundrung, deux villages à portée de fusil c'est l'affaire de quatre heures parce qu'il faut d'abord plonger dans la Modi-Khola et remonter ensuite quelque sept cents mètres de dénivellation. Quatre heures pour aller et trois pour en revenir, ça ne laissait que peu de chances à grand-père de s'en tirer, aussi avionsnous décidé Diana et moi d'engager deux brancardiers frais et de nous porter à la rencontre de l'infirmier.

Comme on n'en pouvait plus de fatigue et de faim, on s'était fait préparer par la patronne du lodge des pan-cake au miel et des chapatis, puis, abandonnant grand-père aux bombos, qui arrivaient de partout avec des herbes et des gris-gris, avec des talismans et des tablettes à prière, avec de la ferveur plein la tête et des microbes plein les doigts, on s'était allongés l'un contre l'autre dans un coin de la pièce pour s'y reposer un instant avant de se remettre en marche.

A l'autre bout de cette salle basse éclairée d'une lampe à huile où l'on entreposait non seulement les hommes mais leur butin de paix : orge, millet et riz, des ombres gigantesques se profilaient sur les murs, donnant une allure spectrale à tout ce qui nous entourait.

Diana s'était endormie la première. Elle avait marché bien plus que moi et autrement plus vite, vadrouillant tel un zombie dans notre existence. Au lieu de vagabonder sans but comme elle l'avait fait jusqu'à présent pour se fuir elle-même, elle s'était presque entièrement retrouvée. Notre rencontre, bien que fortuite et désordonnée, lui avait apporté ce qu'elle attendait sans même le savoir, un lien qui la rattachait à l'espérance. Nous étions sa Ril-bu, cette pilule de longue vie que les moines offrent au hasard de leurs pèlerinages à ceux dont la foi est prise en défaut par la déprime. Diana nous avait pris en cours de chemin, nous avalant cul sec avec nos problèmes et nos blessures, de sorte qu'après nous avoir bus nous étions devenus une partie d'elle-même comme elle était devenue une partie de nous-mêmes. C'était un peu comme si on s'était épousés sans se demander nos mains, sans s'offrir de présents, sans parler du lendemain, sans construire de maison, sans savoir qui était le mari et la femme. Nous étions unis par les liens de l'errance, par des flopées de petites ficelles nouées au bout des entrailles et qui empêchaient la solitude de couler en hémorragie.

Je m'étais serrée sur elle, croisant mes jambes entre ses cuisses brûlantes, me torturant le ventre contre son short, me noyant dans son cou, dans son odeur. J'avais tellement remué, tellement humé, tellement voulu que, telle une chatte dérangée par la fringale de ses petits et qui se positionne instinctivement pour permettre la tétée, elle avait, sans mot dire et sans surprise, dégrafé le zip de son short et ramené sur nous deux une couverture qui lui servait d'oreiller. Enfouis dans le poil de yak, on s'était aimés ainsi, silencieux et clandestins, alors que les sorciers bombos et les croque-morts projetaient leurs ombres lugubres sur les murs et que jouaient sinistrement les tambourins chargés de rappeler grand-père à son quant-à-soi. Le raffût durait depuis pas mal de temps et rien, ni les chamans avec leurs gris-gris, ni les sorciers avec leurs herbes, ni les bombos avec leur manie d'intercéder, ni les moines avec leurs tablettes à prière, ni les autres avec leur bonne volonté, ni les potions, ni les saignées, ni les tam-tams, ni les cymbales, n'avaient réussi à sortir grand-père du coma. Mais il aura suffi que son petit garçon sexamoure à l'autre bout de la pièce pour qu'aussitôt il entende l'appel secret de la chair, à croire qu'il possédait un sonar au bout du zizi et qu'il était capable, telles les baleines désorientées, de se guider aux murmures plaintifs des sexes immergés.

Il y avait eu un grand silence dans le lodge et partout alentour, comme si le retour de grand-père sur terre était salué par les anges, comme si Vishnou lui-même était apparu flanqué de Garouda avec des disques, des conques et des lotus plein les bras.

Pour tous ceux qui entouraient Léon, le doute n'était pas permis. La résurrection de grand-père n'était pas une affaire d'érection, mais bel et bien la victoire de la religion et de la sorcellerie sur les forces du mal. L'ennui c'est que, subitement redressé, grand-père s'était mis à perturber de sa colère l'atmosphère de sainteté dans laquelle il baignait. Quelque chose, quelqu'un, l'ambiance, une réminiscence lui rappelait brusquement son séjour en camp de concentration. Hagard, il s'était mis à hurler :

« Alex, au secours ! Les nazis, les nazis ! »

Il s'était débarrassé furieusement des gens et des objets rituels qui l'encombraient, ne gardant dans ses mains qu'un médaillon sur lequel il concentrait ses emportements :

« Sales boches ! Nazis, croix gammées, salopards ! Vite, vite Alex. Au secours ! »

Il avait essayé de se lever et de s'enfuir du lodge, balançant à la tête du sorcier la svastika qui évoque le mouvement sans fin et que Hitler avait volée aux bouddhistes pour arrêter le mouvement de la vie.

Il était retombé pitoyable sur le plancher, rampant vers la porte comme il l'avait sans doute fait jadis en fuyant la schlague de ses bourreaux, et on avait eu un mal fou à le raisonner à cause de cette croix gammée qui était venue le narguer jusqu'ici, comme si Auschwitz tournait toujours à pleins gaz.

On avait attendu que le jour pointe pour reficeler grand-père sur sa chaise à porteurs. Au même instant, de l'autre côté de la vallée, le gamin pénétrait chez l'infirmier. On s'était dit que l'on descendrait pratiquement ensemble les versants opposés pour se rencontrer à la Modi Khola et les choses en effet s'étaient passées comme nous l'avions prévu, à ceci près que l'infirmier de Gundrung appelé la veille sur Chomro, un village d'altitude, pour y soigner l'ancien capitaine d'un régiment de Gurkas n'avait pu être prévenu par le môme.

Le petit était revenu seul, s'amusant le long du chemin à tirer au lance-pierre oiseaux et lézards. Il s'en foutait le gosse et il avait bien raison parce que, infirmier ou pas, on ne voyait pas très bien ce qui aurait pu sauver grand-père du désastre. Par deux fois les brancardiers s'étaient plantés. Par deux fois donc, Léon avait mordu la poussière, se retrouvant, malgré son harnachement, dans des postures pour le moins délicates. Il n'en pouvait plus d'être trimbalé par monts et par vaux, pareil à Bhairawa ou Kali qu'on balade en procession d'un lieu saint à l'autre en période de fête.

Grand-père ça n'était pas une divinité. C'était même plutôt le contraire car il n'y avait pas de quoi se prosterner sur son passage, il n'empêche que derrière nous, sorciers et bombos, moines et curieux suivaient en cortège, accompagnés là-haut dans un ciel déjà très chaud d'une nuée de corbeaux et de damphes, ces derniers descendus en curieux, d'un coup d'ailes, du sanctuaire de l'Annapurna, dont les sommets prestigieux nous étaient cachés.

Nous avions fait halte sur le pont de la Modi Khola. On était dans le trou, dans les gorges et l'on devait crier pour s'entendre à cause des flots qui se fracassaient. Grand-père était brûlant, pâle, transparent comme un bonbon qu'on aurait déjà sucé, tout vidé de son sucre et de ses colorants. Il était étrangement calme, anormalement raisonnable. Du haut de sa chaise à porteurs, grelottant dans sa doudoune Vieux Campeur, il examinait la colline qui s'élevait face à lui de l'autre côté de la rivière. Jugeant que l'effort à fournir était vraiment vain, il m'avait appelé d'un geste du doigt, n'ayant plus la force de remuer son bras. Je m'étais approché de sorte qu'il puisse coller sa bouche à mon oreille, mais il m'avait écarté sous prétexte que je lui bouchais l'horizon. L'œil rivé sur un point qui ne présentait aucun signe particulier, le paysage étant fait de la même uniformité sauvage, il avait murmuré :

« Tu vois ce rocher là-bas ?

— Quel rocher, grand-père ?

— Celui-là, juste en face. »

Il s'aidait du doigt comme d'une mire mais il tremblait tellement qu'il visait n'importe où. Pour ne pas le contrarier j'ai dit :

« Oui, grand-père, je le vois.

— Et qu'est-ce que tu vois, Alex ?

— Eh bien, je vois le rocher.

— Merde alors ! Et derrière le rocher qu'est-ce que tu vois ?

— Je vois d'autres rochers, grand-père.

— Ne dis pas de bêtises, petit. Regarde bien. »
Je savais où il voulait en venir. J'ai dit :
« Il me semble que je vois l'Indien. »
Son visage s'était éclairé. Il paraissait vraiment heureux. Il a soupiré un grand coup et il a dit :
« Tu le vois aussi, hein ! C'est pas une blague n'est-ce pas ?

— Non, grand-père, il est bien là ton Indien.

— Et qu'est-ce qu'il tient dans sa main ?

— Il est trop loin, grand-père. Je ne peux pas voir d'ici.

— Comment ça tu ne peux pas voir. Merde alors, fais un effort, mon garçon. Dis-moi ce qu'il tient entre ses sales pattes de Peau-Rouge ?

— Je crois que c'est un arc, grand-père.

— Tu crois ou tu en es sûr ?

— J'en suis sûr, grand-père. »
Les sorciers, les bombos, les curieux, n'écoutaient pas. Ils avaient déjà traversé le pont et s'étaient massés en contrebas sur un grand rocher plat. Les uns dessinaient des signes magiques sur la pierre, les autres, accroupis à la turque, tiraient sur des joints énormes. Par discrétion Diana s'était éloignée. Elle avait suivi un moment le lit tortueux de la rivière, cherchant un endroit assez protégé pour s'y baigner. D'où nous étions je pouvais l'apercevoir. Elle était cool et nue, sereine et palpitante. Elle s'éclaboussait du bout des pieds, hésitant à rentrer dans l'eau glacée.
Ayant attrapé grand-père par le menton, histoire de le détourner de son Indien j'ai dit :
« Tu vois ce rocher là-bas auprès de la rivière ?

— Quel rocher, Alex ?

— Celui-là. Juste en face.

— Comment veux-tu que je voie d'ici.

— Voyons, grand-père, fais un effort. Crois-moi, c'est autrement plus chouette que ton Indien.

— Je ne vois rien, Alex. Je t'assure que je ne vois rien. »

Il avait mis ses mains en visière sur son pauvre front moite mais sa cataracte et sa trouille lui brouillaient la vision. Sans son télescope il était aveugle.

« Raconte-moi, Alex, qu'est-ce qui se passe, qu'est-ce que c'est que ce trafic ?

— C'est une fille nue, grand-père.

— Une fille nue. Sans blague ?

— Je te jure.

— Elle est bien ?

— Terrible.

— Et qu'est-ce qu'elle fait cette fille ?

— Elle se baigne, grand-père. »

Il cherchait à voir désespérément, telle une vigie accrochée à son mât et à laquelle un sixième sens aurait signalé la terre :

« C'est Diana ?

— Oui, grand-père, c'est Diana... »

Il était resté quelque temps silencieux, partagé entre la mort qu'il voyait parfaitement et l'amour qu'il ne faisait que pressentir, puis il avait demandé :

« Tu pourrais pas me rapprocher un peu ? »

Les brancardiers étaient venus m'épauler. On l'avait transbahuté le long de la rivière, ôté de sa chaise et adossé contre un roc. Il avait complètement oublié l'Indien. Il regardait, fasciné, cette fille qui offrait son corps au torrent sans même se soucier de notre présence. Il avait repris des couleurs, ses esprits, de l'espoir. Il avait maté toute sa vie ses voisines, il les avait enviées en cachette de son dernier étage de Bougival et voici qu'à la fin, au seuil de sa mort, le sort lui donnait l'occasion d'en terminer en beauté. C'était sans doute la première fois, depuis ma grand-mère l'infirmière de la Croix-Rouge, qu'il regardait une femme nue

248

d'aussi près. Il était tout suant, tout tremblant, tout urinant dans sa doudoune et ses knickers. Il était très exactement le contraire de cette fille sur laquelle il bavait mais ne s'en rendait pas forcément compte. De temps en temps il se retournait pour voir si l'Indien n'en aurait pas profité pour réduire encore la distance, puis ses yeux revenaient s'enfariner de rêve sur le corps de la petite.

Elle se savonnait doucement l'entre-jambes, la poitrine et les dessous de bras. Il n'y avait pas un gramme de vice, pas un sou de provocation dans son attitude. Elle était juste naturelle et cool, exceptionnellement détachée du sexe, semblable à ces statues paisibles qui reposent leurs rondeurs dans les jardins du Louvre et sur lesquelles les pigeons aiment à roucouler. Grand-père, il n'avait rien d'un pigeon, rien de coulant, rien de roucoulant, rien de paisible, parce que la mort d'un instant à l'autre allait venir se percher sur son épaule. Il était noué de partout comme une corde, alors pour le dénouer et lui permettre, qui sait, d'entendre les symphonies vibrantes de la grande chanson d'amour que les sexes gémissants rhapsodisent pareils aux baleines draguant le fond des mers, j'ai jeté ma jalousie par-dessus bord et j'ai dit :

« Écoute, grand-père, pourquoi n'essaies-tu pas ? Je suis sûr qu'elle ne dirait pas non.

— Merde alors, Alex ! Ne vois-tu pas que je suis à bout de forces, que je ne pourrais même pas m'agenouiller.

— Mais personne ne te demande de faire ta prière, grand-père. »

Il semblait contrarié par ma proposition. Croyant qu'il était choqué j'ai ajouté :

« Je pensais à un câlin, grand-père, pas à autre chose, juste un petit câlin de rien du tout. »

L'évocation du câlin lui plaisait bien davantage. C'était beaucoup plus conforme à sa morale et à son esprit tortueux. Bien que sur le point de passer l'arme à gauche il avait besoin qu'on y mette les formes et la dose d'hypocrisie nécessaire. Il a murmuré :

« Un câlin... Tu crois ?

— Oui, grand-père. Un câlin, une grosse tendresse quoi ! Suppose qu'elle vienne s'allonger près de toi, qu'elle pose sa tête sur ton épaule, qu'elle effleure ta poitrine de ses doigts magnétiques. Hein, grand-père, suppose qu'elle te touche un peu le carnet. »

Instinctivement il avait contrôlé du plat de la main. Le carnet était toujours là, coincé sous son caleçon. Voyant que ça mordait j'ai dit :

« Si j'étais toi je le déplacerais maintenant parce que tout à l'heure ça pourrait te couper les effets.

— Tu crois ?

— Je t'assure, tu devrais le mettre dans ta doudoune. »

Il avait déplacé le carnet aussi sec et demandé :

« Et si ça ne marche pas ?

— Mais ça marchera, grand-père. Tu lui plais, elle me l'a dit. »

Ses yeux s'étaient mis à briller. Oh ! bien sûr, ils ne brillaient pas comme une étoile, ni comme un ver luisant, plutôt comme un feu follet à l'entrée d'un cimetière inondé.

Diana était sortie de l'eau. Elle se tenait à quelques mètres de nous, se frottant vigoureusement d'une serviette éponge. Ses seins et son ventre étaient de la couleur du lait. Le reste du corps de la couleur du temps. Elle était ensoleillée, irisée comme un arc-en-ciel ; rien à voir avec le corps de Mme Tarojxy la Hongroise, rien à voir non plus avec celui des autres voisines du Val Fleuri qui rêvassaient au facteur charmant en bronzant sous leurs lampes artificielles. Diana, c'était une vraie fille de la nature, une créature des éléments et ça n'est pas parce qu'elle fumait l'herbe, parce qu'elle respirait de temps en temps la cocaïne, parce qu'elle avait été pute à Tucson et traînée au Népal que sa fraîcheur avait foutu le camp. Non, sa fraîcheur irradiait toujours vachement, tellement même qu'on en était contaminés et que les pauvres yeux de grand-père s'en éblouissaient encore.

Son dernier souffle à moitié coupé il avait dit :

« J'ose pas, Alex !

— Et pourquoi t'oses pas, grand-père. C'est le moment ou jamais tu sais.

— Oui, je sais. »

C'était un « je sais » résigné, le « je sais » de quelqu'un qui est au bout du rouleau. Alors, comme Diana commençait à se rhabiller je me suis avancé vers elle et j'ai dit :

« Grand-père veut te parler, Diana. »

Elle n'a pas demandé ce qu'il voulait. Elle le savait depuis longtemps. En m'éloignant d'eux, je savais moi aussi que je ne le reverrais pas vivant. L'Indien le savait également, de même que les corbeaux, les sorciers, les bombos et puis Vince qui avait emprunté ce chemin-là avant lui.

## 6

GRAND-PÈRE avait joué à la mort comme un débutant joue aux échecs. La partie avait duré des jours et des jours, depuis notre départ de France en somme. Il avait avancé et reculé les pièces, fait sauter les chevaux en trichant de case, placé par provocation la reine sous le feu de mes fous et tours. Il avait joué n'importe comment au petit bonheur la chance, juste pour m'épater et m'émouvoir, juste pour se faire aimer davantage, se faire apitoyer, calouner, tendresser et pardonner de tous ses péchés. Maintenant qu'il était mort pour de bon à force de jouer avec la vie des autres, c'est moi qui me retrouvais complètement échec et mat et peut-être même plus que cela, plutôt pat que mat, coincé, réfugié dans mon coin, paralysé par l'épidémie de chagrin qui venait de s'abattre dans les parages.

J'étais resté longtemps, très longtemps auprès du cadavre, essayant de lui redonner visage et forme humaine parce qu'il se décomposait à vue d'œil, sans compter qu'il me fallait chasser à coups de bâton et de pierre des corbeaux sans foi ni loi qui n'écoutaient que leur instinct et leur estomac. Je voulais bien que grand-père soit brûlé puisque telle était sa volonté mais l'idée qu'il puisse être déchiqueté et finir en lambeaux de chair entre serres et becs m'était insupportable.

Pendant que les sorciers et leurs aides charriaient le bois et dressaient le bûcher entre deux rochers, on s'était battus, Diana et moi, des heures durant contre les rapaces. On avait jeté des tonnes de cailloux contre ces charognards immondes et blessé du même coup un moine en bonnet jaune qui s'était enfui, sanguinolent, en invoquant Bhairawa, une des formes terrifiantes de Shiva, gardienne des grands mandalas.

Quelques gosses descendus de Gundrung avec leurs lance-pierres, moinillons de fortune ou assistants de croque-morts nous avaient heureusement prêté main-forte car grand-père, une fois déshabillé et lavé de ses impuretés à l'eau vive de la Modi Khola, avait été exposé nu et terriblement innocent, les bras en croix, le linga en deuil sur un lit d'herbes et de roseaux. Là, face aux dieux et aux oiseaux, face au vide et à l'éternel, il avait subi sa dernière humiliation, celle d'être photographié par des trekeurs hollandais qui s'en revenaient du sanctuaire et montaient sur Lundrung, tout épatés de pouvoir assister à une crémation. Diana avait été leur expliquer qu'il ne s'agissait pas d'un vieillard népalais, mais d'un vieillard français et que la famille, en l'occurrence moi, ne tenait pas à ce qu'on prenne des photos. Les gars s'étaient sentis un peu cons, un peu désorientés, meurtris dans leurs propres personnes, comme quand on est sur l'autoroute et qu'il se produit devant soi un effroyable accident auquel on a échappé par miracle. Il y avait de la compassion et de la peur dans leurs regards ; ils avaient demandé ce qu'ils pouvaient faire pour nous, s'ils devaient prévenir quelqu'un et puis ils s'étaient mis à grimper la colline à toute vitesse, se retournant très souvent comme s'ils craignaient d'être poursuivis par le démon Asura.

Tout l'après-midi donc, on avait tiré les charognards aux jets de pierres et transbahuté des touffes d'herbe et du bois sec. Il y avait eu un va-et-vient incessant de sorciers et de moines, de gosses morveux, de curieux en haillons, de paysans retour de champs, de débiles, d'idiots de village avec de-ci, de-là des marcheurs étonnés de tomber sur une telle cérémonie. Et puis les officiants étaient arrivés pour préparer grand-père à son ultime voyage. C'étaient deux bonshommes aussi secs, aussi noueux, aussi tordus que le bois qui s'entassait sur le bûcher. C'étaient des Thakalis, des chefs de lignée, des sages, des méditateurs, des récitateurs de prières. Torse nu, squelette à vif, cheveux longs, ils étaient très impressionnants, préparant grand-père sans mot dire mais en goûtant la situation de tout leur être, un peu comme un grand cuisinier concentré sur ses fourneaux et ses sauces, qui goûte de temps en temps du bout de la langue le plat qu'il se mijote. Ils avaient placé des petites lampes à huile autour du corps de grand-père pour délimiter je ne sais quel espace et tandis que l'un d'eux déposait sur le sexe, beurre, miel et poudre rouge en offrande à linga, l'autre traçait au safran et au cary, poudre jaune pimentée, des signes cabalistiques sur le visage et la poitrine de Léon. C'étaient des signes de protection, de reconnaissance, destinés à prévenir les dieux, à les renseigner sur la libido du défunt, sur l'étonnante puissance de son phallus, car tout le monde ici savait que grand-père était mort en sexamourant, ce que Diana, seule à connaître la vérité, ne démentait pas. Et comment d'ailleurs aurait-elle pu expliquer à ces deux sadhous d'occasion, à ces deux thakalis de cambrousse qui ne cessaient de la reluquer du coin de l'œil, que grand-père avait rendu l'âme en venant dans sa bouche à elle. C'était une mort fabuleuse, une fin qu'aucun Népalais n'avait sans doute connue et que les dieux du coin, pourtant si curieux, ne pouvaient concevoir bien qu'on fût dans le pays voisin de celui où l'on imagina jadis des raffinements érotiques et super-sophistiqués consignés alors dans le Kama-Soutra. Tout cela s'est perdu, dénaturé depuis belle lurette. Ça n'est plus qu'une mythologie lointaine car ici comme à côté on a trop faim, trop besoin d'une bouchée de riz pour s'amuser à s'inventer des palais des Mille et Une Nuits.

Grand-père, il était venu dans la bouche de Diana pour y mourir. Il avait renversé entre ses lèvres pas mal de dés à coudre jusqu'au moment où la phlébite, petit caillot de sang rebelle, s'était bloqué dans l'aorte. La mort avait été instantanée. Elle était survenue en même temps que l'orgasme, si bien que Diana s'était retrouvée avec le linga de grand-père qui continuait à vivre tout seul, un peu comme un ver de terre sectionné, alors que le cerveau ne répondait plus « présent » à l'appel de la vie. Elle avait tenté de rebraguetter grand-père qui était resté raide comme s'il voulait continuer à exister de ce côté-là, mais il possédait tellement de farine, lui qui croyait ne plus en avoir, qu'elle s'affola et dut m'appeler à la rescousse. C'était la première fois que je la voyais désemparée, mais il faut dire que c'était aussi la première fois qu'un homme décédait dans ses bras. Elle m'en avait voulu énormément de l'avoir poussée au crime et j'avais été obligé de lui expliquer que c'était sa volonté à lui et non la mienne, qu'il souhaitait sa fin au plus vite, qu'il était rongé de remords, malheureux de ne pas trouver en lui assez de courage pour passer aux aveux. J'avais pris le carnet noir dans la poche de la doudoune, le brandissant comme une preuve de mes affirmations mais je m'étais bien gardé de l'ouvrir. Pressentant que mon aventure himalayenne se terminerait à la lecture du carnet, j'avais d'ores et déjà décidé que je n'en prendrais pas connaissance avant d'atteindre, d'ici à quelques jours, le sanctuaire de l'Annapurna. J'avais tout échafaudé, tout pensé, tout supposé, tout conjecturé, de sorte que la vérité, en ce point de chute sublime, m'atteigne en douceur. Pauvre de moi ! J'étais loin du compte et du raisonnement.

Enfoui sous son sac à viande du Vieux Campeur, linceul maculé de tous ses rêves, cartes de France et du monde, on avait placé grand-père sur une civière, une espèce d'échelle à quatre barreaux grossièrement façonnée par les brancardiers qui ne prenaient pas la peine de fignoler, sachant leur œuvre vouée à l'incendie prochain.

On avait parsemé le linceul de rhododendrons et d'orchidées blanches que les gosses s'en étaient allés cueillir en pleine forêt à des heures et des heures de marche, puis, juste avant de déposer grand-père sur le bûcher, sans doute pour éviter qu'il ne se redresse soudainement ou qu'il glisse, ou qu'il éclate en plusieurs morceaux, on l'avait attaché à son échelle avec des roseaux et des bambous exactement comme on ficelle les poulets avant de les mettre au four.

Placé en haut du bûcher, bien allongé dans son sac à viande, superbement fleuri, magnifiquement préparé, sereinement bercé par le fracas des eaux, divinement entouré d'attentions, grand-père me paraissait encore plus grand, encore plus présent, encore plus fou que de son vivant. Il n'y avait que lui pour finir de cette façon-là, que lui pour aller ainsi au bout de sa destinée et se fondre pêle-mêle, en vrac, cendres et esprit, au paysage auquel Vince s'était peut-être lui-même à tout jamais engagé et perdu. Grand-père, il avait lutté pendant des années de camp pour que les Allemands ne le brûlent pas, mais finalement il s'était laissé avoir par des bonzes.

Les Thakalis avaient arrosé grand-père d'eau bénite. Ils lui avaient caressé le visage d'une branche trempée dans la Modi Khola, histoire de lui faire voir de quelle sorte d'eau il s'agissait, dans quelle sorte d'élément on allait le disperser. Ils s'étaient mis à piétiner autour du corps qu'ils aspergeaient de leurs goupillons flexibles sans cesse trempés, secoués et retrempés, à croire qu'ils désiraient éteindre le feu pas encore allumé, comme si on donnait au cadavre une dernière chance de s'en tirer autrement que par la crémation. Lorsque grand-père fut bien arrosé, bien purifié, recouvert d'herbes et de branchages eux-mêmes mouillés, les Thakalis, chefs de lignée et serviteurs des dieux, se mirent à danser d'un pas macabre en récitant des stances que l'on était incapables de comprendre mais dont on suivait cependant le sens. Ils disaient qu'il fallait laisser grand-père tranquille, que les maîtres de la nature avaient choisi eux-mêmes cet endroit, qu'ils s'y étaient arrêtés avant lui, qu'ils l'avaient attendu et pris son âme comme on prend un lapin au collet. Ils disaient que Yama allait lui procurer le repos éternel, qu'il était en paix avec les éléments, en harmonie avec l'eau et la nuit, qu'il allait prendre des chemins divins, des raccourcis jamais jusqu'alors empruntés par quiconque.

C'était une prière normale quoi ! Des implorations tout à fait correctes, bien dans la note, bien dans le ton de la religion locale. Il y avait même un air de fête dans l'air puisque tout à coup, sur un signe des Sages, on s'était tous retrouvés pataugeant dans la rivière en train de s'ablutionner, de s'éclabousser, de se les geler. Tout le village était à l'eau, et pas seulement ceux de Lundrung, mais aussi ceux de Gundrung, sans oublier les porteurs, les marchands ambulants, les sorciers, les bombos, les idiots, les infirmes et les parasites. Il y avait même des gens que personne ne connaissait, des rôdeurs de bûchers, des flaireurs de mort qui s'invitent comme cela à la dernière minute et qui disparaissent aussi mystérieusement qu'ils sont arrivés dès la fin des cérémonies.

Seul l'un des deux thakalis était resté auprès de grand-père, craquant allumette sur allumette sans parvenir à mettre le feu. Trop de vent, d'humidité, de dissipation peut-être. Il avait fallu le faire prendre entre deux pierres et transporter la flamme tel un flambeau olympique jusqu'à la poignée de paille de riz qui s'était aussitôt embrasée. On était tous là dans la rivière à regarder l'incendie qui courait maintenant de bas en haut en crépitant. Oui, on était tous là, les yeux rivés sur ce grand brahmane occidental que la fumée pourtant si dense n'incommodait plus du tout. On avait beau être beaucoup et faire foule, j'étais le seul ici à ressentir dans ma chair la grande brûlure qui dévorait mon grand-père. Anthropophage, le feu l'avait saisi de partout, le faisant craquer dans ses mâchoires monstrueuses. On aurait dit que grand-père se débattait, qu'il luttait, qu'il résistait, qu'il se dressait en gueulant malgré ses liens qui le retenaient et sa bouche fermée pour toujours. Les os craquaient, les muscles pétaient, le ventre explosait. Ça sentait le cramé, le cochon grillé, le poulet rôti ; c'était le plus grand barbecue jamais vu, jamais imaginé, mais le plus terrible, le plus insupportable ça n'était ni l'odeur, ni les spasmes, ni le bûcher d'un seul coup affaissé, ni les bouts d'os éclatés qui retombaient sur nous en flammèches, ni le crâne brusquement éclaté, la cervelle cuite éparpillée ou les yeux bouillis déménageant à fond de train des orbites ; non, le plus dur, le plus épouvantablement humain, c'était de savoir que le type qui finissait de cramer là-haut dans son enfer, c'était mon grand-père à moi, mon vrai grand-père quoi qu'il arrive, mon unique grand-père de tous mes jours et de toute ma vie ; celui sans lequel pleurer ne servait même plus à rien puisqu'il n'était plus là pour me consoler. Ça ne m'avait pas empêché de chialer pareil à un chien qui hurle, de me vider d'un chagrin inépuisable des heures et des heures durant, assis impuissant face à un petit tas de cendres, tout ce qui restait de mon grand-père parti à perpétuité le long de la rivière en me condamnant du même coup à une peine éternelle.

La mort de grand-père avait failli nous séparer. Au lieu de monter main dans la main sur Hinko où nous allions rencontrer un Vince de pacotille, Diana était partie devant moi sans m'attendre ni me dire au revoir. J'espérais que ça n'était pas une fâcherie, encore moins une rupture ; juste une simple passade, l'un de ces moments où l'on doit s'affirmer par rapport à l'autre, prendre sa réflexion en même temps que ses distances. De ces instants semblables, de ces brouilles d'humeur, de ces brouillards qui vous givrent le comportement et vous alourdissent comme ça tout l'intérieur, sans crier gare, j'en avais eu ma dose avec Nora.

Diana portait une double charge car on avait congédié Tsam mais ça ne l'empêchait pas, et elle en tirait peut-être même une certaine vanité, de me semer dès que le sentier devenait techniquement difficile. D'accord, elle portait une double charge, son propre sac plus une partie du matériel repris à Tsam mais ça n'était pas grand-chose par rapport à ce que je trimbalais moi-même. En vérité, si je ne montais pas à mon rythme, ça n'était pas parce que j'attendais grand-père comme je l'avais si souvent fait auparavant, mais c'était tout de même à cause de lui, parce qu'il était là tout entier, tout vivant, tout nouveau, tout réincarné dans mon cœur et que ce sacré vieux bonhomme dont on avait dispersé les cendres dans la Modi Khola pesait encore un sacré poids et occupait une sacrée place dans ma poitrine.

Je ne sais pas si Diana comprenait ce qui se passait en moi, si elle savait que grand-père y était logé, nourri et transbahuté à l'œil, si elle se rendait compte qu'à chaque pas l'effort était double, qu'à chaque seconde il m'interrogeait et que je devais lui répondre sous peine de le sentir s'agiter encore davantage. Je ne sais pas si elle le savait — et comment l'aurait-elle su ? — il n'empêche que je lui en avais voulu de m'avoir planté là de Gundrung à Kuldi Ghar où je l'avais retrouvée en pleine forêt de bambous dans le seul lodge du coin en compagnie d'un ramassis d'êtres à moitié gelés qui réchauffaient leur misère autour d'un brasero.

La veille au soir, à Chomro, j'avais partagé ma chambre avec deux Japonais et un Autrichien. Les

Japonais faisaient partie du groupe qui nous avaient croisés du vivant de grand-père. Ils souffraient tous les trois d'une dysenterie amibiènne, lâchant leurs gaz et leur odeur par rafales, mais en dépit du nauséabond et de mes cauchemars humides j'avais éprouvé du plaisir à les voir si vulnérables, si mortels, alors qu'ils étaient, les uns comme les autres, dans ce qu'on appelle la force de l'âge.

A Chomro, naviguant entre ma paillasse et la terrasse, entre l'incendie des bûchers et les bras perdus de Diana, j'avais pu contempler au loin les effets fulgurants des nuages magnétiques qui s'embrasaient à blanc, sans foudre et sans tonnèrre, au-dessus des Annapurna. Cette illumination du ciel, cette fantastique cavalcade de lumières, sorte de minuterie réglée au quart de tour par le grand ingénieur suprême, m'avait bizarrement amené à voir plus clair en moi. En quelques jours j'étais passé de l'état d'enfant à l'état adulte. En moins d'une semaine j'avais connu l'amour et la mort, ainsi que les sentiments puissants qui s'ensuivent. Il ne me manquait que la guerre pour être tout à fait un homme car pour ce qui est du plat du jour que l'existence sert à gogo dans ses self-services, on peut dire sans se tromper que j'étais gâté. Restait le plus dur à digérer, ce menu testamentaire que m'avait mitonné grand-père dans les pages de son carnet.

Vince, il avait écrit une chanson intitulée *Le plat du jour* : son texte, qui se voulait assez caustique, avait été trafiqué à son insu par Bobby Laser. En écoutant ses paroles revues et corrigées, Vince avait piqué une colère terrible. Il n'y retrouvait plus ses petits, à peine son idée de base, mais son style était toujours là et la chanson avait obtenu un très grand succès auprès du public :

> *Information restauration*
> *Dans les radios les rédactions*
> *Dans les restos et dans les rues*

*Dans les dépêches, les comptes rendus*
*On sert toujours le même menu*

*Le plat du jour est sur la nappe*
*Sur toutes les ondes et à la carte :*
*Il se cuisine avec nos vies*
*Faits divers ou étés pourris*
*Du courant d'air aux tragédies*
*On les déguste au saut du lit*

*Le plat du jour, le plat du chef*
*Le plat du jour, le plat du chef*
*La guillotine qui tranche un chef*
*C'est un bourreau décapité*
*En dérouillant sa lame d'acier*

*Le plat du jour, le plat du chef*
*Jetant sa dernière cigarette*
*Dont le mégot fumait encore*
*Le fusillé des Baumettes*
*Provoque l'incendie du Vieux Port*

*Le plat du jour, le plat du chef*
*Le plat du jour, le plat du chef*
*Un peu plus tard sur la Joliette*
*Une fille au pair dev'nue fille mère*
*Tout en étant baby-sitter*
*Se fait violer par une fillette*

J'aurais pu rajouter des tas de couplets à la chanson de Vince, car depuis que j'étais au Népal, depuis que je traînais dans son style et dans sa trace j'avais vécu des événements bien plus forts que ceux qu'il décrivait.

J'étais parti de Chomro à cinq heures du matin ayant le Hiunchuli et l'Annapurna en point de mire avec leurs sommets qui étincelaient déjà. Mais ce matin-là je me foutais pas mal de la majesté des

cimes et de la beauté du paysage. Je voulais rejoindre Diana et rien d'autre parce qu'elle m'avait
terriblement manqué durant la nuit. Je m'étais dit
qu'elle avait eu un accès de mauvaise humeur, une
passade de sentiments gris, que les brouillards
givrants avaient pesé sur son comportement,
qu'elle n'était pas si cool ni si sereine qu'elle le
paraissait. Oui, je m'étais dit tout cela la veille et je
m'en étais voulu de l'avoir jugée à la va-vite sans
penser qu'elle aussi comme grand-père, comme
moi-même, possédait son quant-à-soi. Diana, ça
n'était pas un porteur qu'on payait pour trimbaler
notre bonne conscience, le genre Tsam davantage
mulet qu'être humain. D'accord, elle avait empoché
mes mille roupies, mais après tout elle ne me les
avait pas demandées. Mille ou cent mille roupies
c'était pareil, ça ne lui faisait ni chaud ni froid. Elle
ne s'était pas mise à délirer en les touchant, pas
mise à les toucher, ni à les compter. Elle ne nous
avait pas quittés le lendemain, au contraire puisqu'elle avait accepté de nous servir gratuitement de
guide. Diana, elle aurait même couché pour rien
avec moi comme elle l'avait fait avec grand-père.
C'était une fille de cœur, une tendressante-née, une
bonne femme qui vivait pour rendre service aux
autres et qui donnait son corps en veux-tu en voilà
parce qu'elle n'avait rien d'autre à donner qu'un
peu de plaisir.

En montant sur Hinko avec grand-père qui pesait
toujours autant en moi, et non seulement dans ma
poitrine mais encore dans mes jambes, j'avais compris pourquoi elle m'avait devancé, pourquoi elle
avait avalé tous ces kilomètres de montagne en
solitaire et mis tant de brouillard givrant entre
nous. C'était sûrement parce qu'elle m'aimait, parce
que j'étais son homme des espaces incommensura-
bles, son proxénète yétisant, un type abominable
qui l'avait obligée à faire des bassesses à un vieux
bonhomme libidineux et que, en plus, il en était
mort. Si Diana était partie, si elle s'était projetée de

l'avant ça n'était sûrement pas pour me fuir mais pour me demander de la suivre. C'était le coup classique quoi ! Elle s'était mise à courir pour que je la rattrape. On voit cela dans tous les films, on le lit dans tous les livres. Qui sait même s'il n'y avait pas chez elle un sentiment de honte ?

J'étais arrivé à Kuldi Ghar à huit heures. J'avais tracé comme un fou malgré le poids de grand-père et l'altitude qui commençait à battre mes tempes.

Kuldi Ghar, ça n'est pas un village mais un lieu-dit. Rien qu'une seule paillote, un goth où s'abriter, avec les chiottes à côté qui empestent une nature presque vierge. Elle était là à l'intérieur de l'abri, serrée entre plusieurs mecs, des hippies alpinistes qui fumaient tant que ça pouvait dans le petit matin humide, attendant pour repartir que leurs habits soient à peu près secs. Ils étaient tous là, assis autour du brasero, drapés dans des chubas, des couvertures de laine que le proprio du lodge louait trois roupies la nuit. En la voyant dans sa chuba, la devinant nue en dessous, entre ces types paumés et disponibles qui lui ressemblaient tellement, j'avais été pris d'une jalousie extrême, ressortant presque aussitôt, claquant la porte de la baraque, comme le faisait si souvent Nora quand elle s'engueulait avec Rodolphe.

C'était notre première scène de ménage, notre première vraie rupture. Curieusement j'avais inversé les rôles, je me retrouvais devant elle grimpant à perdre le souffle dans cette satanée forêt de bambous, espérant de toutes mes forces qu'elle allait, à son tour, se mettre à courir derrière moi. Je ne savais pas où j'allais ni pourquoi j'y allais, ni comment je réussissais à monter aussi haut et aussi rapidement tellement ça glissait, tellement c'était boueux, froid et désolant. De temps en temps, à la faveur d'une éclaircie, on pouvait apercevoir la masse formidable du Machapuchare qui écrasait la forêt du haut de ses sept mille mètres pour se recouvrir aussitôt de nuages noirs chargés de menaces.

Tous les cent pas je m'arrêtais pour souffler et regarder derrière moi, mais le brouillard était si dense, le vent qui s'engouffrait dans le défilé si furieux que l'on n'aurait même pas entendu venir un cortège de bonzes soufflant à mort dans leurs ragdung. Je commençais à paniquer pour de bon, à me dire que j'étais seul au monde, que ça ne servait à rien de continuer, que je ferais mieux de me foutre dans un coin et d'ouvrir le carnet de grand-père, de façon à être encore bien plus seul, encore bien plus abandonné.

J'y pensais sans arrêt au petit carnet noir. J'y pensais presque autant qu'à Diana, sauf que lui il était dans la poche de mon sac à dos, à ma disposition, avec sa dose de poison, tandis qu'elle, elle était Dieu sait où, peut-être encore en bas, peut-être en marche, peut-être là tout près au ras des nuages, au bord de mon plaisir et qu'en continuant ainsi à avancer pour faire le macho-sado, pour être le plus fort, le meilleur, je risquais de ne plus jamais la retrouver. J'avais failli attendre en imaginant nos retrouvailles boueuses, failli ouvrir le carnet en imaginant le pire, mais renonçant pour l'instant à apprendre ce que je croyais déjà savoir, j'avais continué sur Hinko parce que c'était là, à Hinko, dans les parages immédiats, que Diana, lors de son dernier passage, avait cru apercevoir Vince.

Hinko, ça n'est ni une ville ni un village. Ça n'est même pas un lieu-dit comme Kuldi Ghar avec un goth ; c'est rien, juste rien, rien qu'un roc en surplomb sous lequel on s'abrite du vent et de la neige, le temps de reprendre quelques forces. Il n'y avait personne sous le roc, même pas un feu, même pas une tasse de thé, même pas un paysage à admirer, un sommet à rêver, tellement c'était bouché, noir, épais. Il n'était que deux heures de l'après-midi mais on se serait cru à la tombée de la nuit. J'étais crevé, frigorifié. J'avais ramassé du bois et fait un feu en me disant que s'il prenait du premier coup, Diana n'allait pas tarder à arriver. Le feu avait pris à la huitième allumette. C'était mauvais signe, mal parti, mais Diana était arrivée quand même.

Elle traînait les quatre types derrière elle, si bien que je ne savais pas si elle venait pour moi ou si elle venait avec eux. On s'était regardés longuement, comme Rodolphe et Nora lorsqu'ils remontaient piteusement d'eux-mêmes, n'osant se pardonner toutes les saloperies qu'ils s'étaient jetées à la figure. Glacial, j'avais dit :

« Qu'est-ce que tu viens faire ici ?

— Rien, et toi ?

— Quoi rien. Et qui c'est ces types ?

— C'est des types.

— Quel genre de types ?

— Des marcheurs. »

J'aimais son accent, son naturel, sa façon d'être cool et sereine, sa façon qu'elle avait de suivre et de se faire suivre, de s'intégrer aux choses, aux gens. Elle avait dit :

« Tu as oublié que c'est moi qui ai la tente. »

C'était vrai que j'avais oublié, vrai qu'elle portait ma tente. J'ai dit :

« Alors comme ça tu es revenue pour m'apporter la tente ?

— C'est comme tu veux, Alex. »

C'était terrible. J'étais dans la peau de Rodolphe et ça n'était pas facile d'en sortir. Par chance, Diana n'était pas dans celle de Nora. Elle a dit :

« Tu sais ce qu'on va faire, mon petit Alex ! »

Je l'aimais à la folie. Je l'aimais plus que grand-père, plus que Vince, plus que tout au monde. Elle au moins elle était là avec un visage, avec un corps, avec un raisonnement. Ça n'était pas un fantôme, pas de la fumée, pas de la cendre. Tout ce qu'elle disait était vrai et doux à entendre :

« On va d'abord se préparer un bon repas et puis on montera la tente.

— Et eux ? »

Eux, c'étaient quatre Américains, des types complètement fêlés, défoncés, dont on ne voyait ni les traits ni les expressions tellement ils se masquaient derrière la barbe et les cheveux longs.

Ils s'étaient installés autour de mon feu sans rien faire d'autre que de tirer sur leurs cigarettes de ganja. Comme ils n'avaient plus de papier, ils roulaient leurs joints dans les pages d'un pocket-book, avalant autant d'encre d'imprimerie que de fumée.

Les types ne foutaient rien ; ils n'entretenaient même pas le feu. Ils faisaient tourner le joint, aspiraient et se moquaient de moi parce que je refusais d'essayer. Plus ils aspiraient, plus ils riaient et plus ils riaient, plus ils devenaient vulgaires. Il y en avait un qui tapait sur les fesses de Diana chaque fois qu'elle passait auprès de lui. Elle tirait à son tour sur le joint, gardant le plus longtemps possible la nocivité en elle mais ne se formalisait pas d'être traitée en être inférieur. Je crois même qu'elle ne s'en apercevait pas, qu'elle était trop schnouffée pour faire la différence entre une tape grossière et une caresse innocente.

Les types ne me plaisaient pas. Ils avaient dans les vingt ou vingt-deux ans. C'étaient des supercostauds, des athlètes en puissance un peu pourris de l'intérieur à cause de la drogue, de la boisson et des maladies vénériennes qu'ils avaient traînées faute de pouvoir se soigner. Cela faisait plus d'un an qu'ils tournaient dans le coin, passant des Indes au Népal et par des hauts et des bas en fonction des mandats et des prêts de leur ambassade. Ils vivaient d'un rien, mais on sentait tout de même qu'ils étaient prêts à tout.

On avait réchauffé des conserves de lentilles et de haricots rouges agrémentés de quelques tranches de bacon. Ils nous avaient laissé préparer la bouffe et puis brutalement, sans appel, ils s'étaient partagés le contenu de la casserole. Diana n'avait pas réagi. Elle était cool et sereine, très lumineuse dans sa doudoune bleu ciel. Elle avait ouvert une autre boîte, recoupé du bacon et remis le tout sur le feu. Pendant qu'elle touillait, elle me regardait en souriant mais son sourire, aussi rassurant fût-il, ne suffisait pas à me rendre heureux. Je m'en voulais de ne pas avoir été plus ferme ; ça n'était pas digne d'un homme, pas digne d'un macho. J'ai dit :

« Je te préviens, s'ils recommencent leur manège je leur rentre dedans. »

Sans se démonter elle avait répondu :

« Ils vont recommencer. »

Elle avait continué à touiller un moment jusqu'à ce que l'un des types, en rotant, s'empare de la casserole. Il avait dit « thank you », un « thank you » où perçait le défi et l'insolence.

Ça ne pouvait pas durer. Il fallait que je défende Diana.

J'avais attrapé un morceau de bois incandescent et m'étais précipité sur lui. J'avais fait mouche du premier coup. Il s'était levé en hurlant et reculé au fond de la grotte. Sa barbe sentait le roussi. Elle frisait sous l'effet du feu. Je savais que je ne pourrais pas tenir longtemps. J'avais le souffle court et le cœur qui battait à tout rompre. On était à trois mille mètres et pour ce qui est de la bagarre c'était au moins deux mille mètres de trop. D'accord, le gars ne valait pas mieux que moi. Adossé à la paroi, concentré sur l'effort, il haletait déjà beaucoup. Les autres riaient, s'étouffant presque. Ils cherchaient leur oxygène en même temps qu'une contenance, mais ça les amusait vachement que leur copain se fasse avoir par un môme. Le type m'injuriait, me traitait de tous les noms, maudissait ma mère et mes ancêtres.

Les jambes écartées, en alerte, le bâton prêt à entrer dans les chairs et même dans les yeux j'avais crié à l'intention de Diana :

« Dis-leur de foutre le camp ! »

Elle leur avait dit quelque chose. Ça ne devait

pas être très drôle car ils avaient subitement cessé de rire.

Ils s'étaient mis à deux pour l'empoigner mais un seul aurait suffi car elle ne se débattait pas. Le troisième se saisissant d'un tison, s'avançait vers moi. Diana avait lancé :

« Jette ton bâton, Alex. Je t'en prie, arrête. »

Elle essayait de convaincre les types, leur disant sans doute qu'il fallait en rester là, que j'étais crevé, que j'étais choqué, que je n'étais qu'un enfant mais les types qui n'avaient tenu contre eux, depuis je ne sais combien de temps, une fille aussi cool, aussi sereine, aussi frémissante, s'étaient sentis dépassés par leur trouble. Ils lui avaient ouvert le jean, fouillé le ventre, les fesses. C'étaient des athlètes en puissance, pourris de l'intérieur et schnouffés à mort, mais ils savaient d'instinct où ils devaient toucher, où il fallait entrer.

Je m'étais mis à crier de toutes mes forces, appelant Vince au secours, implorant, suppliant. Mes cris avaient résonné par-delà le défilé, transpercé les brouillards givrants, monté sur les ailes du vent, descendu, radeaux paniqués, le cours de la rivière affolée, mais personne n'était venu.

Les gars m'avaient désarmé. Ils avaient frappé très fort sur la bouche et le nez, ils m'avaient soulevé par les oreilles, me projetant de l'un à l'autre comme un ballon, comme une pauvre chose toute molle et quand je fus bien cassé et bien docile, aveuglé par le sang et la trouille, quand je fus bien corrigé, bien remis à ma place, ils m'avaient ficelé avec nos piolets et les cordes de rappel, de sorte que je puisse voir ce que Diana subissait.

Ils l'avaient violée debout, l'un la tenant par les cheveux, l'autre la pénétrant. Ils s'étaient relayés, excités, vidés. Le jean tombé sur les chevilles elle ne pouvait résister ; elle offrait ses fesses, son sexe, ses seins. Ils entraient et sortaient de partout, ils occupaient tous les espaces, profitant des gémissements et des spasmes pour y juxtaposer, en rythme, leur propre plaisir. Ils avaient des lingas énormes, des boutoirs, des leviers. Elle en tremblait à chaque coup, se redressant, les lèvres serrées, enrageant, le corps secoué par les séismes. Ils l'avaient enfin abandonnée, la laissant retomber à terre, écroulée comme une maison dynamitée, avec des gravats de cauchemar, des pans de malheur, des poussières de mouscaille. C'était la mouise, la merde, la catastrophe !

Les gars n'en revenaient pas de leur saloperie. Ils s'étaient mis à regrouper leurs affaires et pour se donner du courage, pour que ça aille plus vite et plus haut, ils avaient avalé la ganja au lieu de la fumer. Ils riaient tant que ça pouvait, fouillant nos sacs à la recherche de fric et de nourriture. Ils piquaient tout ce qui leur convenait mais comme ça n'était pas assez, comme ils ne trouvaient pas l'argent, Diana gardant le sien dans ses chaussures, le gars dont j'avais roussi la barbe était revenu vers moi, menaçant.

Il gueulait « money, money ». Il me palpait, me triturait, il me faisait les poches. Il jetait tout ce qui lui était inutile. Le dé à coudre roula à terre, le carnet noir valsa au loin. Quand il eut bien tout fouillé et braqué la monnaie, il s'attaqua à ma braguette. Il croyait peut-être que j'avais un tube de cigare dans le derrière comme grand-père à Auschwitz avec quelques mégots et quelques pièces, mais lorsqu'il découvrit le sac de toile et qu'il l'ouvrit, il en resta tout éberlué, appelant les autres pour qu'ils partagent son étonnement. Ils y avaient plongé leurs sales mains de violeurs et pillé toutes les roupies, tous les dollars. Ils ne nous avaient laissé que nos plaies et nos meurtrissures ; et puis ils s'étaient enfuis, dévalant tels des diables la forêt de bambous, leurs éclats de rire résonnant encore longtemps après leur passage.

On était descendus se purifier à la rivière. On n'avait plus rien à craindre, plus rien à perdre. On était restés un long moment dans la flotte glacée sans dire un mot. On n'avait pas envie de s'engueuler, pas envie de se consoler. On était sidérés, en état de choc, mais au fond de nous on savait que quoi qu'il nous arrive, que quoi que l'on fasse, on ne se quitterait jamais plus. On était passés ensemble par l'amour, par la mort, par le viol, par le vol. C'était comme si on avait survécu à une guerre, comme si on avait bataillé dans la même armée et pour la même cause. Vaincus ou vainqueurs, cela n'avait aucune importance. On était des errants, des vagabonds, des sortes d'associés de l'impossible, nés d'une rencontre exceptionnelle où la vadrouille était reine. On y avait laissé des plumes, des proches, du sang et ça n'était peut-être pas terminé, malgré tout ou à cause de ce tout, de cette somme d'expériences, la vie valait encore le coup d'être vécue.

Comme si la nature voulait nous donner raison d'espérer, le vent avait poussé au loin les derniers nuages, les dernières neiges, les derniers brouillards givrants, laissant apparaître au-delà de la vallée engouffrée un bout de ciel bleu sur lequel se détachait la queue de poisson sacrée du Machapuchare.

On était sortis de l'eau et l'on avait battu l'air de nos bras, piétinant sur place pareils à des cosmonautes qui testent leurs muscles dans des caissons de simulation. On sautait au ralenti, sans joie, sans rien y comprendre, juste pour se réchauffer. On avait les jambes coupées, les bras lourds, le cœur qui grinçait. L'altitude comptait, bien sûr, mais elle comptait moins que le moral. Le moral, lui, il nous avait lâchement laissés tomber.

La brume s'était levée, galopant vers les cimes comme un cheval emballé. Ça allait très très vite, ça dégageait à fond de train toute la crasse et toute la bave, toutes les scories et les déchets.

270

La gorge enfin nettoyée, on avait pu apercevoir sur l'autre rive la cabane de branchages dont Diana m'avait parlé. N'étions-nous pas venus à Hinko pour vérifier si Vince n'en était pas l'occupant. Je ne me faisais aucune illusion, bien sûr, parce que Vince ça n'était pas le genre de type à finir au fond d'un ravin dans la peau d'un ermite. Vince, c'était le genre dynamique, pas le genre contempleur. C'est du moins ce que j'avais cru, ce que j'avais voulu, ce dont je m'étais persuadé au fil des années aidé en cela par un grand-père qui était sans doute le plus grand camoufleur de vérité que la terre ait jamais porté.

Le type de la cabane n'avait rien à voir avec Vince. C'était une espèce de brahmane canadien qui avait perdu les pédales. Il se nourrissait exclusivement d'herbes, de racines et de mendicité. Drapé dans une couvrante à fleurs, son seul habit, il faisait pitié à voir. Il n'avait que la peau et les os, même plus la parole, même plus la raison. Empêtré sous la broussaille de ses cheveux, son cerveau n'émettait plus que des sortes de bip-bip perçus peut-être par son moi éternel mais pas du tout par les autres. C'était un sannyäsin, un apprenti-moine qui avait renoncé au monde pour accéder au Jnana, à la connaissance de la sagesse intellectuelle. Malheureusement pour lui, en cours de route, sous-alimenté, mal préparé, il avait sombré corps et âme dans son pathos philosophique, s'y noyant complètement. Sans points de repère, déboussolé, il avait échoué ici attendant que quelqu'un de charitable le prenne par la main et le redescende sur Pokhara où il pourrait enfin se gastronomer de champignons hallucinogènes. C'était un aveugle quoi ! Un mec sans canne blanche et sans chien, un paralytique de la tête, un gars qui avait voulu jouer les apprentis-sorciers, dévoré comme tant d'autres par une religion pas facile à maîtriser. Le gars, il avait pourtant étudié, planché des années et des années sur le Veda, l'Upanishad et le Bhagavad-Gita. Il avait même parfaitement contrôlé son cakra et localisé ses sept points de méditation situés entre l'anus et la fontanelle, mais ça ne l'avait pas empêché d'y perdre son hindouisme, son bouddhisme et son identité.

Diana lui avait laissé cent roupies. C'étaient des roupies pour rien, des roupies pour le faire rêver et qui ne servaient même pas à l'alimenter en ganja ou en riz, vu que les parages étaient plutôt désertiques, à moins qu'il ne réussisse à soudoyer quelque porteur descendu méditer en cet endroit de la rivière.

Plus rien ni personne ne nous retenaient à Hinko. Vince s'était encore une fois évanoui dans la nature, et la nature himalayenne était si vaste, si désordonnée, si imprévisible qu'on s'était retrouvés paumés comme le brahmane canadien, sans savoir où et vers qui se retourner. Devions-nous revenir en arrière ou au contraire monter jusqu'au bout du sentier, suivre ce mul-batho escarpé qui mène les valeureux marcheurs au temple des temples, vers ce sanctuaire où s'élèvent en cathédrales les plus purs sommets du monde ?

J'avais demandé à grand-père ce qu'il en pensait. Grand-père, cela faisait longtemps qu'il ne pensait plus à rien car il était poussière et cendres, descendant pour l'heure vers le Gange, franchissant à fleur d'eau le labyrinthe du Mahabarat, mais il avait tout de même répondu que je me sentirais beaucoup mieux là-haut pour y ouvrir son petit carnet. Grand-père, il avait le sens du spectacle ; c'était un fameux metteur en scène.


On avait quitté le sannyässin sans regret et on s'était mis à continuer vers le sanctuaire avec l'espoir qu'on aurait l'occasion d'acheter de la nourriture à un sirdar-cuisinier retour d'expédition.

L'estomac était dans mes talons, c'est-à-dire que j'avais vraiment l'impression, à chacun de mes pas, de marcher sur mes boyaux, comme s'ils pendaient le long de mes jambes et se traînaient à mes pieds en implorant. Un peu plus tard, à force d'avoir faim, à force de m'imaginer des goinfreries, de sentir le fumet subtil des plats que me préparait Nora lorsqu'il s'agissait de briser ma grève, me rappelant cette dernière bouchée de saumon fumé que Rodolphe avala en me narguant, un jet de bile remontant des tripes m'avait inondé le palais d'aigreur. Non seulement j'avais eu l'estomac dans les talons mais en plus j'avais eu l'eau à la bouche ; une eau vraiment dégueulasse, un truc jaune, épais et baveux qui coulait des commissures.

Diana tenait mieux le coup que moi. D'abord elle avait mangé une tsampa au lodge de Kuldi Ghar et ensuite elle avait reçu tant et tant de sperme par en bas que le surplus était certainement remonté jusqu'à son estomac, la fortifiant pour des jours et des jours d'escalade.

Diana, elle n'était plus du tout sereine, plus du tout cool. Diana, elle n'arrêtait pas de gamberger. C'était comme si elle était ailleurs tout en étant là près de moi, comme si son âme avait été raptée, comme si on lui avait hold-upé la présence. Elle était pleine du sperme de ses violeurs, mais elle était aussi pleine de chagrin et ça devait être drôlement lourd à porter parce qu'elle peinait en montant, s'arrêtant souvent pour me dévisager, comme si j'étais devenu un autre moi-même. Diana, elle avait des silences épais, des passages à vide mais elle avait également le peu d'argent qui nous restait. Tout en m'efforçant de mettre mes chaussures dans ses empreintes, une manière de mieux coller à elle, de ne faire qu'un, je me disais que cet argent de l'amour donné un soir de délire, à l'insu de grand-père, allait sans doute nous sauver la vie. J'avais l'eau à la bouche et l'estomac dans les talons, mais j'avais aussi une furieuse envie de m'accrocher à elle, envie de savoir ce qu'elle comptait faire de moi, si on ne pourrait pas par exemple continuer à marcher ainsi toute notre existence. Je me disais qu'il n'y avait que six ans de différence entre nous, que j'allais bientôt rattraper les années qui nous interdisaient la vie en couple, la vie légale, que bientôt je serais à sa taille, à son niveau, que quand j'aurais dix-huit ans elle en aurait vingt-quatre, que les gens n'y verraient que du feu, que je pourrais même la présenter à Nora, qu'on pourrait habiter la maison, s'en aller marcher sur le GR 1 comme on le faisait avant avec papa. Je me disais aussi qu'on pourrait avoir des enfants, qu'on les appellerait Népal, Sikkim, Mustang et Anna comme Annapurna.

L'ennui, c'est que je ne savais pas ce que se disait Diana et si elle se disait vraiment quelque chose. Peut-être pensait-elle comme moi mais n'osait pas m'en parler. Peut-être pensait-elle l'inverse, que j'étais un poids, un gamin, un porte-malheur, que tout allait bien pour elle avant qu'elle ne me rencontre et que depuis elle n'avait cessé de chuter. Peut-être se disait-elle que je ne voudrais plus jamais d'elle parce qu'elle avait été violée, que je n'étais qu'un sale gosse sexiste, un vilain macho. Je me disais qu'il faudrait que je le lui dise. Lui dire que je me foutais qu'elle ait été violée, que je me foutais de ce qu'elle avait fait à grand-père. Lui dire que je me foutais qu'elle ait été pute à Tucson, que je me foutais qu'elle soit droguée. Je me disais tout cela et d'autres choses aussi, que j'avais envie d'elle, envie de son envie, que j'avais ressenti une brûlure au ventre, une émotion trouble pendant qu'elle se faisait violer par ces quatre salopards. Lui dire que je m'en voulais, que je n'étais peut-être pas normal mais que c'était comme cela, que je n'y pouvais rien, qu'on m'avait obligé en somme, à mon corps défendant, à regarder un film porno, une cassette pleine de fureur, de cris et de gémissements, une bande pleine d'inconnus, de vice, et que ceux qui m'avaient contraint à assister au spectacle savaient ce que je risquais d'éprouver. Je voulais lui dire tout cela et bien d'autres choses aussi. Lui dire que j'avais une trouille terrible de lire ce que grand-père avait écrit dans son carnet. Lui dire que je n'étais peut-être pas le fils de Vince, que j'étais un gosse de nulle part, le miraculé d'une marche d'église. Lui dire que Vince était peut-être mort, mort ou irrécupérable, lui dire qu'il était peut-être comme le Canadien de Hinko, comme toutes les épaves qu'on ne cessait de rencontrer. Lui dire qu'on ferait peut-être mieux de s'en aller pour se préserver de ce mal des hauteurs, de ce mysticisme à la gomme qui attaque l'esprit occidental, s'y infiltrant insidieusement, pareil aux sangsues, lequel à force de sucer les substances finit par vous effacer complètement de la terre, ne laissant de vous-même, ici-bas, que l'ombre flageolante d'une carcasse vide. Oui, je voulais lui dire tout cela et bien d'autres choses aussi, mais je ne lui avais rien dit et nous avions marché longtemps, très long-temps en butant contre les pierres et l'appréhension, s'emmêlant les pieds et la tête, l'estomac et les talons.

On était arrivés au Machapuchare à la tombée de la nuit. Le vent s'était à nouveau levé, amenant les nuages, les brouillards givrants et la neige en tourmente. On avait acheté à prix fort un peu de nourriture à un sherpa qui traînait un couple de Français épuisés. Le gars n'avait pas de tente et essayait, à l'aveuglette, de redescendre sur Hinko. La fille était jeune, presque aussi jeune et aussi jolie que Diana. C'étaient des montagnards atten-dris, des gars qui s'étaient mis dans l'idée de se payer un voyage de noces en altitude, histoire de sexamourer hors du commun, mais point n'était besoin d'être grand bombo pour se rendre compte que ça s'était plutôt mal passé à cause de l'épuise-ment et des nausées.

Sans parler vraiment de ses malheurs, Diana les avait mis en garde sur ce qui les attendait au cas où les hippies tourneraient encore dans les parages.

Leur sherpa s'était marré, racontant, posture à l'appui, qu'il était ceinture noire de judo, prof de karaté et tout le bataclan, mais Diana, qui en connaissait bien plus que nous sur les mœurs et coutumes des sherpas, ayant déjà traîné du côté de Nanche Bazar, avait pris les Français à part pour leur expliquer que leur guide n'était pas un vrai sherpa et qu'ils feraient mieux de rester coucher ici avec nous. Je me demandais où voulait en venir Diana, et pourquoi elle insistait tellement pour qu'ils se glissent entre elle et moi. Elle leur avait dit que j'étais son demi-frère. Drôle d'idée en vérité ! C'était peut-être une façon d'éviter des questions. Peut-être une façon de me faire sentir que ses sentiments avaient changé ? Je n'avais pas compris ou pas voulu comprendre que cette nuit-là elle me redoutait encore plus que ses violeurs.

C'est comme ça qu'on s'était retrouvés à quatre, sous la même tente, eux en couple et moi contre ma demi-sœur américaine, tandis que le faux sherpa bivouaquait auprès d'un feu de broussailles.

La nuit menaçait d'être si insupportablement longue, si blanche et si vide, la main de Diana ne répondant pas à mes pressions, que je m'étais levé, hagard et brusque, cherchant le coup de force. Je m'étais dit qu'elle m'entendrait, qu'elle me savait sur le départ, qu'elle allait bondir hors de la tente, mais rien ne s'était passé. Je m'étais éloigné d'une centaine de mètres, et puis j'étais revenu furieux. La neige crissait sous mes pas. Je toussais, j'atchoumais, je faisais un raffut du diable pour qu'elle se décide enfin à venir voir. Je l'espérais de toutes mes forces, de tout mon pouvoir. Je me disais que si la femme ne voulait pas venir, la sœur au moins le ferait mais ni l'une ni l'autre n'était sortie. Oh ! je savais bien que je piquais mon caprice, que j'agissais comme un sale mec égoïste et tout cela parce qu'elle n'avait pas voulu morpionniser avec moi, me permettre de m'accrocher à elle, de lui respirer la chaleur et la tendresse.

J'avais attendu un moment devant la tente avec le faux sherpa, ahuri, qui suivait mon manège et comme ça ne donnait rien, terrorisé par la présence invisible mais jacassante des démons de la nuit, lâchement quoi ! moi qui jusqu'alors n'avais eu peur de rien, j'étais rentré, à quatre pattes, à genoux, soumis et demandant pardon pour constater qu'elle dormait profondément.

Je m'étais demandé comment on pouvait dormir si paisiblement après avoir été violée si sauvagement. Et comme personne ne pouvait me l'expliquer, j'avais trouvé seul la réponse. Elle était vachement optimiste, vachement rassurante cette réponse. Cela voulait dire que la vie est plus forte que la mort, que tout s'efface, que toutes les blessures guérissent, ou quand elles ne guérissent pas vraiment, c'est qu'elles restent au fond de soi, congelées comme les brins d'herbe sous la glace.

Grand-père, ses blessures de guerre, ses humiliations des camps, il avait réussi à les enfouir des années et des années durant mais ça n'avait pas dû être aussi facile que je le pensais parce que, sinon, il n'aurait pas eu besoin d'un tel simulacre pour m'éviter des souffrances immédiates. C'est sans doute pourquoi il avait préféré me fabriquer une bombe à retardement en espérant que je serais assez grand, assez homme, assez macho pour résister à l'explosion.

## 7

GRAND-PÈRE, il avait tout imaginé, tout pensé, tout
organisé, tout réfléchi, tout prévu et même sa fin.
Surtout sa fin d'ailleurs puisqu'elle lui permettait
d'entrer de plain-pied dans la légende en même
temps que Vince en sortait. Grand-père, c'était un
mateur, un voyeur, un transmetteur, un entremet-
teur, un faussaire, un menteur, un voyou des sentiments, un loubard de l'esprit, un violeur de conscience, mais grand-père c'était aussi un formidable
inventeur de destinées, un promoteur d'illusions,
un créateur de l'impossible, un dieu quoi ! Un vrai
dieu en chair et en os parti depuis en cendres et en
fumée. C'est pour moi qu'il avait échafaudé, cons-
truit, combiné. Pour moi seul qu'il avait continué à
faire exister un Vince tel que je désirais qu'il fût.
Pour moi seul qu'il avait tiré des ficelles, sonné aux
portes de l'impénétrable et bousculé l'ordre établi.
Grand-père, il voulait tout, sauf me voir souffrir.
Grand-père, il pouvait tout sauf me rendre Vince
intact. En matant, en radio-amateurisant avec ses
copains hindous chez lesquels Vince avait atterri,
en me fabriquant des lettres, des images, des sensations, des émotions, en s'enferrant jusqu'à m'emmener si loin de chez lui pour rencontrer mon père
qu'il savait ailleurs, et dans quel état, il s'était de
lui-même condamné à mort. Au lieu de me prendre
sur ses genoux et de me dire la vérité lorsque son
correspondant de Bénarès l'avait alerté de l'état de
Vince, il s'était absenté huit jours de Bougival, huit
jours pendant lesquels je le croyais vissé à ses
télescopes et à ses micros alors qu'il prenait clan-

destinement l'avion et qu'il ramenait son fils, l'enfermant peut-être pour toujours dans un hôpital psychiatrique. Cela faisait dix mois déjà, presque un an donc qu'il me jouait la comédie du père à la recherche de l'inspiration et de l'absolu. Grand-père, il avait su prolonger mon rêve, il avait su me mettre à l'abri du chagrin et de la déception. Il avait su, peu à peu, grâce à ses lettres espacées et savamment dosées, entretenir l'amour et l'admiration que j'éprouvais pour Vince. Mais il pensait quoi, grand-père ? Que Vince allait finir par guérir, qu'il aurait pu un jour ou l'autre nous le ressortir comme un lapin qu'on sort de son chapeau ? Oui, très longtemps il avait cru cela possible.

C'est Vince qui avait demandé à grand-père de garder le silence. Enfin c'est ce que grand-père disait dans son carnet. Je pense plutôt qu'ils étaient complices car, entre ses crises, Vince avait assez de lucidité pour se rendre compte qu'il fallait cacher sa maladie, et non seulement à son fils et à sa femme, mais aussi à Bobby Laser et à M. Mandel, à tous les gens du métier. Personne à l'hôpital n'avait fait le rapprochement entre Vince le grand marcheur, l'auteur de chansons à succès, et ce Vincent Valberg, ce drogué que l'on venait de rapatrier des Indes. Il en est souvent ainsi lorsque le prénom devient nom, le nom rentre dans l'anonymat.

A son retour de Bénarès, Vince pesait cinquante-deux kilos, à peine plus que grand-père à son retour des camps. Il avait traîné huit mois en brahmanisant, comme la plupart des types que j'avais rencontrés au Népal, pour échouer en manque de tout, sauf de visions et d'hallucinations, chez un copain de grand-père, une connaissance des ondes. Il était venu le taper de quelques roupies pour s'acheter sa dose d'héroïne, et l'Hindou avait aussitôt prévenu grand-père par radio. Grand-père ne savait pas ce qui s'était réellement passé, ni comment il en était arrivé là, lui ce marcheur d'exception, cette force vive.

Vince, il avait dû décrocher brutalement, peut-être à cause d'une fille, peut-être à cause d'un trou dans la conscience, d'une espèce de glissade dans l'espace. Peut-être qu'il avait emprunté l'escalator de la vie à l'envers, qu'il était descendu au lieu de monter en n'y voyant que du feu et qu'une fois rendu en bas, tout en bas, très en-dessous de ses godasses il s'était de lui-même marché dessus. Non, grand-père pas plus que Vince ne savait ce qui s'était passé. Peut-être qu'il avait oublié de prendre chaque matin sa levure de bière. Peut-être qu'il aurait suffi d'un peu de calcium, de quelques milligrammes de magnésium, d'un petit fagot de tendresse pour qu'il remonte la pente et l'escalator dans le bon sens. La seule chose que grand-père savait, la seule chose qui sonnait juste au milieu de toutes les suppositions et les schémas psychanalytiques, c'est que Vince portait en lui son mal depuis longtemps, qu'il en était atteint bien avant de partir pour le Népal et que cette façon désespérée qu'il avait de se propulser de chemins creux en lignes de crêtes, de se droguer de plaines et d'altitudes, laissait présager l'angoisse qui couvait.

Vince pensait qu'il allait guérir. Il le voulait pour moi, pour Nora, pour toutes ses chansons à venir. Il s'était dit, et grand-père l'encourageait, qu'un de ces jours, bien remplumé, bien remis sur le droit chemin, il quitterait l'hosto et qu'il se ramènerait à la maison avec ses longues chaussettes de laine trouées, avec ses vieilles chaussures de marche, avec son sac à dos bourré à craquer d'inspiration. Oui, il s'était dit qu'il referait sa rentrée, comme ça mine de rien, comme s'il revenait des royaumes de l'Himalaya avec son hâle, sa barbe et ses yeux de braise. Il s'y voyait déjà à la maison, la porte à peine entrebâillée, avec son petit garçon déboulant du fond de l'appartement qui lui sautait dans les bras. Nez à nez on aurait fait l'esquimau brûlant, on aurait tendressé à la chat, à la tigre, à la girafe, à l'éléphant.

280

Il était formidable, grand-père. Il écrivait bien, il me faisait chialer. Seulement voilà, ça ne s'était pas déroulé comme prévu et Vince, au lieu de rentrer à la maison en héros, s'était sorti du monde en clandestin.

Grand-père ne disait pas comment Vince s'était suicidé. Il voulait sans doute m'épargner du malheur, il n'empêche qu'en plein sanctuaire, entre bourrasques de neige et brouillards de larmes, je m'étais mis à imaginer sa mort, mis à couper des fleurs sanglantes et à lui offrir des bouquets.

Après la mort de Vince, grand-père s'était retrouvé complètement dépassé. Enferré dans son mensonge, il n'avait pas eu le courage de faire dégringoler son échafaudage, pas eu la force de nous affronter. Il avait pensé, déjà, que la seule façon qu'il aurait de nous le dire serait de nous coucher la vérité sur papier et d'en finir lui aussi avec la vie.

Il s'était mis à écrire toute la nuit mais plus il écrivait, plus il expliquait, moins il avait envie de mourir parce que deux suicidés dans la famille ça aurait été encore pire pour moi à assumer. C'est donc là, au cours de cette nuit, que grand-père avait décidé de faire comme si Vince n'était pas mort, de faire comme si son copain radio-amateur ne l'avait pas prévenu, de faire comme si Vince marchait toujours, quelque part en Himalaya.

Grand-père, il avait pensé à Zapata, un grand révolutionnaire mexicain, trahi et assassiné par des méchants, mais dont les péones avec et pour lesquels il combattait refusaient d'admettre la mort. Les péones, ils avaient fait comme si Zapata vivait toujours, comme s'il donnait encore des ordres et des consignes, si bien que Zapata était devenu une légende et qu'on le voyait, là-haut, dans les montagnes, caracolant sur son pur-sang avec son grand chapeau de paille et ses cartouchières croisées sur la poitrine. Grand-père, il avait aussi pensé à Moby Dick, la grande baleine blanche mythique que le capitaine Achab pourchassait d'océan en océan, et c'est pourquoi il avait voulu faire de Vince mon Zapata et ma baleine blanche himalayenne.

Grand-père, il avait un chagrin fou, une peine qui lui pesait des tonnes dans la poitrine mais comme c'était un prodigieux simulateur, un étonnant brasseur d'illusions, un transbahuteur de mythes, un mateur, un radio-amateur, un télescopeur de destinées, il avait assez vite oublié son chagrin, s'occupant nuit et jour à fabriquer une légende et à me redonner un père. C'était bien entendu drôlement plus grisant, drôlement plus passionnant que de perdre son temps à épier des Mme Tarojxy et des M. Tout-le-Monde de sa résidence du Val Fleuri.

Il avait passé des jours et des jours à imiter l'écriture de Vince, à se documenter sur les pays visités par papa et puis quand il fut prêt, bien au point, il commença à envoyer des lettres à ses copains radio-amateurs hindous, lesquels copains, ça ne marchait d'ailleurs pas à chaque fois, s'arrangeaient pour les poster de Katmandou ou des royaumes voisins. Peu à peu, lettres après lettres, grand-père réussissait à esquisser un Vince de plus en plus flou, de moins en moins consistant, un Vince qui n'en était plus à chercher l'inspiration mais l'absolu, qui n'en était plus à se balader joyeusement mais qui s'apprêtait à tenter son ultime escalade.

Grand-père, il avait fantastiquement bien préparé son coup, formidablement bien amené la disparition prochaine de Vince. Il avait mis le paquet sur la gamberge, sur l'héroïsme ; il avait pensé à tout, aux grandes lignes comme aux détails, à ceci près que les « lettres » de Vince ne faisaient pas sur moi l'effet attendu. Lorsqu'il comprit que je n'acceptais pas la condition d'un père paumé et que j'avais, coûte que coûte, fût-ce au prix d'une grève de la faim, l'intention de me rendre au Népal pour tirer Vince du mauvais pas dans lequel il l'avait mis, il tenta de redresser la situation en fabriquant à la hâte sa dernière lettre dans laquelle papa demandait qu'on lui envoie de l'argent au Dhaulagiri Lodge.

Grand-père, il avait tellement voulu être rassurant, tellement voulu être convaincant qu'il avait été encore une fois dépassé par sa fabuleuse mythomanie et qu'on s'était retrouvés ainsi tous les deux dans un avion en partance pour New Delhi. Il voulait aller au fond de son truc, quoi ! Tout au bout du monde qu'il recréait pour voir si son histoire tenait debout, espérant bien que je me laisserais prendre par son leurre et qu'on n'en reparlerait plus jamais.

Grand-père, il avait simulé parfaitement, il avait fait comme s'il montait pour la première fois dans un gros porteur, fait comme s'il n'était jamais sorti de son trou, comme s'il partait à la découverte de l'Asie. Et pourtant, après quelques heures de vol, traqué par la mauvaise foi, cerné par le remords, débordé par son invention, il avait failli craquer, lâchant un peu de lest pour se sentir plus léger. Après m'avoir avoué qu'il avait écrit cette dernière lettre, sa façon à lui de m'avertir, il s'était dit qu'il me dirait la vérité en arrivant à Katmandou. Mais à Katmandou, n'ayant pas eu davantage de courage qu'à Paris, il avait continué de plus belle à me mystifier. Il s'était dit que ça serait certainement plus facile durant le voyage, que la majesté des paysages que nous traverserions favoriserait peut-être la confession, mais là encore il avait hésité, reculé, remettant toujours à plus tard, se prenant lui aussi au jeu de la recherche, ne sachant plus très bien où était le vrai par rapport au faux, ni jusqu'où il était allé dans ses satanées inventions.

A Katmandou, il avait eu sa première alerte cardiaque, il avait eu les intestins en pourriture et des hémorroïdes à foison. Il savait qu'il ne tiendrait pas, qu'il allait crever et faire pschtt en plein milieu du chemin. Paniqué, il avait voulu prévenir Nora, se décharger sur elle de ce poids qui l'écrasait, mais la Compagnie du téléphone en avait décidé autrement. Voyant qu'il ne pouvait joindre Nora, il avait essayé d'appeler son copain de Bénarès et d'autres radio-amateurs disséminés un peu partout dans le monde, mais ça n'avait pas collé non plus malgré deux jours d'attente et les bakchichs distribués aux opératrices.

Grand-père, il se savait au bout du rouleau, sur le chemin du grand retour mais ça ne l'avait pas empêché de se mettre en route, bien au contraire même, car il avait décidé dès lors que sa mort serait notre intermédiaire, le messager porteur de vérité.


Grand-père, il me demandait de rentrer dare-dare à la maison.

Grand-père, je l'aimais à la folie, plus que Vince, plus que personne au monde, plus que le monde avec tous ses habitants, plus que les planètes et leurs galaxies, mais grand-père, il avait beau être le plus extraordinaire bluffeur de la terre, le plus incroyable bourreur de crâne de tous les temps, il avait quand même oublié que j'étais fait de son sang et de sa chair, de son moi et de sa conscience, de son cœur et de ses démons, de sa réalité pensante, de sa malice et de ses tripes.

Grand-père, il m'avait raconté la mort de Vince mais curieusement la mort de Vince me paraissait acceptable, admissible. La mort de Vince, en somme, m'était douce, très douce même en regard de la peine capitale à laquelle je m'attendais. J'avais fantasmé des jours et des jours, cru que Vince était mon adopteur, mon parâtre, mon voleur d'âme mais non, Vince était mon père, mon vrai père, mon père mort et enterré d'accord, mais qu'est-ce que ça pouvait bien faire puisqu'il était mon suicidé à moi.

Vince, il était anéanti, il reposait de son grand

sommeil injuste, il errait dans la nuit froide du tombeau, il s'emmêlait les pieds dans les racines des pissenlits, il escaladait les planches de son cercueil, mais Vince, il était quand même mon Zapata et ma baleine blanche, il caracolait et caracolerait toujours ; il était mon étincelle divine, comme j'étais moi-même son émanation et son souffle.

Non mais ! Qu'est-ce qu'il croyait, grand-père ? Que j'allais dévaler des Annapurna, dégringoler du sanctuaire, me mettre à courir comme ça jusqu'à Paris et m'accrocher aux jupes de Nora ?

Bien sûr que j'irais à Paris, bien sûr que je la reverrais, Nora. Pas certain, en revanche, que je lui apprenne la vérité.

Le ciel s'était dégagé. Il faisait clair et froid. Tout était blanc et bleu, colossal, abrupt et indompté. J'ai pioché un peu la neige, petite tombe muette pour un carnet bavard, et j'ai tassé, tassé en sautant dessus. On aurait pu croire que je sautais de joie. On est libre de croire ce qu'on veut.

Est-ce que Diana croyait et que croyait-elle ?

Elle m'a souri. Elle était belle. Un peu moins cool, un peu moins sereine peut-être.

Je lui avais rendu son sourire en me demandant comment on pouvait sourire aussi facilement après avoir tant souffert. Comme grand-père ne pouvait me l'expliquer, j'avais trouvé seul la réponse : cette réponse, elle était vachement optimiste, vachement rassurante, vachement simple — elle voulait dire que la vie est plus forte que la mort.

*Katmandou, avril-octobre 1980*
*La Celle-Saint-Cloud,*
*novembre 1980-septembre 1981*

## DU MÊME AUTEUR

Composition réalisée par C.M.L., Montrouge

IMPRIMÉ EN FRANCE PAR BRODARD ET TAUPIN
7, bd Romain-Rolland - Montrouge - Usine de La Flèche.
LIBRAIRIE GÉNÉRALE FRANÇAISE - 14, rue de l'Ancienne-Comédie - Paris.
ISBN : 2 - 253 - 03139 - 9